Digitaler Journalismus in der Praxis

Tim Osing

Digitaler Journalismus in der Praxis

Grundlagen von Onlinerecherche, Storytelling und Datenjournalismus

Tim Osing
Hamburg, Deutschland

ISBN 978-3-658-39104-1   ISBN 978-3-658-39105-8 (eBook)
https://doi.org/10.1007/978-3-658-39105-8

Die Deutsche Nationalbibliothek verzeichnet diese Publikation in der Deutschen Nationalbibliografie; detaillierte bibliografische Daten sind im Internet über http://dnb.d-nb.de abrufbar.

Springer VS
© Der/die Herausgeber bzw. der/die Autor(en), exklusiv lizenziert an Springer Fachmedien Wiesbaden GmbH, ein Teil von Springer Nature 2022
Das Werk einschließlich aller seiner Teile ist urheberrechtlich geschützt. Jede Verwertung, die nicht ausdrücklich vom Urheberrechtsgesetz zugelassen ist, bedarf der vorherigen Zustimmung des Verlags. Das gilt insbesondere für Vervielfältigungen, Bearbeitungen, Übersetzungen, Mikroverfilmungen und die Einspeicherung und Verarbeitung in elektronischen Systemen.
Die Wiedergabe von allgemein beschreibenden Bezeichnungen, Marken, Unternehmensnamen etc. in diesem Werk bedeutet nicht, dass diese frei durch jedermann benutzt werden dürfen. Die Berechtigung zur Benutzung unterliegt, auch ohne gesonderten Hinweis hierzu, den Regeln des Markenrechts. Die Rechte des jeweiligen Zeicheninhabers sind zu beachten.
Der Verlag, die Autoren und die Herausgeber gehen davon aus, dass die Angaben und Informationen in diesem Werk zum Zeitpunkt der Veröffentlichung vollständig und korrekt sind. Weder der Verlag, noch die Autoren oder die Herausgeber übernehmen, ausdrücklich oder implizit, Gewähr für den Inhalt des Werkes, etwaige Fehler oder Äußerungen. Der Verlag bleibt im Hinblick auf geografische Zuordnungen und Gebietsbezeichnungen in veröffentlichten Karten und Institutionsadressen neutral.

Planung/Lektorat: Barbara Emig-Roller
Springer VS ist ein Imprint der eingetragenen Gesellschaft Springer Fachmedien Wiesbaden GmbH und ist ein Teil von Springer Nature.
Die Anschrift der Gesellschaft ist: Abraham-Lincoln-Str. 46, 65189 Wiesbaden, Germany

Vorwort

Journalismus und Krise – das gehörte in den vergangenen 20 Jahren zusammen wie Blitz und Donner, wie Angst und Schrecken. Ein Wortpaar, ein Konflikt. Weil das Internet und die Digitalisierung vieles in Frage gestellt haben, was vorher galt. Plötzlich kann jede*r alles selbst massenhaft verbreiten, in der Insta-Story statt auf der Titelseite. Es muss schneller gehen, außergewöhnlicher sein, auffälliger. Und billiger. Es wird gespart, geschrumpft, geschlossen – Redaktionen lösen sich auf und der „alte" Journalismus wird beerdigt.

Ich kann das nicht mehr hören.

Jahrelang dieselben Abgesänge, im Praktikum, im Studium, im Volontariat. Dabei ist das Internet langsam nicht mehr „neu" – dieser Ausdruck gehört direkt am Anfang verbannt – und die digitalen Möglichkeiten sind vor allem das: Chancen. Nie zuvor konnten journalistische Recherchen so unterschiedlich aussehen, authentisch vermittelt und individuell erlebt werden.

Dieses Lehrbuch soll Ihnen zeigen, wie digitaler Journalismus gestaltet werden kann – und welche grundlegenden Fähigkeiten im Alltag erwartet werden. Recherche mit Suchmaschinen und in sozialen Medien, Factchecking und die Verifizierung von Fotos oder Videos, der sichere Umgang mit Daten und digitalen Tools, die die Arbeit erleichtern. Ist dieses Foto echt oder wurde manipuliert? Finde ich diese Daten auch als .csv-Datei oder scrape ich sie selbst? Wo setzen wir Videos, Fotos oder Audios ein, um die Geschichte besser zu machen?

Solche Fragen, das haben die vergangenen Jahre gezeigt, sollten im Redaktionsalltag zügig beantwortet werden können. Die Corona-Pandemie sorgte dafür, dass Redaktionen täglich mit neuen Daten hantieren mussten. Im russischen Angriffskrieg auf die Ukraine wurde mit falschen Informationen und Bildern Propaganda betrieben, die entlarvt werden muss. Deshalb: Dieses digitale Handwerk muss sitzen. Um es direkt zu proben, werden in diesem Lehrbuch werden immer wieder Übungen aufgezeigt, mit denen Sie das Gelesene selbst einmal umsetzen können.

Ins Buch sind meine persönlichen Erfahrungen aus einem Dutzend verschiedener Redaktionen eingeflossen, Input aus Gesprächen, Fachmedien und wissenschaftlicher Literatur. Das alles kann nur eine Momentaufnahme sein, weil ständig neue Herausforderungen – aber auch stets neue Lösungen warten.

Wichtig ist: Was Sie hier über digitales Storytelling, Datenjournalismus und Onlinejournalismus lesen, sind die Grundlagen. Das Buch macht Sie nicht zu einer fertigen Datenjournalistin oder einem professionellen Geschichtenerzähler – dafür braucht es die Wiederholungen und Erfahrungen des Alltags. Verstehen Sie alle Inhalte als Denkanstöße und Motivation, für sich selbst die Arbeit im digitalen Journalismus zu finden, die Ihnen am besten liegt.

Und finden Sie das, was Ihnen am meisten Spaß macht. Denn das ein riesiger Vorteil der digitalen Möglichkeiten: Es geht nicht mehr „nur" ums Schreiben von Texten – der digitale Journalismus ist vielfältiger, und bietet dadurch auch immer mehr Menschen die Chance, in der Branche Fuß zu fassen und sie besserzumachen.

Teile des Buchs basieren auf Lernbriefen für die Technische Akademie Wuppertal, die erstmals 2020 für den Studiengang Journalismus & Public Relations erschienen sind. Für die Freigabe der Inhalte möchte ich mich herzlich bedanken, außerdem bei einem der gedanklichen Väter des Studiengangs, Prof. Dr. Kurt Weichler, der mir bei der Erstellung mit seiner Expertise zur Seite stand. Außerdem gebührt Barbara Emig-Roller ein großer Dank für Ihre Hilfe und Geduld beim Lektorat.

Viel Spaß beim Lesen – und noch mehr beim Ausprobieren!

Hamburg, Deutschland   Tim Osing

Inhaltsverzeichnis

Teil I Digitales Storytelling

1 Einleitung 3
    Quellen 6

2 Definition & Geschichte 7
    2.1   Unterscheidung zentraler Begriffe 8
    2.2   Geschichte 10
    Quellen 13

3 Recherche & Konzeption 15
    3.1   Recherche 15
    3.2   Konzeption 18
    Quellen 22

4 Arbeitsweisen des digitalen Storytellings 25
    4.1   Erzählstrukturen und Dramaturgie 26
    4.2   Qualitätsmerkmale 26
    4.3   Erzählstrukturen 28
    4.4   Dramaturgie 31
    4.5   Dramaturgische Stilmittel 34
    4.6   Technisches Basiswissen 37
    4.7   Tools und Apps 40
    Quellen 42

5 Arten des digitalen Storytellings ... 45
- 5.1 Digital Longform Journalism ... 46
- 5.2 Scrollytelling ... 47
- 5.3 Web-Dokumentation ... 47
- 5.4 Dossiers ... 49
- 5.5 Newsgames ... 50
- 5.6 Interaktives Interview ... 52
- 5.7 Kurative Netz-Geschichte ... 53
- 5.8 (Audio-)Slideshows ... 53
- 5.9 Multiperspektiven-Geschichte ... 54
- 5.10 Kollaborative Geschichte ... 54
- 5.11 Podcasts ... 54
- 5.12 Virtuelles Erzählen ... 56
- Quellen ... 58

6 Mobiles Storytelling ... 61
- 6.1 Besonderheiten des mobilen Storytellings ... 62
- 6.2 Social-Media-Storytelling ... 71
- Quellen ... 80

7 Nutzung und Wirkung von digitalem Storytelling ... 83
- Quellen ... 85

Teil II Datenjournalismus

8 Einleitung ... 89
- Quellen ... 91

9 Definition & Geschichte ... 93
- 9.1 Definition zentraler Begriffe ... 94
- 9.2 Wichtige Dateiformate ... 101
- 9.3 Geschichte ... 103
- Quellen ... 105

10 Recherche ... 107
- 10.1 Welche Daten sind zu erwarten? ... 108
- 10.2 Suche nach Daten ... 109
- 10.3 Daten scrapen ... 112
- 10.4 Befreite Daten ... 121
- 10.5 Quellenkritik ... 122
- Quellen ... 123

Inhaltsverzeichnis

11 Arbeitsweisen des Datenjournalismus 125
   11.1 Data-Wrangling – Säubern & Filtern von Daten 126
       11.1.1 OpenRefine 127
   11.2 Analyse von Daten 132
       11.2.1 Rechnen (lassen) 133
   11.3 Context & Combine 140
   11.4 Aufbereitung von Daten 142
       11.4.1 Visualisierung 144
       11.4.2 Regeln für die Visualisierung 146
   11.5 Dokumentation und Transparenz der Arbeit 151
   11.6 Tools für Datenjournalist*innen 151
   Quellen 152

12 Fazit und Beispiele 155
   Quellen 158

Teil III Onlinejournalismus

13 Einleitung 161
   Quellen 162

14 Definition & Geschichte 163
   14.1 Definition 164
   14.2 Geschichte des Onlinejournalismus 167
   Quellen 171

15 Online-Recherche 173
   15.1 Probleme der Online-Recherche 174
   15.2 Die Möglichkeiten der Internet-Recherche 175
       15.2.1 Recherche mit Suchmaschinen 176
       15.2.2 Recherche in sozialen Medien 178
       15.2.3 Recherche im Deep Web 180
       15.2.4 Recherche im Darknet 180
   15.3 Weitere Vorteile der Online-Recherche 181
   15.4 Fakten prüfen 183
   Quellen 191

16 Arbeitsweisen im Onlinejournalismus 193
   16.1 Arbeitsfelder 194
   16.2 Redaktionsorganisation 197

		16.2.1	Newsroom & Workflow	197
		16.2.2	Print vs. Online	200
	16.3	Kompetenzen		202
		16.3.1	Produktionelle Kompetenzen	202
		16.3.2	Schreiben fürs Web	203
		16.3.3	Suchmaschinenoptimierung	214
		16.3.4	Kommunikative Kompetenzen	216
		16.3.5	Rechtliches	218
	Quellen			220
17	**Arten des Onlinejournalismus**			**223**
	17.1	Darstellungsformen		224
	17.2	Mobiler Journalismus		225
	17.3	Automatisierter Journalismus		227
	17.4	Bürger*innenjournalismus		231
	Quellen			233
18	**Perspektiven des Onlinejournalismus**			**235**
	18.1	Nutzungsforschung		236
	18.2	Wandlung der Öffentlichkeit durchs Internet		238
	18.3	Herausforderungen & Chancen		240
	18.4	Finanzierung & Erlösmodelle		242
	Quellen			245

Abbildungsverzeichnis

Abb. 2.1	Screenshot der Multimedia-Story „Snow Fall" der NY Times. (Quelle: nytimes.com, zuletzt am 1. März 2022)	11
Abb. 4.1	Lineare Erzählstruktur, Abbildung nach Godulla & Wolf (2017, S. 55).	29
Abb. 4.2	Elastische Erzählstruktur, Abbildung nach Godulla und Wolf (2017, S. 55).	29
Abb. 4.3	Parallele Erzählstruktur, Abbildung nach Godulla und Wolf (2017, S. 55).	29
Abb. 4.4	Erzählen in Strängen, Abbildung nach Godulla und Wolf (2017, S. 55).	30
Abb. 4.5	Verästelte Erzählstruktur, Abbildung nach Godulla und Wolf (2017, S. 57).	30
Abb. 4.6	Konzentrische Erzählstruktur, Abbildung nach Godulla und Wolf (2017, S. 58).	31
Abb. 4.7	Erzählen in Kapiteln, Abbildung nach Godulla und Wolf (2017, S. 58).	32
Abb. 4.8	Held*innenreise nach Vogler, zitiert nach Friedl (2017, S. 5 ff.), eigene Darstellung	33
Abb. 5.1	Beispielhafter Aufbau eines Scrollytelling-Artikels (eigene Darstellung)	48
Abb. 5.2	Zeit-Dossier zu Patchwork-Familien. (Quelle: zeit.de)	51
Abb. 5.3	Doku-Spiel „netwars" über Cyberkriminalität von filmtank, ZDF/Arte und Heise. (Quelle: Filmtank (netwars-project.com))	52

Abb. 5.4	AR-Experiment von BILD mit der DFL. (Quelle: bild.de)	57
Abb. 5.5	AR-Filter für Snapchat. (Quelle: snapchat.com)	58
Abb. 6.1	Screenshot von socialscore.eu, zuletzt am 10. Juni 2020.	64
Abb. 6.2	Screenshot von socialscore.eu, zuletzt am 10. Juni 2020.	65
Abb. 6.3	Screenshot „Die Pendlerrepublik". (Quelle: spiegel.de, zuletzt am 10. Juni 2020.).	67
Abb. 6.4	Screenshot „Die Pendlerrepublik". (Quelle: spiegel.de, zuletzt am 10. Juni 2020.).	68
Abb. 6.5	Screenshot „Die Pendlerrepublik". (Quelle: spiegel.de, zuletzt am 10. Juni 2020.).	69
Abb. 6.6	Tägliche Nutzung von sozialen Netzwerken, Anteil an der deutschsprachigen Bevölkerung ab 14 Jahren, in Prozent. (Quelle: ARD-ZDF-Onlinestudie 2020, zit. nach Beisch und Schäfer 2020)	72
Abb. 6.7	Tägliche Nutzung von sozialen Netzwerken nach Altersgruppen. (Quelle: ARD-ZDF-Onlinestudie 2020, zit. nach Beisch und Schäfer 2020)	74
Abb. 6.8	Videos von „Deutschland3000" auf Facebook, Screenshot erstellt am 28. März 2022. Die Videos wurden zum Teil mehr als 10 Mio. mal aufgerufen.	75
Abb. 6.9	Story-Screenshot von „sachor jetzt!" mit der Holocaust-Überlebenden Margot Friedländer, zuletzt am 10. Juni 2020 via https://sachor.jetzt, Urheber: freetech.academy	76
Abb. 6.10	Story-Screenshot von „sachor jetzt!" mit Reporter Henry Donovan, zuletzt am 10. Juni 2020 via https://sachor.jetzt/, Urheber: freetech.academy	77
Abb. 8.1	„The inverted pyramid of data journalism". (Quelle: Paul Bradshaw 2018, S. 254)	90
Abb. 9.1	Beispieltabelle Verkehrsunfall-Übung	96
Abb. 9.2	Hohe Korrelation, aber kein kausaler Zusammenhang. (Quelle: tylervigen.com, zuletzt am 14. Juli 2020)	100
Abb. 9.3	Scheidungsrate und Pro-Kopf-Verbrauch von Margarine im Vergleich. (Quelle: tylervigen.com, zuletzt am 14. Juli 2020)	100
Abb. 10.1	Datenzwiebel von Grieß, zit. nach Grass (2018, S. 351)	108
Abb. 10.2	Statistik-Datenbank der Stadt Wuppertal, Screenshot: https://www.wuppertal.de/dbstatistik/, zuletzt am 15. Juli 2020	111

Abbildungsverzeichnis

Abb. 10.3	Der Jahresverkehrsbericht der Polizei Wuppertal 2019 in Tabula	112
Abb. 10.4	Tabellen markieren mit Tabula	113
Abb. 10.5	Gescrapte Tabelle aus Tabula	113
Abb. 10.6	Verkehrsunfallstatistik des DeStatis, Screenshot: https://www.destatis.de/DE/Themen/Gesellschaft-Umwelt/Verkehrsunfaelle/Tabellen/liste-strassenverkehrsunfaelle.html#fussnote-1-251628, zuletzt am 15. Juli 2020.	114
Abb. 10.7	Der Data Miner wird über das Spitzhacken-Symbol aktiviert	115
Abb. 10.8	Vorgeschlagene Recipes von Data Miner, „Get Table Data" reicht für simple Tabellen oft aus	115
Abb. 10.9	Die mit dem öffentlichen Recipe erstellte Tabelle mit überflüssigen Spalten und Zeilen	116
Abb. 10.10	Nach „New Recipe" öffnet sich rechts der „Recipe Creator"	116
Abb. 10.11	Im Recipe Creator werden die passenden Reihen oder Spalten vorgegeben.	117
Abb. 10.12	Zellen werden im Data Miner mit der Shift-Taste markiert	117
Abb. 10.13	Mit „Select Parent" wird die ganze Zeile erkannt	118
Abb. 10.14	Haken setzen bei „HTML Element Type", bestätigen mit „Confirm"	118
Abb. 10.15	Um Spalten zu finden, muss zunächst wieder eine Zelle mit der Shift-Taste markiert werden	119
Abb. 10.16	Über die Pfeiltasten können „Sibling Elements" ausgesucht werden.	120
Abb. 10.17	Wenn die Unfallzahlen markiert wurden, kann das Recipe gespeichert und ausgeführt werden	120
Abb. 10.18	Die Tabelle nach dem selbst erstellten Recipe	121
Abb. 11.1	Startseite von OpenRefine, das über den Browser funktioniert	128
Abb. 11.2	So sieht der Datensatz nach dem Import aus	128
Abb. 11.3	Die Jahreszahlen stehen durch die Einstellungen im roten Kreis nun im Titel, oben rechts kann das Projekt kreiert werden.	129
Abb. 11.4	So sieht die importierte Tabelle als neues Projekt aus	129
Abb. 11.5	Spalten löschen über „Edit column" > „Remove this column"	130
Abb. 11.6	„Text facet"-Funktion von OpenRefine	130
Abb. 11.7	OpenRefine hat nun alle Unfallursachen erkannt (linker Rand).	131
Abb. 11.8	Rechnen mit OpenRefine	131

Abb. 11.9	Übersicht der Funktionen in Microsoft Excel	135
Abb. 11.10	Importierter Datensatz zu bundesweiten Unfallursachen	135
Abb. 11.11	„Suchen und ersetzen" in Microsoft Excel	136
Abb. 11.12	Bindestriche durch Nullen ersetzen	136
Abb. 11.13	Sortieren-Funktion in Microsoft Excel	137
Abb. 11.14	Pivot-Tabelle erstellen in Microsoft Excel	137
Abb. 11.15	PivotTable-Analyse in Excel. Oben rechts können „empfohlene PivotTables" angezeigt werden	138
Abb. 11.16	Vergleich der Unfallursachen in 2008 und 2018	138
Abb. 11.17	Werte einer PivotTable anders anzeigen lassen	139
Abb. 11.18	Zellinhalte zusammenfügen	140
Abb. 11.19	Unfallursachen in Wuppertal. (Quelle: Jahresverkehrsbericht 2019)	141
Abb. 11.20	Datengeschichte der „Zeit" zu Straßennamen in Deutschland. Die Nutzenden können die Datenbank selbst durchsuchen und ihr Ergebnis via Twitter oder Facebook teilen. (Screenshot: https://www.zeit.de/interactive/)	143
Abb. 11.21	„Erkunden" – Funktion in Google Tabellen	145
Abb. 11.22	Vorgeschlagene Diagramme beim Erkunden in Google Tabellen	145
Abb. 11.23	„Finding Insights In Data", Kreislauf von Aisch (2012)	146
Abb. 11.24	Alkoholeinfluss als Unfallursache im Balkendiagramm, Datenquelle: Jahresverkehrsbericht Wuppertal 2019	148
Abb. 11.25	Alkoholeinfluss als Ursache im Liniendiagramm, Datenquelle: Jahresverkehrsbericht Wuppertal 2019	149
Abb. 11.26	Datavizcatalogue	150
Abb. 14.1	Genutzte Medienarten der deutschen Internetnutzenden 2020	170
Abb. 15.1	RSS-Feed zur „Schwebebahn" in Feedreader (Screenshot: 3. August 2020)	182
Abb. 15.2	Twitter-Screenshot @die_regierung, 10. März 2022	184
Abb. 15.3	Twitter-Screenshot @regsprecher, 10. März 2022	184
Abb. 15.4	Facebook-Post der AfD Stade. (Quelle: Russezki und Schultz 2019)	186
Abb. 15.5	Originalfoto der Märkischen Allgemeinen Zeitung (Russezki und Schultz 2019)	186
Abb. 15.6	Leuchtturm im Sonnenuntergang (eigene Bilder)	188
Abb. 15.7	Error Level Analyse des Fotos in Forensically (29a.ch/photo-forensics)	189

Abbildungsverzeichnis

Abb. 15.8	Abmessen der Größe des Pariser Platzes vor dem Brandenburger Tor in Berlin mit dem Tool „Mapchecking". (Screenshot: 1. Oktober 2021)	190
Abb. 16.1	Entwicklung der Klickzahlen von www.mopo.de im Tagesverlauf. Durchgezogene Linie: Anzahl Seitenaufrufe am aktuellen Tag. Gestrichelte Linie: Durchschnittliche Anzahl Seitenaufrufe am gleichen Wochentag der vergangenen vier Woche. (Screenshot Linkpulse am 14. Oktober 2021)	199
Abb. 16.2	Die „Süddeutsche Zeitung" fasst die Inhalte des Textes am Anfang in Stichpunkten zusammen, Screenshot: sz.de	203
Abb. 16.3	Screenshot zeit.de, zuletzt am 28. Februar 2022	204
Abb. 16.4	Teaser-Beispiel „Spiegel", Screenshot vom 1. März 2022	208
Abb. 16.5	Teaser-Beispiel „Tagesschau", Screenshot vom 10. Juli 2022	208
Abb. 16.6	Teaser-Beispiel „sz.de", Screenshot vom 10. August 2020	208
Abb. 16.7	Teaser-Beispiel „bild.de", Screenshot vom 10. August 2020	209
Abb. 16.8	Teaser-Beispiel „Zeit Online", Screenshot vom 10. August 2020	209
Abb. 16.9	Teaser-Beispiel „derwesten.de", 10. August 2020	210
Abb. 16.10	Zeitangabe fürs Lesen bei „Krautreporter", Screenshot vom 10. August 2020	211
Abb. 16.11	Übersicht über alle Teilseiten eines Beitrags bei „11freunde.de", Screenshot vom 10. August 2020	212
Abb. 16.12	Entwicklung der Klickzahlen von www.mopo.de im Tagesverlauf. Einen deutlichen Ausreißer gibt es gegen 18 Uhr, als ein Text plötzlich prominent in den Google-Suchergebnissen auftauchte und die Klickzahlen um das Sechsfache des Durchschnitts erhöht waren. Durchgezogene Linie: Anzahl Seitenaufrufe am aktuellen Tag. Gestrichelte Linie: Durchschnittliche Anzahl Seitenaufrufe am gleichen Wochentag der vergangenen vier Woche. (Screenshot Linkpulse am 28. Mai 2021)	215
Abb. 17.1	Automatisch generierter Spielbericht auf „fussball.de", Screenshot vom 10. August 2020	228
Abb. 17.2	Automatisch generierter Live-Ticker von „Flashscore", Screenshot vom 2. März 2020	230

Abb. 18.1　Wöchentlich genutzte Nachrichtenquellen der erwachsenen Internetnutzenden in Deutschland, nach Alter, Angaben in Prozent. (Quelle: Reuters Institute Digital News Report; Hölig, Behre und Schulz (2022, S. 17))....................237

Teil I
Digitales Storytelling

Einleitung 1

Geschichten zu erzählen ist für Journalist*innen essenziell. Weil es für Menschen essenziell ist. Wir alle erinnern Geschichten, wir hören ihnen zu, wir lesen sie vor und erzählen sie. Der Mensch als solcher definiert sich darüber, wie Jacques Chlopczyk (2017, S. 2) schreibt: „Durch Geschichten entsteht Sinn und Bedeutung aus dem kontinuierlichen Strom von Ereignissen und Erfahrungen. Durch Geschichten werden Werte, Wissen und Normen vermittelt. Geschichten sind Träger und Ausdruck von Kultur. Der Homo sapiens ist ein Homo narrans."

In scheinbar kleinen, aktuellen Ereignissen versuchen Journalist*innen, die große Geschichte zu finden. Das ist schon immer so, nicht umsonst gilt als „Königsdisziplin" des Journalismus die Reportage, die eben solche großen Geschichten ausführlich und lebendig erzählt. Storytelling und dessen Regeln sind für Journalist*innen also nicht neu, der Übertrag auf digitale Medien war und ist für viele dennoch eine Herausforderung. Plötzlich können Tonaufnahmen oder Videos abgespielt, Grafiken oder Umfragen integriert werden. Die Nutzenden reagieren unmittelbar auf die Storys, beeinflussen sie oder wollen sogar ein Teil davon sein. Gleichzeitig wird Storytelling immer wichtiger, da man sich im schnelllebigen digitalen Journalismus von anderen Angeboten abgrenzen will. Nachrichten produzieren alle, die klassische „Gatekeeper"-Funktion der Journalist*innen ist im Internet unwichtiger geworden (vgl. Neuberger 2018, S. 54 oder Godulla und Wolf 2018, S. 84). Will man seine User*innen erreichen, muss man außergewöhnliche Geschichten außergewöhnlich erzählen. Geschichtenorientierter Journalismus online steht auch in keiner Konkurrenz zur Berichterstattung zu aktuellen Themen. Es ist eine Komplementierung des Internetjournalismus, beide Teile ergänzen sich gegenseitig (Godulla und Wolf 2018, S. 96). Die riesigen Möglichkeiten der digitalen Technologien erfordern einen Überblick über Bedingungen und Formen des digitalen Storytellings, dies soll dieses Kapitel schaffen.

Was macht digitales Storytelling so besonders? Für Herbst und Musiolik (2016, S. 8) sind es die „Big Four". Dies sind: „Integration, Verfügbarkeit, Vernetzung und Interaktivität." *Integriert* sind demnach Geräte wie Laptops oder Smartphones; Plattformen wie Websites; Dienste und Technologien wie Chats, QR-Codes oder Augmented Reality; Anwendungen wie Ortungsdienste oder Suchmaschinen sowie Medienobjekte wie Tweets oder YouTube-Videos. Diese Bausteine können miteinander vernetzt werden und kommunizieren. Verglichen wird dies mit einem Gehirn, das verschiedene Systeme wie die menschlichen Sinne vereint und vernetzt.

Verfügbarkeit bezieht sich vor allem auf Smartphones und Tablets, da sie es ermöglichen, Geschichten jederzeit und von überall unbegrenzt zu konsumieren. Die *Vernetzung* meint, dass Geschichten und Medien miteinander verknüpft sind, dies verändert maßgeblich die Erzählstruktur. Weiterführende Links zum Thema, Hintergrundinformationen oder Verweise auf Videos führen dazu, dass Nutzende selbst entscheiden können, wie sie eine Geschichte erleben. Hinzu kommt schließlich die Interaktivität, bei der zwischen technischer und persönlicher Interaktivität unterschieden werden kann. „Bei der technischen Interaktivität reagieren die digitalen Medien auf den User; bei der persönlichen Interaktivität reden Menschen miteinander" (Adlmaier-Herbst 2018).

Herbst und Musiolik beziehen ihre „Big Four" jedoch besonders auf die Kommunikation von Unternehmen, also digitales Storytelling auf PR-Seite. Vieles lässt sich auch auf den Journalismus übertragen, Sturm (2013, S. 5) nennt für den digitalen Journalismus ähnliche Eigenschaften, nämlich sechs: Globalität,[1] Multimedialität,[2] Hypertextualität,[3] Interaktivität, Aktualität und unbegrenzte Speicherkapazität.

Godulla und Wolf (2018, S. 81) fassen digitales Storytelling in einem Satz zusammen: „Digitales Storytelling im Journalismus kombiniert die Potenziale von

---

[1] **Globalität** meint die weltweite Vernetzung und Abrufbarkeit des Internets.
[2] **Multimedialität** meint die Möglichkeit, verschiedene Medienarten wie Text, Foto oder Video miteinander kombinieren zu können. Mehr zu „Multimedia" und der Unterscheidung zu ähnlichen Begriffen folgt in Kap. 2.1.
[3] Mit **Hypertextualität** ist hier die Möglichkeit gemeint, Beiträge online miteinander verlinken zu können. Nutzende können damit zusätzliche Informationen erhalten, im Storytelling lassen sich dadurch spezielle Erzählstrukturen nutzen (siehe Abschn. 4.3: Erzählstrukturen).

Medien wie Text, Fotografie, Grafik, Video, Animation und Audio, um nichtfiktionale Themen in immersiver Weise aufzubereiten."

Wieder ist die Kombination das Stichwort. Und weil so viele Medien und so viele Inhalte miteinander kombiniert werden können, kann auch jede*r Journalist*in und jede Redaktion ihren Nutzenden ein einzigartiges Angebot zur Verfügung stellen. Die Nutzenden wiederum können das Angebot individuell konsumieren und auswählen, was sie lesen oder sich ansehen wollen, es gibt keine lineare Erzählstruktur mehr (vgl. Meier 2002, S. 27). Die Entwicklungsmöglichkeiten einer Geschichte sind also nahezu grenzenlos. Wichtig ist aber auch, was Godulla und Wolf im zweiten Teil des Satzes sagen: Es geht im Journalismus um nicht-fiktionale Themen, es wird also nichts ausgedacht, sondern nur die Realität abgebildet. Nach einer wahren Geschichte, aber nicht aufgehübscht oder geschönt.

Das ist wichtig zu betonen: Guter Journalismus sucht die Wahrheit, nicht die perfekte Geschichte – denn die gibt es nicht. Der Fall Relotius[4] ist ein extremes Negativbeispiel, der Skandal zeigte aber generelle Probleme des Journalismus auf, der scheinbar perfekte Storys mit viel Anerkennung und Preisen belohnt. Ein ähnlicher, wenn auch kleinerer Fall war die Dokumentation „Lovemobil",[5] ausgezeichnet mit dem Deutschen Dokumentarfilmpreis. Zentrale Protagonistinnen des Films sind Schauspielerinnen, die die realen Geschichten nur nachstellten. Autorin Elke Margarete Lehrenkrauss war überzeugt, damit eine „viel authentischere Realität" geschaffen zu haben (NDR 2021).

Journalist*innen sollten die Realität abbilden, sich aber keine eigene schaffen. Im Wetteifern, die beste Geschichte zu finden oder dieselbe Geschichte bestmöglich aufzuarbeiten, dürfen journalistische Standards nie verloren gehen, das gilt selbstverständlich auch im digitalen Storytelling (vgl. auch Ettl-Huber 2019, S. 8). Deshalb sollen grundlegende Qualitätskriterien des Journalismus auch in diesem Kapitel thematisiert werden.

---

[4] Ende 2018 wurde bekannt, dass der langjährige „Spiegel"-Reporter Claas Relotius mehrere Geschichten gefälscht und mit ausgedachten Zitaten oder Protagonist*innen ausgeschmückt, teilweise vollständig erfunden hatte. Relotius bekam für seine Texte zahlreiche Auszeichnungen.

[5] Die Doku wurde u. a. vom NDR produziert, der Film schildert das Leben von Prostituierten in Niedersachsen. Die geschilderten Fälle waren echt, in der Doku waren jedoch Schauspielerinnen zu sehen, die die Situationen nur spielten. Dies wurde nicht kenntlich gemacht.

Quellen

Adlmaier-Herbst, D. (2018, 26. Dezember). Was ist Digital Storytelling?. Online: https://dietergeorgherbst.de/blog/2018/12/26/was-ist-digital-storytelling/, zuletzt am 1. Mai 2022.

Chlopczyk, J. (2017). Beyond Storytelling – von der Idee zum Buch. In Chlopczyk (Hg.). Beyond Storytelling (5–10). Berlin: Springer.

Ettl-Huber, S. (2019). Glaubwürdigkeit von Storytelling. In Ettl-Huber (Hg.). Storytelling im Journalismus, Organisations- und Marketingkommunikation (1–18). Wiesbaden: Springer VS.

Godulla, A. & Wolf, C. (2018). Digitales Storytelling. Nutzererwartungen, Usability, Produktionsbedingungen und Präsentation. In Nuernbergk & Neuberger (Hg.). Journalismus im Internet (81–100). Wiesbaden: Springer VS.

Herbst, D. & Musiolik, T. (2016). Digital Storytelling. Spannende Geschichten für interne Kommunikation, Werbung und PR. Konstanz und München: UVK.

Meier, K. (2002) (Hg.). Internet-Journalismus. Ein Leitfaden für ein neues Medium. Konstanz: UVK.

NDR, unbekannte*r Autor*in. (2021, 20. April). NDR distanziert sich vom Dokumentarfilm „Lovemobil". Online: https://www.ndr.de/der_ndr/unternehmen/NDR-distanziert-sich-vom-Dokumentarfilm-Lovemobil,ineigenersache106.html, zuletzt am 1. Mai 2022.

Neuberger, C. (2018). Journalismus in der Netzwerköffentlichkeit. Zum Verhältnis zwischen Profession, Partizipation und Technik. In Nuernbergk & Neuberger (Hg.). Journalismus im Internet (11–80). Wiesbaden: Springer VS.

Sturm, S. (2013). Digitales Storytelling. Eine Einführung in neue Formen des Qualitätsjournalismus. Wiesbaden: Springer VS.

Definition & Geschichte 2

Zusammenfassung

Nachdem der Journalismus Anfang der 2000er-Jahre die Besonderheiten des Internets komplett verschlief, konnte in den 2010er-Jahren nichts „multimedial" genug sein. Der Begriff wurde mit viel Bedeutung aufgeladen und häufig falsch verwendet, deshalb soll in diesem Kapitel eine Unterscheidung zwischen Multimedia, Crossmedia und Transmedia erfolgen.

Die Geschichte des digitalen Storytellings ist noch recht kurz, seit Anfang der 2010er-Jahre nahm es dank einer Vielzahl an technischen wie erzählerischen Möglichkeiten eine rasante Entwicklung. Angestoßen durch das „Snow Fall"-Projekt der „New York Times", probierten sich fast alle Redaktionen mit aufwendig produzierten digitalen Geschichten aus. Ebenso zügig veränderte sich das Nutzungsverhalten der User*innen vom Surfen am Desktop-PC zum ständigen Online-Sein am Smartphone, entsprechend müssen Redaktionen vor allem an mobile Ausspielgeräte ihrer digitalen Geschichten denken.

Schlüsselwörter

Storytelling · Multimedia · Crossmedia · Transmedia · Geschichte · Snow Fall · Mobile First

2.1 Unterscheidung zentraler Begriffe

Digitales Storytelling
Bereits in der Einführung wurden die wichtigsten Besonderheiten des digitalen Storytellings beschrieben. Dennoch soll der Begriff hier nochmal genauer definiert werden, auch, um eine klare Abgrenzung zu crossmedialem, transmedialem sowie multimedialem Storytelling zu schaffen, die häufig synonym verwendet werden; fälschlicherweise.

Digitales Storytelling beschreibt „grundlegend die Art und Weise, wie Inhalte mithilfe digitaler Medien unter Bezugnahme auf internetspezifische Qualitäten geschichtenorientiert vermittelt werden können" (Godulla und Wolf 2017, S. 46). Vereinfacht gesagt: Es geht um das Geschichtenerzählen im Internet. Dabei hat „Storytelling" nicht zwangsläufig mit Journalismus zu tun, auch PR- oder Marketing-Abteilungen machen sich dieses Handwerk zu Nutze. Storytelling kann allgemein definiert werden als „das strategische Kalkül, Botschaften in Form von Stories darzustellen", (Ettl-Huber 2019, S. 1). Anders als in der Werbung, der PR oder im Marketing gehört es für Journalist*innen aber zur Pflicht, glaubwürdiges Storytelling zu betreiben, dies sei laut Ettl-Huber (2019, S. 8) „eine Überlebensfrage" und unverzichtbar.

Multimedia
Wenn mehrere Medienarten wie Text, Grafik, Foto, Video oder Audio innerhalb eines Beitrags miteinander kombiniert werden, wird dies als „Multimedia" bezeichnet. Dies ist eine spezifische Qualität des Internets – in Zeitungen, im Radio oder im Fernsehen war dies bislang noch nicht möglich (Godulla und Wolf 2017, S. 46). Ein Fernsehbeitrag blieb ein Fernsehbeitrag bzw. ein Video, selbst wenn darin Text vorkommt.

Eine multimediale Geschichte ist aber nicht einfach nur ein Online-Artikel, der mit einem Foto oder Video angereichert wurde – das ginge (zumindest mit Bildern) auch in der Zeitung noch. Vielmehr sollten die einzelnen Medien miteinander verknüpft sein und gemeinsam dafür sorgen, dass eine Geschichte verständlich wird (Matzen 2014, S. 30; Radü 2019, S. 30). Hooffacker (2020, S. 217) sagt, das sich bei einer Multimedia-Geschichte mindestens drei Kommunikationswege – Bild, Ton, Text – miteinander verbinden. Für Haarkötter (2019, S. 178) ist die „Multi-Story" die „Königin des Journalismus.online", angelehnt an die Reportage als „Königsdisziplin des klassischen Journalismus". Haarkötters Definition (2019, S. 178): „Die

2.1 Unterscheidung zentraler Begriffe

Multi-Story kombiniert die multimodalen Möglichkeiten des Computers und des Netzes als Medien, indem sie Text, Bild, Datenvisualisierungen, Animationen, Videos und Hyperlinks in eine Oberfläche und einen Erzählstrom integriert."

Der Begriff Multimedia wurde übrigens 1995 zum deutschen „Wort des Jahres" gekürt (GfdS, 2020), gilt aber bis heute als „noch nicht ausgereift" (Sturm 2013, S. 26), da er in der Praxis eine beinahe ideologische Aufladung erfahren hat. Journalist*innen schwören auf Multimedia und verwenden den Begriff deshalb oft synonym für alle Internet-Praktiken im Journalismus oder verwechseln ihn mit Crossmedialität oder Transmedialität (Radü 2019, S. 28).

Crossmedia

Crossmedialer Journalismus funktioniert über mehrere, mindestens zwei Medienformen hinweg. Diesmal sind aber nicht die Darstellungsformen, sondern die Ausspielkanäle gemeint (Jakubetz 2011, S. 31). Die Medien werden also „gekreuzt", die Inhalte werden plattformübergreifend publiziert und sind miteinander vernetzt (Hohlfeld 2018, S. 19; Jakubetz 2011, S. 23). Das kann auch ohne Einbezug des Internets und ohne Multimedialität geschehen. Zum Beispiel dann, wenn eine Geschichte in einem gedruckten Magazin erscheint und ein zugehöriger Fernsehbeitrag produziert wird. Noch üblicher im journalistischen Alltag: Eine Meldung wird auf der Website und als Social-Media-Beitrag aufbereitet – inhaltlich kaum verändert, aber angepasst an die Gegebenheiten der Plattform, womöglich führt ein Link vom sozialen Medium zum längeren Text der Website (vgl. Radü 2019, S. 29).

Anders als Multimedia behandelt Crossmedia also mehr die Organisation einer Redaktion und die Entscheidung, was für welchen Kanal aufbereitet wird (Behmer 2015, S. 27). Die crossmedialen Beiträge können inhaltlich ähnlich oder sogar identisch sein, sie können aber auch ein größeres Thema durch einzelne in sich geschlossene Geschichten behandeln. Damit lässt sich vor allem die Reichweite eines Unternehmens bzw. eines Mediums erhöhen, auch das Image wird gestärkt (Behmer 2015, S. 24). Außerdem ist es sinnvoll, einen Rückkanal einzubauen, den Nutzenden also eine Reaktion zu ermöglichen (vgl. Godulla und Wolf 2018, S. 87; Hooffacker 2016, S. 242).

Transmedia

Transmedia bezeichnet „das Überschreiten medialer Grenzen durch eine zusammenhängende journalistische Geschichte" (Hohlfeld 2018, S. 21). Anders als bei Crossmedia wird für jede Plattform spezifischer Inhalt hergestellt, ohne dass die Inhalte miteinander vernetzt sind (Jakubetz 2015, S. 52). Klingt kompliziert? Nehmen wir ein fiktionales, also kein journalistisches Beispiel: Superman. Crossmediales Storytelling würde bedeuten, dass ein und dieselbe Superman-Geschichte einmal als Film, einmal als Comic und einmal als Hörspiel veröffentlicht wird. Unter Beachtung der spezifischen Anforderungen eines jeden Mediums, aber dennoch eng miteinander verknüpft. Transmediales Storytelling meint dagegen, dass im Kino, im Comicladen oder in der iTunes-Bibliothek jeweils Geschichten von Superman zu finden sind, die alle gemeinsam das Superman-Universum weitererzählen und ausführen. Die Geschichten sind jedoch in sich geschlossen und beinahe unabhängig voneinander (vgl. Radü 2019, S. 29). Sie „führen ein integriertes Eigenleben", wie Jakubetz über transmediale Story-Kanäle sagt (2015, S. 52). Wie lässt sich das auf den Journalismus beziehen? Die große Geschichte ist hier mehr die Marke, unter deren Dach verschiedene journalistische Geschichten veröffentlicht werden. Die „Tagesschau" etwa sendet einmal am Tag eine Sendung in der ARD, publiziert aber den ganzen Tag über auch Inhalte auf ihrer Website, erzählt dort und auch auf Social Media komplett eigene Geschichten. Oft wird gegenseitig auf die verschiedenen Kanäle verwiesen, solche Formate sind häufig cross- und transmedial.

Übung
Sie möchten eine digitale Story über die Schulen ihres Publikationsortes veröffentlichen: Welchen Ruf genießen sie? Wie sind die Zustände? Wo liegen Probleme? Überlegen Sie, wie die Geschichte ...

- *multimedial,*
- *crossmedial*
- *oder transmedial*

... aufbereitet werden könnte.

2.2 Geschichte

Die Geschichte des digitalen Journalismus ist noch kurz – und längst nicht durchweg erfolgreich. Anfangs taten sich Medien schwer damit, internetspezifisch zu arbeiten und zu publizieren. Sturm (2013, S. 5) stellt dazu fest: „Der Onlinejournalismus in Deutschland wurde dabei in den ersten Jahren seiner Entstehung zunächst von vielen als eine Fortsetzung des Printjournalismus auf einer anderen technischen Plattform missverstanden. Die journalistischen Inhalte wurden oftmals fast eins zu eins übertragen [...]". Ausführlichere Infos zur Geschichte des Online-Journalismus sind im 3. Teil zu finden.

2.2 Geschichte

Als Anfänge des digitalen Storytellings kann, wenn man so will, eine der grundlegendsten Eigenschaften des Internets beschrieben werden: Hypertextualität. Texte enthielten nun Links zu weiteren Artikeln oder Videos und sorgten für eine andere, non-lineare Erzählweise (vgl. Herbst und Musiolik 2016, S. 54–55). Der Begriff des digitalen Storytellings wurde in den 1990er-Jahren geprägt, bezog sich aber letztlich mehr auf das reine Geschichtenerzählen mit digitalen Technologien, die Inhalte konnten also auch dieselben sein wie in der gedruckten Zeitung (Herbst und Musiolik 2016, S. 40). Das heutige Verständnis von Digital Storytelling, das auch dieses Buch hat, bezieht sich dagegen auf Geschichten, die mit digitalen Möglichkeiten einzigartig erzählt und aufbereitet werden (siehe auch Sturms Definition von digitalem Journalismus in Kap. 1: Einleitung). Hypertextualität ist nur ein Teil davon, Multimedialität etwa viel entscheidender.

Meilenstein und Vorbild für digitales Storytelling war die von der „New York Times" veröffentlichte Multimedia-Reportage „Snow Fall", die 2012 erschien (siehe Abb. 2.1). Es ist die Rekonstruktion eines Lawinenunglücks im Kaskadengebirge im Nordwesten der USA, bei dem mehrere Skifahrer*innen ums Leben gekommen sind. Die Geschichte ist ein bis dato einzigartiges Zusammenspiel von Text, Videos, Grafiken und Fotos und deshalb so besonders, weil die User*innen sich durch das Scrollen mit der Maus durch die Geschichte bewegen und damit die Animation von Grafiken oder das Abspielen von Videos starten. Öffnet man die Seite, ist zunächst nur ein verschneiter Abhang zu sehen, Schnee wird vom Wind durch die Luft gewirbelt, daneben stehen Titel und Autor des Stückes: „Snow Fall – The Avalanche of Tunnel Creek, by John Branch":

Abb. 2.1 Screenshot der Multimedia-Story „Snow Fall" der NY Times. (Quelle: nytimes.com, zuletzt am 1. März 2022)

Im Vollbild erlebt man die Abfahrt eines Skifahrers sowie das Abstürzen der Lawine, die Geschichte ist also immersiv, man taucht regelrecht ein und will weiterlesen bzw. -scrollen. „Nie zuvor hatte jemand so hervorragend Medienformate gemischt wie Text, Video, Audio, Bild. Hierbei übernehmen die jeweiligen Medien die Erzählstruktur sowie die Erzählperspektive" (Herbst und Musiolik 2016, S. 72).

Obwohl es mehrere Stunden dauert, alle Inhalte angesehen oder gelesen zu haben, war das Projekt ein voller Erfolg. Die New York Times erhielt für „Snow Fall" 2013 einen Pulitzer-Preis, binnen einer Woche nach Erscheinen hatten 3,5 Mio. Menschen die Geschichte (oder Teile davon) gesehen (Haarkötter 2019, S. 162).

Besonders auf die Medienbranche hatte die Geschichte großen Einfluss, da sie ein Paradebeispiel für ausgiebig erzählte Online-Geschichten wurde (vgl. Bradshaw 2018, S. 78). Das Nachahmen dieser Geschichte wurde gar als „Snowfallen" bezeichnet, „Let's Snow Fall this!", sagten Redaktionen über Themen, die besonders aufbereitet werden sollten (Haarkötter 2019, S. 164; Godulla und Wolf 2017, S. 40).

Gleichzeitig zeigt das Projekt auch ein Problem des digitalen Storytellings: Eine so aufwendig recherchierte und produzierte Reportage können sich viele Redaktionen nicht leisten, zumal sie auch noch kostenlos verfügbar ist. „Snow Fall" wurde über sechs Monate produziert, insgesamt waren 16 Personen daran beteiligt. Die Gesamtkosten werden auf fast eine Million US-Dollar geschätzt (Kaiser 2015, S. 62). „Snow Fall" wird deshalb auch mit einer gewissen Skepsis betrachtet und als kaum praktikabel für den redaktionellen Alltag angesehen (Godulla und Wolf 2018, S. 85).

Dennoch hat das Projekt den Journalismus verändert, Radü (2019, S. 41) spricht von einer „Zäsur" und sieht das Projekt als „Beginn einer neuen Ära": „Textbasierte Long-Form-Stories, die dem User die Geschichte mit perfekt abgestimmten Videos und Grafiken, reduzierter Gestaltung und cineastischen Digital-Effekten erzählen." „Snow Fall" war ein entscheidender Schritt zum bis dahin im Internet unüblichen „Longform Journalism" (Haarkötter 2019, S. 162) und begründete die Darstellungsform des „Scrollytelling" (Oswald 2019, S. 139; siehe dazu auch das Abschn. 5.2: Scrollytelling).

Der Einfluss von „Mobile First"
Prägend für das digitale Storytelling war zudem die stetig steigende Nutzung mobiler Endgeräte. Mittlerweile ist das Smartphone das meistgenutzte Mediengerät in Deutschland, etwa gleichauf mit dem Fernsehen und dem Radio (SevenOneMedia 2021). Dies betrifft auch die Nutzung von journalistischen Inhalten. CNN stellte

erstmals 2013 fest, dass die Anzahl der Website-Besucher*innen über mobile Geräte die der Desktop-Nutzenden übertraf (Bradshaw 2018, S. 16). Mittlerweile sind die Smartphone- oder Tablet-Nutzenden deutlich in der Überzahl, auch in Deutschland. Im April 2022 erfolgten beim „Spiegel" etwa 80 Prozent der Website-Besuche über die mobilen Seiten oder die Apps, bei „BILD" etwa 75 Prozent, bei der „Süddeutschen Zeitung" 72 Prozent (IVW 2022).

Die von vielen Redaktionen selbst auferlegte Strategie „Online First", dass also journalistische Inhalte zuerst im Internet und erst danach gedruckt veröffentlicht werden (vgl. Kaiser 2018, S. 126 oder Hooffacker 2020, S. 219), kann heutzutage als „Mobile First" bezeichnet werden (Bradshaw 2018, S. 17; Bilton 2015). Für das digitale Storytelling bedeutet das: Die Geschichten müssen mobil erlebbar sein. Bradshaw (2018, S. 16) nennt die dafür zentralen Besonderheiten: Erstens sind die Bildschirme deutlich kleiner als am Desktop, Inhalte werden zudem im Hochformat konsumiert anstatt im Querformat. Zweitens muss beachtet werden, dass Smartphone-Besuche oft über das mobile Datennetz und nicht über WLAN erfolgen, die Lade- und Nutzungskapazitäten sind aber begrenzt. Große Datenmengen von hochauflösenden Videos oder Fotos können nicht angezeigt oder nur langsam geladen werden. Das multimediale Storytelling wird also durch den mangelhaften Netzausbau eingeschränkt.

Als Besonderheit sind auch die sozialen Medien zu nennen, die ganz eigene Möglichkeiten des Storytellings bieten und aufgrund ihrer hohen Reichweite unabdingbar sind für Journalist*innen. Mehr zum mobilen Storytelling im Kap. 6, zum Storytelling in sozialen Medien im Abschn. 6.1.

Quellen

Behmer, M. (2015). Warum crossmedial arbeiten?. In Kaiser (Hg.). Innovation in den Medien. Crossmedia – Storywelten – Change Management (24–43). München: Medien-Netzwerk.

Bilton, R. (2015, 16. Juni). How publishers try to build mobile-first cultures. Online: https://digiday.com/media/publishers-mobile-first-cultures/, zuletzt am 1. Mai 2022.

Bradshaw, P. (2018). The Online Journalism Handbook. Skills to Survive and Thrive in the Digital Age. Abingdon und New York: Routledge.

Ettl-Huber, S. (2019). Glaubwürdigkeit von Storytelling. In Ettl-Huber (Hg.). Storytelling im Journalismus, Organisations- und Marketingkommunikation (1–18). Wiesbaden: Springer VS.

Gesellschaft für deutsche Sprache (2020). Online: https://gfds.de/aktionen/wort-des-jahres/#collapse1995, zuletzt am 1. Mai 2022.

Godulla, A. & Wolf, C. (2017). Digitale Langformen im Journalismus und Corporate Publishing. Scrollytelling – Webdokumentationen – Multimediastorys. Wiesbaden: Springer VS.

Godulla, A. & Wolf, C. (2018). Digitales Storytelling. Nutzererwartungen, Usability, Produktionsbedingungen und Präsentation. In Nuernbergk & Neuberger (Hg.). Journalismus im Internet (81–100). Wiesbaden: Springer VS.

Haarkötter, H. (2019). Journalismus.Online. Das Handbuch zum Online-Journalismus. Köln: Herbert von Halem Verlag.

Herbst, D. & Musiolik, T. (2016). Digital Storytelling. Spannende Geschichten für interne Kommunikation, Werbung und PR. Konstanz und München: UVK.

Hohlfeld, R. (2018). Crossmedialität im Journalismus. In Otto & Köhler (Hg.). Crossmedialität im Journalismus und in der Unternehmenskommunikation (17–42). Wiesbaden: Springer VS.

Hooffacker, G. (2016). Online-Journalismus. Texten und Konzipieren für das Internet. Ein Handbuch für Ausbildung und Praxis. Wiesbaden: Springer VS.

Hooffacker, G. (2020). Online-Journalismus. Texten und Konzipieren für das Internet. Ein Handbuch für Ausbildung und Praxis. Wiesbaden: Springer VS.

IVW (2022) (Hg.). Ausweisung der monatlichen Nutzungsdaten. Online: http://ausweisung.ivw-online.de/index.php?i=10&mz_szm=202204, zuletzt am 17. Mai 2022

Jakubetz, C. (2011). Crossmedia. Konstanz: UVK.

Jakubetz, C. (2015). Transmediales Arbeiten. In Kaiser, M. (Hg.). Innovation in den Medien. Crossmedia – Storywelten – Change Management (50–59). München: MedienNetzwerk.

Kaiser, M. (2015). Recherchieren. Klassisch – online – crossmedial. Wiesbaden: Springer VS.

Kaiser, M. (2018). Newsroom und Newsdesk im Journalismus und in der Unternehmenskommunikation. In Otto & Köhler (Hg.). Crossmedialität im Journalismus und in der Unternehmenskommunikation (121–132). Wiesbaden: Springer VS.

Matzen, N. (2014). Online-Journalismus. Konstanz und München: UVK.

Oswald, B. (2019). Digitaler Journalismus. Ein Handbuch für Recherche, Produktion und Vermarktung. Zürich: Midas.

Radü, J. (2019). New Digital Storytelling. Anspruch, Nutzung und Qualität von Multimedia-Geschichten. Baden-Baden: Nomos.

SevenOneMedia GmbH (2021) (Hg.). Media Activity Guide 2021. Online: https://www.seven.one/documents/20182/6085232/Media+Activity+Guide+2021.pdf/b9388acc-5e06-51f2-572a-54b4108cb7b4?t=1637948730470, zuletzt am 1. Mai 2022.

Sturm, S. (2013). Digitales Storytelling. Eine Einführung in neue Formen des Qualitätsjournalismus. Wiesbaden: Springer VS.

Recherche & Konzeption 3

> **Zusammenfassung**
>
> Damit eine Geschichte am Ende funktioniert, muss sie von Beginn an als solche gedacht und geplant werden. Die Recherche sollte bereits darauf ausgelegt sein, die einzelnen Teile der Story zusammenzusammeln. Gleichzeitig darf sie nicht zu engstirnig nur das suchen, was sie gerne erzählen möchte.
>
> Wo wird ein Video gebraucht, was sollte fotografiert werden, für was funktioniert ein geschriebener Text am besten? Die Vorteile der einzelnen Medienarten und die Entwicklung eines Konzepts sind Themen dieses Kapitels.

> **Schlüsselwörter**
>
> Recherche · In Geschichten denken · Medienarten · Text · Foto · Ton · Video · Grafiken · Vor- und Nachteile

3.1 Recherche

Das Internet hat die Anforderungen der Nutzenden an den Journalismus verändert. Informationen sollen schnell verfügbar sein – und das am besten kostenlos. 2022 gab nur knapp jede*r siebte deutsche Internetnutzende Geld für Journalismus aus, wie aus dem Reuters Institute Digital News Report hervorging (Hölig et al. 2022, S. 56). Das liegt am Überangebot: Dieselbe Info, die ein Medium hinter eine Bezahlschranke packt, bietet ein anderes sofort kostenlos an. Viele Lesende wissen kaum noch, welches Medium die Nachricht eigentlich recherchiert hatte – oder sie begeben sich selbst zur*m Informanten*in einer Nachricht, wenn etwa ein*e Politiker*in oder ein*e Prominente*r etwas in den sozialen Medien teilt. Quellenzugriff für alle. Im Konkurrenzkampf, als erstes die Nachricht zu publizieren, und dem häufig stressigen Alltag von Onlinejournalist*innen wird die gründliche Recherche zudem teils vernachlässigt (Hohlfeld 2018, S. 34). Als Reaktion auf diese Veränderungen kann der Trend hin zu langen und aufwendig recherchierten, digitalen Geschichten gesehen werden (Godulla und Wolf 2017, S. 23). Die Medien sind auf der Suche nach Alleinstellungsmerkmalen.

„Die stärkere Fokussierung auf einen geschichtenorientierten Journalismus, der zum Teil andere internetspezifische Potenziale nutzt und inhaltlich auf fundierte Recherche zu relevanten Themen setzt, kann eine Möglichkeit darstellen, solche Alleinstellungsmerkmale zu kreieren", schreiben Godulla und Wolf (2017, S. 23).

Hohlfeld (2018, S. 35) sieht das ähnlich: „Kanalunabhängig sind eine gut erzählte Geschichte, die auf geprüften Inhalten basiert und eine Tiefe der Bearbeitung durch intensive Recherche erreicht, und ein ausgeleuchteter Hintergrund die wesentlichen Merkmale publizistischer Qualität. Dabei kann besonders der digital vernetzte Journalismus als Resultat crossmedialer Organisation neue Formen der Qualität erreichen, die im traditionellen Printjournalismus so gar nicht möglich sind." Er verweist dabei auch auf Sturm (2013, S. 10), der schreibt: „Keines der traditionellen Medien – weder Print, Radio oder Fernsehen – erlaubt die auf digitalen Plattformen mögliche Multimedialität, um ein Thema in seiner Tiefe auszuleuchten und jedem Leser nach seinem persönlichen Informationsinteresse zugänglich zu machen."

Sturm (2013, S. 23) betont gleichzeitig, wie wichtig dafür die Recherche ist: „Bei jedem Thema sollten die verschiedenen Seiten und Blickpunkte recherchiert und Vorurteile vermieden werden. Je überraschender, neuer und origineller eine Recherche ausfällt, desto besser kann die Geschichte werden."

Das grundsätzliche Handwerk der Recherche gilt natürlich auch hier: Fakten sollten von zwei Quellen unabhängig voneinander bestätigt werden, man recherchiert von außen nach innen und hört alle Seiten und alle Aspekte an (ausführlich zum Beispiel bei Hooffacker und Meier 2017, S. 39 ff. oder Kaiser 2015). Die W-Fragen „Wer?", „Was?", „Wie?", „Warum?", „Wann?", „Wo?" und „Woher?" sollten beantwortet werden können (Oswald 2019, S. 24). Denn: Auch eine Geschichte, die digital aufbereitet werden soll, muss zunächst vollständig recherchiert und validiert werden. Zwar gibt es Expert*innen, die eine „Story-based Inquiry" empfehlen, also eine Recherche, die zielgerichtet nach der These der Geschichte ausgerichtet ist. Ein solches Recherchieren birgt aber große Risiken, da das

3.1 Recherche

„Erzählen-wollen" und nicht das „Aufklären-wollen" im Fokus steht (Haller 2017, S. 193). Aus eigener Erfahrung kann ich berichten, dass in manchen Redaktionen sogar davon abgeraten wird, zu tiefgehend nachzufragen, damit eine Geschichte „nicht totrecherchiert" wird, die Story also in jedem Fall erzählt werden kann. Diese Vorgehensweise ist alles andere als ratsam und kann zu höchst unseriöser Berichterstattung führen.

Zwei Punkte sollten klar sein: Die Geschichte alleine darf nicht die Recherche bestimmen. Und: Die perfekte Geschichte gibt es nicht. Bei einer gründlichen Recherche tauchen auch Ungereimtheiten auf. Dinge, die nicht ins Gesamtbild passen. Protagonist*innen, die sich in ihrem Verhalten widersprechen. Gegenargumente für aufgestellte Thesen. Spätestens seit dem Relotius-Skandal (siehe Kap. 1: Einleitung) sollten Journalist*innen stutzig werden, wenn die Geschichte einem perfekt inszenierten Drehbuch entspricht.

Auf alle Recherche-Grundlagen kann hier nicht eingegangen werden. Spezielle Recherche-Techniken des Internets werden zudem im 3. Teil „Online-Journalismus" genauer betrachtet. Die Besonderheit, die sich für das digitale Storytelling ergibt, betrifft mehr die Konzeption der Geschichte, die bereits früh im Arbeitsprozess mitbedacht werden muss.

Eine der ersten deutschen Multimedia-Storys, die viel Aufmerksamkeit fand und gewissermaßen „Snow Fall" nacheiferte, war „100 Jahre Tour de France" von Jonathan Sachse, erschienen auf Zeit Online. Sachse glaubt, dass Journalist*innen sich als „Storydesigner" verstehen sollten, aufgrund der Komplexität einer solchen Story aber immer auf Unterstützung durch Rechercheur*innen, Autor*innen, Grafiker*innen oder Techniker*innen angewiesen seien (zitiert nach Gertzen 2014, S. 52).

Preger (2019, S. 24) betont, was es für große Unterschiede macht, ob man einfach ein Thema ergründen oder eine Geschichte (nach-) erzählen will: „Ein Thema ist keine Geschichte. […] Von Anfang an ist ein Maßstab etabliert, der uns den dramaturgischen Blick verstellt. Wir versuchen in der Folge, das Thema in den Griff zu kriegen, nicht die Geschichte. Deshalb stellen wir auch nicht die richtigen Fragen an den Stoff. Wir fragen: Stimmen die Fakten? Haben wir ausgewogen berichtet? Haben wir etwas übersehen? Das ist zwar notwendig, aber nicht hinreichend."

Wie gelangt man von einer Nachricht zur Geschichte? Herbst und Musiolik (2016, S. 28) unterscheiden zwischen einem Ereignis, dem Geschehen und der Geschichte. Ein Ereignis ist das kleinste Teil, eine einfache Handlung, für den Konsumenten leicht greifbar. Das Geschehen ordnet die Ereignisse chronologisch ein. „In einer Geschichte folgen die Ereignisse nicht nur chronologisch aufeinander, sondern sie stehen in einem bedeutungsvollen Zusammenhang."

Kleine Wieskamp (2016, S. 100) nennt drei Dinge, die eine Geschichte benötigt, damit sie zustande kommt: eine Ausgangssituation, ein Ereignis und eine aus dem Ereignis resultierende neue Situation. Eine Nachricht in den Medien kann genau dieses Ereignis sein, das aus der Ausgangssituation eine neue resultieren lässt. „Stellen Sie sich folgende Frage: WEM passiert WAS und WARUM?" (Kleine Wieskamp 2016, S. 100).

> **Übungen**
> 1. *Sehen Sie sich die „Spiegel"-Rubrik „Eine Meldung und ihre Geschichte" an. Sie ist ein gelungenes Beispiel, wie Reporter*innen aufgrund einer Nachricht auf besondere Storys gestoßen sind.*
> 2. *Das Gymnasium Ihres Publikationsortes gibt bekannt, dass der Schulleiter mit sofortiger Wirkung von seinen Aufgaben entbunden wird. Wie würden Sie recherchieren, wenn Sie*
>   1. *einen Artikel am nächsten Tag veröffentlichen müssen*
>   2. *einen Monat Zeit für die Recherche haben?*

3.2 Konzeption

Schauen wir uns nochmal an, was eine klassische Reportage braucht (Kaiser 2015, S. 136):

- Schauplätze (Szene ergibt einen Rahmen)
- Person („Casting" der Hauptfigur; eventuell zwei entgegengesetzter Hauptfiguren)
- Handlung (Drehbuch)
- Thema (Gegensatz/Konflikt)
- Dramaturgie

Will man diese Aspekte nun in eine Multimedia-Story packen, die häufig die digitale Form der Reportage ist und vielleicht die „Königin des Online-Journalismus" (Haarkötter 2019, S. 178), müssen die Medienformate von Anfang an mitgedacht werden. Nehmen wir als Beispiel eine Story über eine*n Politiker*in als Hauptfigur. Für die Print-Reportage könnte man am Tag nach der Wahl noch recherchieren, wo der*die Politiker*in den Moment des Wahlergebnisses aufgenommen hat. Wenn dieser Moment aber in der Multimedia-Story per Video gezeigt werden soll, muss die Kamera rechtzeitig eingeschaltet sein, ein Nachdrehen wäre bereits eine unerwünschte Inszenierung.

3.2 Konzeption

Die Konzeption sollte schon Teil der Recherche sein: Wann brauche ich eine Kamera? Wie komme ich an Daten, die später als Grafik aufgearbeitet werden sollen? Ist die Hauptfigur rhetorisch stark genug, um mit ihr ein Audio-Interview oder einen Podcast aufzuzeichnen?

Diese Fragen setzen neben der journalistischen Expertise auch Medienkenntnisse voraus, selbst dann, wenn die Medienproduktion von anderen übernommen wird. „Wie strukturiere ich das Thema? Welche Formen und Formate setze ich ein? Wie bekomme ich Spannung und Abwechslung auf die Seiten?" (Hooffacker 2020, S. 5).

Dafür lohnt es sich, die Vor- und Nachteile der einzelnen Formate oder Medienarten genauer zu betrachten (vgl. Oswald, 2019, S. 89–90; Matzen 2014, S. 150 oder Sturm 2013, S. 89–113):

Vor- und Nachteile von Medienarten
- Text
  - Gut für Tiefgang und Analysen, Kontext und Hintergrund
  - Viele Stilformen möglich: Nachricht, Reportage, Interview, Kommentar, Essay etc.
  - Leicht verlinkbar
  - Orientierungshilfe beim Einsatz vieler Medien
  - User*in kann Lesetempo bestimmen
  - Schnell und kostengünstig zu erstellen
  - Nachteile: Aufmerksamkeitsspanne im Internet ist gering, viel Text kann abschrecken und erfordert Konzentration
  - Im Vergleich zu anderen Medienarten relativ statisch und weniger emotional
- Foto
  - Ausdrucksstarke Momente werden festgehalten
  - Gibt Nutzenden Zeit zum Betrachten
  - Authentisch, hoher Dokumentationswert
  - Kann emotional sein
  - Schnell erfassbar, spricht für sich, funktioniert international
  - Nachteile: benötigen oft Erklärung
  - Können leicht inszeniert oder manipuliert werden
- Ton/Audio
  - Authentisch, vor allem bei Originaltönen oder Geräuschen
  - Kann „Kino im Kopf" auslösen
  - Schnelle Informationen über die Akteur*innen (Dialekt, Alter, Gefühle)
  - Gut für Live-Bericht geeignet

- Viele Stilformen möglich: Nachricht, gebauter Beitrag, Feature, Reportage, Interview, Lesung, Hörspiel etc.
- Kann nebenbei oder unterwegs gehört werden
- Nachteile: Produktion aufwendig, Technik nötig
- Gehen im Vergleich mit Fotos und Videos schnell unter
• Video
  - Authentisch und emotional
  - Bringt Zuschauende ins Geschehen
  - Kombination von Sehen, Hören und Lesen
  - Kann gut Bewegung oder Tätigkeiten abbilden
  - Nachteile: Produktionsaufwand größer, Glaubwürdigkeit kann durch Inszenierungen leiden
  - Komplexe Zusammenhänge oft schlecht oder nur oberflächlich darstellbar
  - Lange Ladezeit bei hochauflösenden oder langen Videos
• Grafiken
  - Darstellung und Erklärung komplexer oder unsichtbarer Sachverhalte
  - Leicht erfassbar, gute Vergleichbarkeit
  - Visualisierung von Trends und Daten
  - Nachteile: Datenauswertung kann aufwendig sein, Fehler schleichen sich leicht ein
  - Geringe emotionale Wirkung

Studien zeigen, dass Namen, Orte oder genaue Fakten besser durch Text vermittelt werden können, Informationen über nicht vertraute Prozesse und Abläufe durch multimediale Darstellungen (Matzen 2014, S. 150). Was die Zielgruppe gerne konsumiert, können Redaktionen durch die genaue Analyse von Klickzahlen, Online-Käufen einzelner Artikel oder Abonnements sowie Reaktionen in den sozialen Medien herausfinden. Genauso sind Rückschlüsse möglich, wann am ehesten die Bereitschaft da ist, lange Geschichten zu lesen oder Videos anzusehen. Anhand von GPS-Daten ist es sogar möglich, den User*innen auf ihren aktuellen Standort angepasst Geschichten anzubieten („Location Based Storytelling", Herbst und Musiolik 2016, S. 50). Besonders im Ausland kann man feststellen, dass die Nachrichten bei „Google News" oder in den sozialen Medien plötzlich auf Englisch oder die Region betreffend angezeigt werden. Twitter bietet beispielsweise standortbezogene Trends an, also Hashtags, die gerade in der Umgebung angesagt sind. Auf Instagram lassen sich Beiträge mit Ortsmarkierungen teilen und werden dadurch Nutzenden in der Gegend vermehrt angezeigt (Bettendorf 2019, S. 13 siehe

3.2 Konzeption

auch Kap. 6: Mobiles Storytelling). Auch Museen oder Sehenswürdigkeiten machen sich Location Based Storytelling zu Nutze.

Wer seine User*innen noch besser kennt, kann ihnen sogar Geschichten anbieten, die auf ihre Gefühle abgestimmt sind. „Situation Based Storytelling" nennen das Herbst und Musiolik (2016, S. 52). Zeit Online nutzt zum Beispiel einen simplen Dienst in seiner App und auf der Homepage: Jeden Tag fragt die Seite seine Nutzenden, wie es ihnen geht. Die User*innen können „gut" oder „schlecht" anklicken und anschließend ihre Stimmung konkreter beschreiben (Erdmann et al. 2018, mehr dazu in Abschn. 6.1).

Zurück zur Recherche: Am Anfang können folgende Fragen helfen, um Entscheidungen über Recherchewege und Medienformate zu treffen (vgl. Oswald 2019, S. 87–89; Hooffacker 2020, S. 102 oder Matzen 2014, S. 151):

Recherchefragen
- Wer ist meine Zielgruppe?
  - Was will und mag sie?
  - Welche Medienarten sprechen sie an?
  - Über welches Gerät nutzt sie Medien?
  - Wann nutzt sie Medien?
  - Wie sieht eine typische Person meiner Zielgruppe aus? Wie sieht ihr Tagesablauf aus? Was sind ihre Hobbies? Einzelne Charaktere, sogenannte „Personas" zu erstellen, ist ein typisches Stilmittel, um Zielgruppen zu definieren.
- Welche Ziele verfolge ich mit der Story?
  - Kernsatz formulieren: Worüber will ich informieren? Was will ich erreichen?
- Wo recherchiere ich? Welche Orte eignen sich für Atmosphäre oder als Kulisse?
  - Brauche ich eine Aufnahme-/Drehgenehmigung?
- Was kann ich vorab online oder per Telefon recherchieren?
- Mit wem kann ich vor Ort sprechen?
- Welche Medienart eignet sich am besten?
  - Welche Inhalte kommen in den Text, welche ins Video, welche in eine Animation?
  - Welches Equipment habe ich, welches brauche ich?
  - Welche Protagonist*innen können/sollen vor die Kamera?
  - Welche Einstellungen muss ich filmen?

Durch die individuellen Kombinationsmöglichkeiten sind der Kreativität keine Grenzen gesetzt. Radü (2019, S. 64–65) geht sogar so weit, dass er Multimedia-Journalist*innen mit Konzertdirigenten vergleicht:

„Bei der Komposition einer Symphonie geht es darum, ein musikalisches Thema zu finden, zu entwickeln, fortzuführen und mit den richtigen Instrumenten zu besetzen. Der Multimedia-Journalist recherchiert sein Thema, trifft und interviewt Protagonisten und entscheidet, wie er sie in die Geschichte integriert. Der Dirigent interpretiert das Stück in den Proben und während der Aufführung, moduliert Tempo und Timbre – der Multimedia-Journalist inszeniert das Stück auf einer digitalen Plattform, passt Verkaufe und optische Präsentation der Geschichte an. Und der Instrumentalist spielt die Noten vom Blatt, womit er die Symphonie mit seinem individuellen Spielstil interpretiert. So wie der Multimedia-Journalist einer Geschichte seinen Stempel aufdrückt, wenn er mit der Kamera filmt oder fotografiert, programmiert oder Grafiken gestaltet."

ÜBUNG: Wir nehmen wieder das Beispiel der Schulen. Nach der Recherche haben Sie festgestellt, dass die Gebäude häufig marode sind, die Schüler*innenzahlen sinken, Lehrer*innen fehlen. Der Schulleiter des Gymnasiums musste gehen, weil er für ein strenges Arbeitsklima stand und zahlreiche Kolleg*innen vergrault hat, was sich mittlerweile schon in der ganzen Stadt rumsprach. Welche Medienarten würden Sie für welche Aspekte der Geschichte nutzen?

Quellen

Bettendorf, S. (2019). Instagram-Journalismus. Ein Leitfaden für Redaktionen und freie Journalisten. Wiesbaden: Springer VS.

Erdmann, E.; Loos, A.; Stahnke, J. & Faigle, P. (2018, 26. März). 15 Dinge, die wir über Sie gelernt haben. Online: https://www.zeit.de/gesellschaft/2018-03/leserinnen-leser-wie-geht-es-ihnen-jahr-rueckblick-erfahrungen/komplettansicht, zuletzt am 1. Mai 2022.

Gertzen, A. (2014). Storytelling im Netz. Wie das Medium ein Thema verändert. In: Weitblick. Die lange Form, die ganze Geschichte. Netzwerk Recherche, Werkstatt 24, 49–59.

Godulla, A. & Wolf, C. (2017). Digitale Langformen im Journalismus und Corporate Publishing. Scrollytelling – Webdokumentationen – Multimediastorys. Wiesbaden: Springer VS.

Haarkötter, H. (2019). Journalismus.Online. Das Handbuch zum Online-Journalismus. Köln: Herbert von Halem Verlag.

Haller, M. (2017). Methodisches Recherchieren. Konstanz und München: UVK.

Quellen

Herbst, D. & Musiolik, T. (2016). Digital Storytelling. Spannende Geschichten für interne Kommunikation, Werbung und PR. Konstanz und München: UVK.

Hohlfeld, R. (2018). Crossmedialität im Journalismus. In Otto & Köhler (Hg.). Crossmedialität im Journalismus und in der Unternehmenskommunikation (17–42). Wiesbaden: Springer VS.

Hölig, S.; Behre, J. & Schulz, W. (2022). Reuters Institute Digital News Report 2022 – Ergebnisse für Deutschland. Hamburg: Verlag Hans-Bredow-Institut, Juni 2022 (Arbeitspapiere des Hans-Bredow-Instituts | Projektergebnisse Nr. 63).

Hooffacker, G. (2020). Online-Journalismus. Texten und Konzipieren für das Internet. Ein Handbuch für Ausbildung und Praxis. Wiesbaden: Springer VS.

Hooffacker, G. & Meier, K. (2017). La Roches Einführung in den praktischen Journalismus. Wiesbaden: Springer VS.

Kaiser, M. (2015). Recherchieren. Klassisch – online – crossmedial. Wiesbaden: Springer VS.

Kleine Wieskamp, P. (2016) (Hg.). Storytelling. Digital – multimedial – social. Formen und Praxis für PR, Marketing, TV, Game und Social Media. München: Hanser.

Matzen, N. (2014). Online-Journalismus. Konstanz und München: UVK.

Oswald, B. (2019). Digitaler Journalismus. Ein Handbuch für Recherche, Produktion und Vermarktung. Zürich: Midas.

Preger, S. (2019). Geschichten erzählen. Storytelling für Radio und Podcast. Wiesbaden: Springer VS.

Radü, J. (2019). New Digital Storytelling. Anspruch, Nutzung und Qualität von Multimedia-Geschichten. Baden-Baden: Nomos.

Sturm, S. (2013). Digitales Storytelling. Eine Einführung in neue Formen des Qualitätsjournalismus. Wiesbaden: Springer VS.

Arbeitsweisen des digitalen Storytellings

4

Zusammenfassung

Was Journalist*innen brauchen, um eine Story spannend zu erzählen, sind Protagonist*innen. Eine gute Geschichte wird oft personalisiert erzählt, mit einem Charakter, der beispielhaft für das Thema steht oder eine eigene, große Geschichte zu erzählen hat. Der*die Protagonist*in macht eine Entwicklung durch, muss Hindernisse überwinden und Konflikte lösen. Dieses erfolgreiche Prinzip hat sich als „Heldenreise" etabliert.

Die Suche nach der richtigen Geschichte ist die nach dem besonderen Konflikt, nach einem Gegensatz oder einer Aufgabe. Journalist*innen möchten diese Geschichten finden und für ihre Zielgruppe bestmöglich erzählen. Die Möglichkeiten dazu sind online groß, da Beiträge multimedial aufgebaut und untereinander vernetzt sein können, auch die Nutzenden können Einfluss nehmen.

Um qualitativ hochwertige journalistische Geschichten, verschiedene Erzählstrukturen und besonders die Dramaturgie erfolgreichen Storytellings soll es in diesem Kapitel gehen.

Schlüsselwörter

Journalistische Qualität · Qualitätsmerkmale · Erzählstrukturen · Dramaturgie · Heldenreise · Stilmittel

4.1 Erzählstrukturen und Dramaturgie

Für gute Geschichten ist immer Platz. Dieses Credo eines ehemaligen Chefredakteurs von mir gilt im Journalismus überall: für Zeitungen, Fernsehsender und Online-Medien. Wer eine gute Geschichte erzählen kann, bekommt dafür Seiten, Sendezeit oder Kapazitäten freigeräumt. Aber was macht eine gute Geschichte aus? Die Antwort darauf kann von Mensch zu Mensch komplett verschieden ausfallen, sie ist oft subjektiv. Es gibt „Tatort"-Folgen am Sonntagabend, die manche Zuschauende begeistern und andere nach fünf Minuten abschalten lassen. Ganz so individuell ist die Meinung aber nicht, zumeist sind viele Zuschauende einig in ihrem Urteil. Weil sie auf ähnliche Qualitätsmerkmale von guten Geschichten reagieren.

Das ist schon sehr lange so, Stichwort Homo narrans. Wenn es um Kriterien einer guten Geschichte und die Dramaturgie des Erzählens geht, wird zum Beispiel noch immer Aristoteles zitiert, der vor etwa 2400 Jahren lebte. Die Techniken des dramaturgischen Erzählens können auch Journalist*innen nutzen. Hochwertiges digitales Storytelling schafft es, Erzählstrukturen und Dramaturgie mit journalistischen Qualitätsmerkmalen zusammenzubringen. Zu der Frage, was eine gute Geschichte ist, kommt also noch eine weitere hinzu: Was ist journalistische Qualität?

4.2 Qualitätsmerkmale

Im Journalismus gelten folgende Merkmale für Qualitätsjournalismus: Aktualität, Relevanz, Ausgewogenheit, Neutralität, Verständlichkeit, Glaubwürdigkeit, redaktionelle Unabhängigkeit und Vielfalt (Godulla und Wolf 2017, S. 29). Diese Merkmale sind jedoch für jedes Medium und für jede Redaktion von unterschiedlicher Bedeutung. Der „Bild"-Zeitung ist die Verständlichkeit oder die Aktualität deutlich wichtiger, sie möchte als Boulevardblatt die Nachrichten kurz und in einfachen Worten vermitteln, das entspricht am meisten ihrer Zielgruppe. Im Feuilleton der „Frankfurter Allgemeinen Zeitung" oder dem Politikteil der „taz" wird anders geschrieben. Die „Tagesschau" präsentiert andere Beiträge als das „heute journal".

Die Diskussion um Qualitätsmerkmale ist zudem noch sehr jung, sie entwickelte sich erst in den 1990er-Jahren, wie Arnold (2016, S. 551) schreibt. Er formuliert seine Definition von Qualitätsjournalismus noch allgemeiner und unterscheidet zwischen funktional-gesellschaftsorientierten Qualitätskriterien (also die öffentliche Aufgabe von Journalismus), werte- und kodexorientierten (z. B. Objektivität und Unabhängigkeit) sowie markt- und publikumsorientierten (z. B. Wünsche und Verhalten der User).

4.2 Qualitätsmerkmale

Besonders die letzte Kategorie, also die markt- und publikumsorientierten Qualitätskriterien, nimmt für den Internet-Journalismus eine wichtige Rolle ein. Die Nutzenden sind nun schnellere Nachrichten gewohnt, sie informieren sich anders, sie konsumieren Journalismus anders. Digitales Storytelling, das wurde bereits beschrieben, ist der Versuch, im Kampf um die Aufmerksamkeit des Publikums für Alleinstellungsmerkmale und eine Stärkung der eigenen Marke zu sorgen. Dafür nennen Godulla und Wolf (2017, S. 31) besondere Qualitätsmerkmale, die die bisherigen ergänzen: Multimedialität, Interaktivität und Selektivität, Usability (Bedienbarkeit) und Utility (technische Funktionalität, auch Bildauflösung).

Bei einer eigenen Untersuchung haben Godulla und Wolf (2017, S. 164) festgestellt, dass Nutzende die Aspekte Utility und Usability am wichtigsten finden, Interaktivität am unwichtigsten – Journalist*innen überschätzen diese Funktion gerne und halten sie für wichtiger, als es Nutzende tun. Um Nutzungsverhalten geht es im Kap. 8, dennoch sollte dieser Punkt hier besonders hervorgehoben werden. Wenn von „journalistischer Qualität" gesprochen wird, werden die Interessen und Qualitätsmaßstäbe der Nutzenden zu häufig außer Acht gelassen (vgl. auch Gadesmann 2017, S. 83). Ihr Verhalten sollte aber auch bei digitalen Storys bereits bei der Planung miteinbezogen werden. Seine User*innen zu kennen, ist im Internetjournalismus zugleich leichter und wichtiger geworden als zuvor. Durch die Auswertung von Klickzahlen lässt sich analysieren, welche Themen und Textformen die User*innen ansprechen. Hohlfeld (2018, S. 36) glaubt, dass die Crossmedialität und die unmittelbare Rückmeldung der Nutzenden auf die Publikationen die journalistische Qualität sogar erhöhen kann.

User*innen unterhalten und damit ans Medium binden zu wollen, sei kein Widerspruch zu qualitativ anspruchsvollem Journalismus, sagt Gadesmann (2017, S. 83). Sie analysierte verschiedene Tablet-Angebote von Medien und kommt zu dem Schluss, dass mit dem digitalen Wandel ein „neues Verständnis von Qualität" einhergehen müsse (Gadesmann, 2017, S. 95). User*innen zu unterhalten, dazu gehöre auch, die Funktionen der Geräte umfangreich auszunutzen, Tablet-User*innen also die Möglichkeit zu geben, durch Streichen und Tippen des Bildschirms die Geschichte einzigartig erlebbar zu machen (siehe auch Abschn. 6.1: Besonderheiten des mobilen Storytellings). Die User*innen haben (buchstäblich) selbst in der Hand, wie und was sie von der Geschichte konsumieren, das digitale Storytelling ist in dieser Hinsicht vergleichbar mit einem Computerspiel, bei dem sich Spieler*innen frei durch das Angebot bewegen (Godulla und Wolf 2017, S. 54). Ein Open-World-Journalismus.

Sturm (2013, S. 23) fasst mit einer Checkliste zusammen, was eine gute digitale Geschichte ausmacht:

- Redaktionelle Unabhängigkeit
- Originelle Recherche
- Relevante Aktualität
- Dramaturgie und Emotionalität
- Informationstiefe und Nutzerführung
- Technische Interaktivität und Nutzwert
- Crossmedialität.
  - Hier meint Sturm, dass eine Geschichte für mehrere Kanäle entsprechend aufbereitet und verbreitet wird. Dies ist, anders als die anderen Punkte, aber kein Muss. Eine einzelne Multimedia-Story kann auch für sich stehen, solange die einzelnen Medien sinnvoll eingesetzt werden und nur als solches Gesamtbild am besten funktionieren.

Die bis hierhin aufgeführten Qualitäten betrachteten vor allem das Handwerk der journalistischen Arbeit, weniger den Aufbau und den Inhalt einer Geschichte. Holzinger und Sturmer (2010, S. 105) zählen ganz andere Punkte auf, die eine gute Geschichte ausmachen: die Botschaft, die Charaktere, die Handlung, die Dramaturgie, der Ort, der Erzähler und der Stil. Nach den journalistischen Qualitäten einer digitalen Story soll es nun um die erzählerischen Stärken und den Aufbau einer Geschichte gehen.

4.3 Erzählstrukturen

Digitaler Journalismus kann zu einem Open-World-Spiel ausarten, so viele verschiedene Möglichkeiten der Erzählweise gibt es. Dieser Abschnitt stellt einige der Erzählstrukturen des digitalen Storytellings vor, die durch Vernetzungen, den Einsatz mehrerer Medienarten oder Plattformen sowie ergänzende Elemente entstehen. Man geht dabei davon aus, dass die Nutzenden sprunghaft durch das Angebot schreiten können. Ähnlich wie beim Lesen einer Tageszeitung, in der erst der Text, dann ein Foto, dann wieder der Text und danach die vorherige Seite gelesen werden können, springen die Nutzenden von einem Element der Story zum nächsten. Online kann aber durch gezielte Positionierung und Verlinkung stärker gesteuert werden, wie die Nutzenden springen sollen.

Die aufgeführten Strukturen beziehen sich auf einzelne Multimedia-Storys oder Web-Reportagen, aber auch auf sogenannte Web-Dossiers, die aus mehreren einzelnen Texten und Darstellungsformen zu einem Überthema oder einer Hauptstory bestehen können. Im redaktionellen Alltag bleibt oft nur Zeit für eine lineare oder elastische Erzählstruktur, größere und anders erzählte Geschichten benötigen mehr Zeit. Sie sind daher seltener zu finden.

4.3 Erzählstrukturen

Lineare Erzählstruktur (Abb. 4.1): Anfang, Verlauf und Ende sind klar vorgegeben. Wird bei Berichten genutzt oder Dokumentationen. Informationen werden effizient vermittelt, die Nutzenden werden jedoch kaum eingebunden und setzen keine eigenen Akzente, treffen keine Entscheidungen. Man spricht dann von fehlender „Aktivierung" der Nutzenden.

Elastische Erzählstruktur (Abb. 4.2): Die Hauptdramaturgie ist klar, einzelne Abzweigungen zur Vertiefung der Inhalte sind möglich. Bei Multimedia-Storys wird diese Struktur häufig verwendet.

Parallele Erzählstruktur (Abb. 4.3): Navigation und Auswahl der Rezipient*innen führt dazu, dass einige Aspekte im Verborgenen bleiben. „Eine mehrfache Rezeption kann so zu graduell unterschiedlichen Erlebnissen führen" (Godulla und Wolf 2017, S. 56). Im Lauf der Geschichte werden jedoch immer wieder Knotenpunkte passiert, die die wichtigsten Aspekte unterbringen.

Abb. 4.1 Lineare Erzählstruktur, Abbildung nach Godulla & Wolf (2017, S. 55)

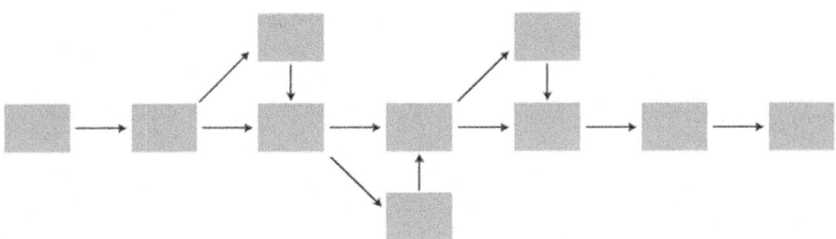

Abb. 4.2 Elastische Erzählstruktur, Abbildung nach Godulla und Wolf (2017, S. 55)

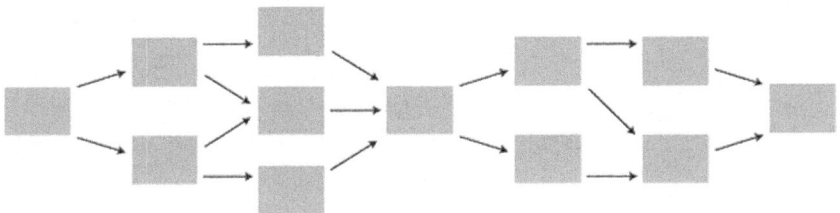

Abb. 4.3 Parallele Erzählstruktur, Abbildung nach Godulla und Wolf (2017, S. 55)

Erzählen in Strängen (Abb. 4.4): Es gibt mehrere Zugangspunkte in die Geschichte, einzelne Stränge können sogar in Sackgassen führen.

Verästelte Erzählstruktur (Abb. 4.5): viele Möglichkeiten für die Nutzenden, aber auch viel Inhalt, der verloren gehen kann.

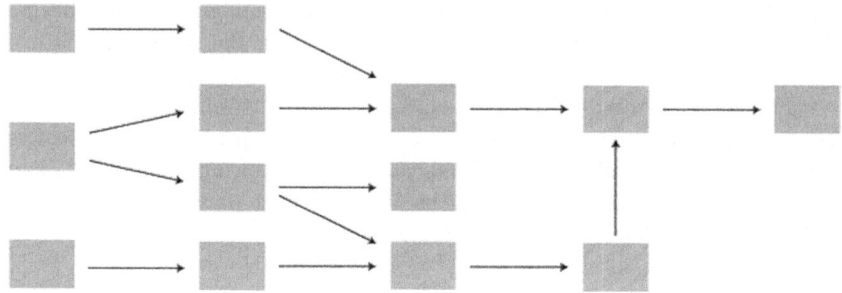

Abb. 4.4 Erzählen in Strängen, Abbildung nach Godulla und Wolf (2017, S. 55)

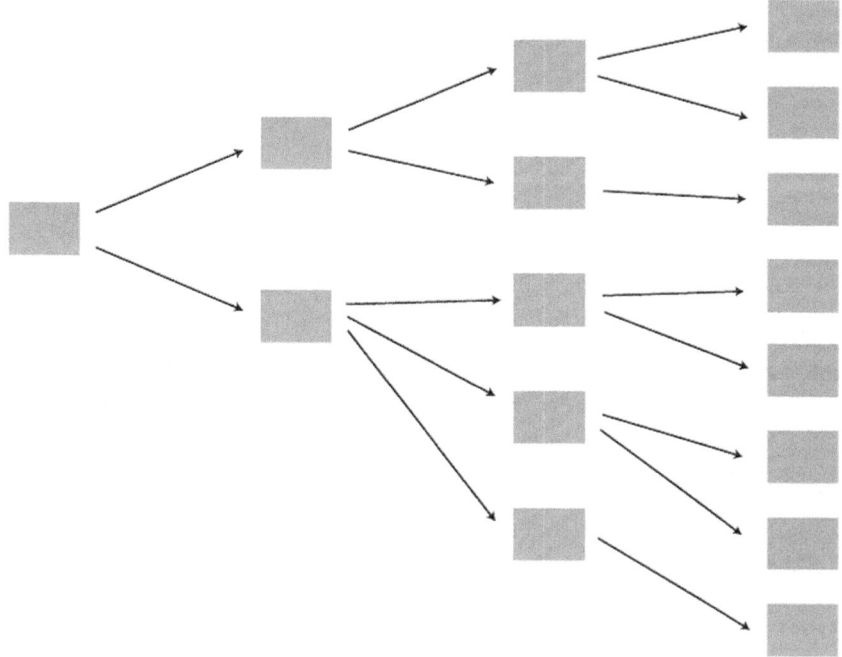

Abb. 4.5 Verästelte Erzählstruktur, Abbildung nach Godulla und Wolf (2017, S. 57)

4.4 Dramaturgie

Alle bislang genannten Strukturen gehen von einem Rezeptionsverlauf aus, der eine bestimmte Richtung vorsieht. Anders ist es bei der konzentrischen Erzählstruktur (Abb. 4.6): Sie sieht einen Mittelpunkt vor, um den sich die Geschichte entfaltet, zum Beispiel ein Hauptmenü. Aber: Es existiert nahezu kein dramaturgisches Erzählen, der Lauf der Geschichte ist offen.

Erzählen in Kapiteln (Abb. 4.7): in sich geschlossene Teilelemente, die aber Kapitel einer großen Geschichte sind. Keine hierarchisch festgelegte Reihenfolge. Einzelne Elemente können verschiedene Erzählstrukturen verwenden. Dadurch sind einzelne Dramaturgien möglich, aber die Pointierung der großen Geschichte wird erschwert.

4.4 Dramaturgie

Aristoteles erkannte, dass Geschichten letztlich immer aus drei Akten bestehen. Einer Einführung, in der Protagonist*in(nen) und Konflikt(e) vorgestellt werden. Einem Hauptakt, in dem Hindernisse überwunden werden müssen, Spannung aufgebaut wird und die Geschichte in ihrem Höhepunkt gipfelt. Und einen Schlussakt, der die Lösung des Konflikts und der Geschichte markiert. Zwischen den Akten sorgen Wendepunkte für ein überraschendes und rasantes Erzählen, das mitreißt. Dafür brauchen Geschichten drei Konstanten: eine*n Held*in, einen Ort und eine

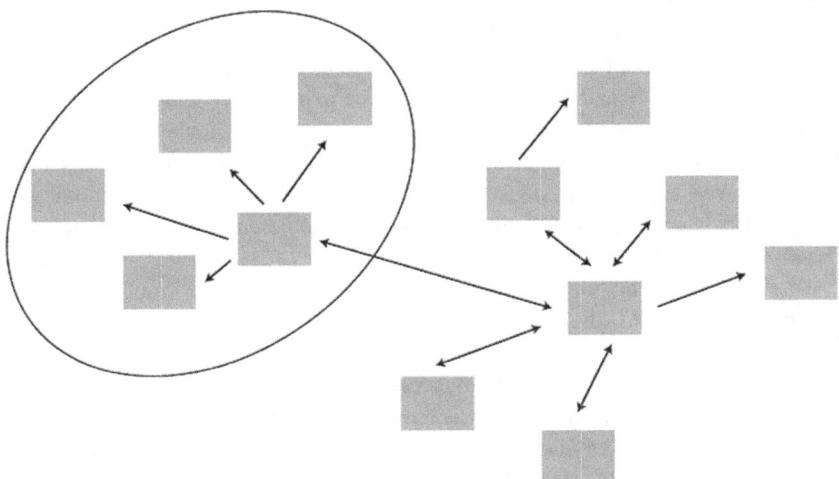

Abb. 4.6 Konzentrische Erzählstruktur, Abbildung nach Godulla und Wolf (2017, S. 58)

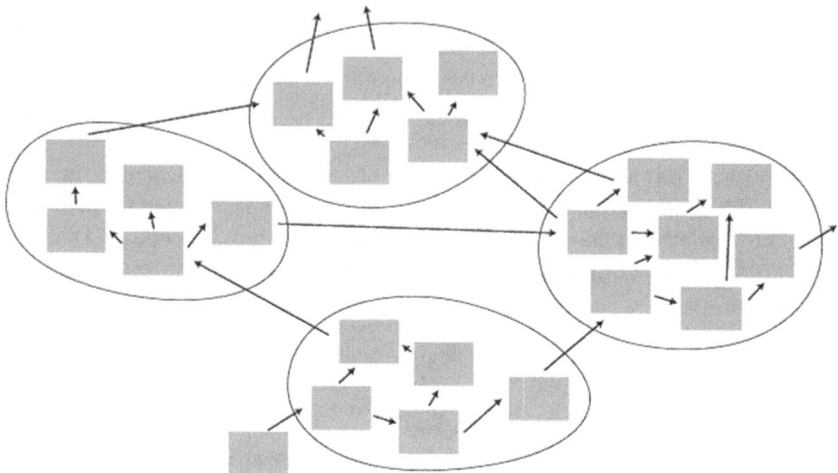

Abb. 4.7 Erzählen in Kapiteln, Abbildung nach Godulla und Wolf (2017, S. 58)

Handlung. Diese Drei-Akt-Struktur kann manchmal auch als Fünf-Akt-Struktur ausgelegt werden, dabei ist lediglich der mittlere Akt nochmals in aufsteigenden Ast, Höhepunkt und absteigenden Ast unterteilt (vgl. Friedl 2017, S. 22 oder Kleine Wieskamp 2016, S. 82).

An dieser Struktur orientieren sich Geschichten im Grunde auch heute noch. Die moderne Dramaturgie einer Story stammt von Joseph Campbell, der 1949 „Der Heros in tausend Gestalten" veröffentlichte. Der amerikanische Professor für Mythologie nannte bis zu 17 Schritte, mit denen man eine Geschichte baut – und tat dabei nicht anderes, als die drei Akte von Aristoteles noch genauer auszuführen. Nicht jedes Storytelling muss sich zwangsläufig daran orientieren. Aber es ist ein bewährter Weg zum Erfolg: „Geschichten, die so strukturiert sind, funktionieren. Campbell behauptet nicht: Geschichten, die funktionieren, sind so strukturiert." (Friedl 2017, S. 13).

Drehbuchautor Christopher Vogler verkürzte Campbells Theorie auf die wesentlichen zwölf Schritte, die heute als „Heldenreise" bekannt sind (Friedl 2017, S. 4 ff., Abb. 4.8).

Für sich genommen klingen die einzelnen Schritte womöglich etwas abstrakt. Aber schon bei oberflächlicher Betrachtung vieler erfolgreicher Kinofilme der Gegenwart wird klar, wie die Held*innenreise erfolgreich adaptiert wurde. Luke Skywalker („StarWars"), Harry Potter oder Pippi Langstrumpf – sie alle werden auf ihrer Held*innenreise begleitet. Die besondere Herausforderung der Journa-

4.4 Dramaturgie

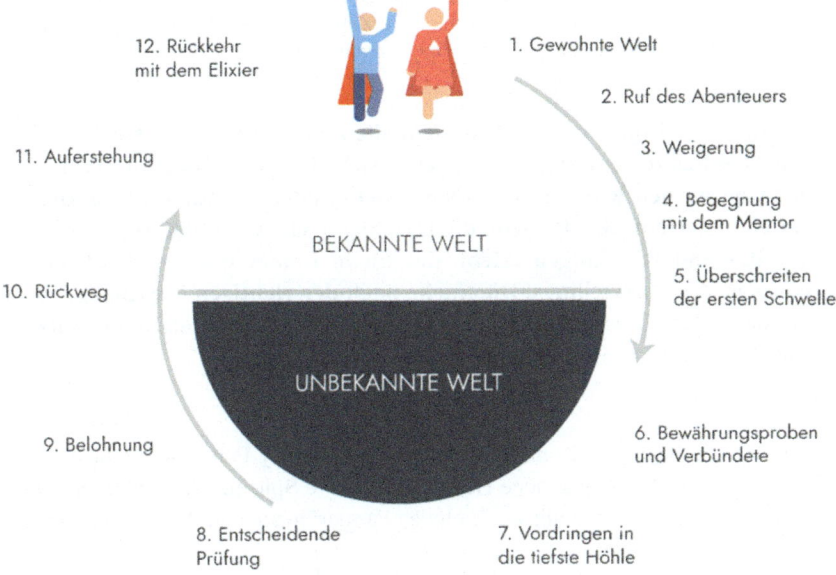

Abb. 4.8 Held*innenreise nach Vogler, zitiert nach Friedl (2017, S. 5 ff.), eigene Darstellung

list*innen ist es, die Held*innen der Realität zu finden, um ihre wahre Geschichte zu erzählen. Sie müssen sich dafür nicht zwingend auf eine tatsächliche Reise begeben, dies funktioniert auch im übertragenen Sinne. Ein „Held" oder eine „Heldin" ist hier als ein Charakter zu verstehen, den man ergründen möchte. Als Synonym für Protagonist*innen, die längst nicht von allen geliebt werden oder überhaupt erfolgreich in ihrem Handeln sein müssen. Auch das Scheitern eines Menschen kann eine spannende Geschichte sein (Oswald 2019, S. 137). Der „Held" oder die „Heldin" einer Dramaturgie ist eine Person, die ein Thema emotionalisieren kann, um es verständlich und erlebbar zu machen (vgl. Radü 2019, S. 82).

Journalist*innen suchen die Geschichten hinter den Ereignissen, und sie suchen die Held*innen der Geschichten. Edward Snowden missfallen die Machenschaften seines Arbeitgebers NSA. Olaf Scholz möchte Kanzler werden. Greta Thunberg geht in den Schulstreik. Die Held*innen müssen nicht berühmt sein oder durch ihr Handeln berühmt werden. Held*innenreisen können auch in der Lokalzeitung erzählt werden: eine Ersthelferin beim Unfall, ein Flaschensammler am Bahnhof, ein todkrankes Mädchen.

„Der Held ist nach seiner Heldenreise ein anderer Mensch als vorher. Journalisten müssen die dazwischen liegende Geschichte erzählen, indem sie anschaulich schildern, was passiert ist und wie sich das zugetragen hat." (Oswald 2019, S. 137)

> **Es kann dabei vorkommen, dass nicht alle zwölf Schritte von Vogler auf eine Geschichte übertragbar sind. Dass sich ein*e Held*in zum Beispiel nicht gegen den Ruf des Abenteuers wehrt oder am Ende keine Auferstehung erlebt. Das Prinzip, die Geschichte eines Konfliktes, der sich zuspitzt und Wendungen erlebt, das bleibt immer das entscheidende Element des Storytellings. Die Suche nach der richtigen Geschichte ist die nach dem besonderen Konflikt, nach einem Gegensatz oder einer Aufgabe.**

Den Helden begegnen Konflikte immer wieder: Harry Potter übersteht quasi in jedem der sieben Bände eine neue Heldenreise, ein*e Spitzenpolitiker*in muss täglich Entscheidungen treffen mit wechselnden Partner*innen und Widersacher*innen.

ÜBUNG: Schauen Sie sich Ihren Lieblingsfilm an oder lesen Sie Ihr Lieblingsbuch und blicken dabei auf die 12 Schritte von Vogler. Erkennen Sie die Held*innenreise wieder?

4.5 Dramaturgische Stilmittel

Um eine Held*innenreise interessant zu machen, sollte auf einige Aspekte der Protagonist*innen besonders geachtet werden: auf Handlungen, Erfahrungen oder Gefühle. Preger (2019, S. 30) beschreibt ein „Story-Prinzipien-Trio", also drei Regeln, die aus einem Thema eine gute Geschichte machen. Dazu gehört die innere Berührung, wenn ein Ereignis uns derart schockiert, dass es unsere Grundfesten erschüttert. Zweitens die Frage, wie hoch der Einsatz ist. Geht es um die Existenz? Die Gesundheit? Ein Leben in Freiheit? Preger (2019, S. 27): „Je mehr auf dem Spiel steht, desto besser für die Geschichte." Der dritte Punkt ist die größere Idee eines Konflikts, wenn die Held*innenreise über die Protagonist*innen hinaus bedeutsam ist und gesellschaftliche Relevanz besitzt.

Dieses Trio (innere Berührung, hoher Einsatz und größere Idee) soll dabei helfen, den eigenen Stoff der Geschichte zu beurteilen und zu entscheiden, was genau wie erzählt werden soll.

4.5 Dramaturgische Stilmittel

Für genau dieses Wie gibt es zahlreiche dramaturgische Stilmittel, die Preger bereits anreißt und die durch die vielen Erfahrungen von erfolgreichen Geschichtenerzählern immer trivialer geworden sind. Durch sie wird die Aufmerksamkeit der Nutzenden erhöht, außerdem kann die Erinnerung an die Geschichte verstärkt werden (Sturm 2013, S. 36). Zum Beispiel (vgl. Sturm 2013, S. 36 oder Kleine Wieskamp 2016, S. 81–82):

Dramaturgische Stilmittel
- Kontraste und Paradoxien
- Unwissenheit der Handelnden; wenn Zuschauende mehr wissen als die Held*innen
- Überraschungen
- Dynamik; also eine ständige Entwicklung der Geschichte
- Neugierde
- Retardierung; also die Verzögerung der Auflösung durch das Erzählen von anderen Handlungen
- Erregung
- Gefühle
- Humor
- Veränderungen

Außerdem greifen viele Geschichten, um Relevanz zu erzeugen, auf die Archetypen zurück, also auf Ur-Typen menschlicher Vorstellungsmuster. Es sind die Themen, die Menschen zu Menschen machen und die sie immer wieder beschäftigen (Kleine Wieskamp 2016, S. 83). Zum Beispiel:

Diese Dinge können Journalist*innen in ihren digitalen Geschichten ankündigen, in der Überschrift oder dem Vorspann auf gesellschaftliche Relevanz oder eine be-

Archetypen:
- Leben & Tod
- Ankunft & Abschied
- Liebe & Hass
- Geborgenheit & Furcht
- Wahrheit & Lüge
- Stärke (Macht) & Schwäche
- Treue & Betrug
- Gut & Böse

rührende Geschichte hinweisen. So kann auch Spannung erzeugt werden, die den*die User*in auf die Story klicken lässt (mehr zu Teasern im Kapitel 16.3.2 „Schreiben fürs Web"). Für den Beginn einer Geschichte empfiehlt Bradshaw (2018, S. 78) das „Hourglass-Format", also einen Aufbau der Geschichte wie bei einer Sanduhr. Sie beginnt mit den Fakten, Basisinformationen und der Beantwortung der W-Fragen, bevor sie ins Narrativ übergeht. Dies sei online sinnvoll, da die News am Anfang stehen und schnell erfasst werden können. Die gegenteilige Variante wäre der „Delayed Drop", wenn also erst nach einer Einführung der Charaktere klar wird, was passiert ist. Dies ist zum Beispiel gut umsetzbar, wenn im Teaser die Basisinfos erklärt werden und die Geschichte somit bereits einen Rahmen erhalten hat.

> **Übungen**
> 1. *Besuchen Sie die Websites von „BILD", „Spiegel" und „Süddeutsche Zeitung". Lesen Sie die Einstiege der Online-Geschichten: Nutzen sie das „Hourglass-Format" oder den „Delayed Drop"?*
> 2. *Welche Archetypen könnten beim Storytelling über die Schulen im Publikationsort aufgegriffen werden?*
> 3. *Schauen Sie sich die digitalen Storys „Onkel Willi" (WDR) https://reportage.wdr.de/onkel-willi#8644 „Kein Mord verjährt" (SZ) (SZ) https://www.sueddeutsche.de/projekte/artikel/panorama/sz-serie-kein-mord-verjaehrt-e926476/ und „Wenn möglich, bitte wenden" (Zeit) https://www.zeit.de/schwerpunkte/wenn-moeglich-bitte-wenden/index an. Welche Erzählstrukturen werden verwendet? Welcher Dramaturgie folgt die Erzählung? Welche Stilmittel tauchen auf?*

Bei der Erstellung einer Dramaturgie können folgende Fragen helfen:

- Was sind meine wichtigsten Infos? Gibt es eine Hierarchie?
- Gibt es eine Botschaft, die transportiert werden soll?
- Welcher Dramaturgie folgt die Geschichte?
  - Gibt es eine*n Held*in?
  - Wie schaffe ich Emotionalität und Relevanz?
  - Welche Stilmittel können genutzt werden?
- Wie personalisiere, verorte, veranschauliche ich mein Thema?
- Wer erzählt die Geschichte?
- Welche Darstellungsform eignet sich am besten?
  - Alles in eine Web-Reportage oder lieber als großes Dossier?
  - Wie werden Inhalte verknüpft?
- Wie wird die Geschichte strukturiert?
  - Navigation wie Kapitel, Chronologie, Karte?

4.6 Technisches Basiswissen

Dieses Kapitel hat einiges über „gute Geschichten" und Qualität im Storytelling erklärt, bezog sich damit aber vorrangig auf inhaltliche Qualität. Hinzu kommt bei digitalen Geschichten, die multimedial aufbereitet werden, die technische Qualität. Ist ein Text gut geschrieben? Dafür gibt es eigene Lehrbücher und Seminare, beispielhaft sei Wolf Schneiders „Deutsch für junge Profis" (2010) genannt. Ist ein Foto richtig belichtet? Ein Video professionell geschnitten? Eine Grafik verständlich dargestellt? Fotos, Videos oder Audios haben eigene Qualitätsmaßstäbe, auf einige gehen die nächsten Kapitel ein.

4.6 Technisches Basiswissen

Im Journalismus gilt häufig die Regel: „Inhalt schlägt Form". Ein gutes Beispiel ist die „Ibiza-Affäre", die die Süddeutsche Zeitung und der SPIEGEL 2019 aufgedeckt haben. Österreichs damaliger Vizekanzler Heinz-Christian Strache ist in einem Gespräch auf Ibiza zu sehen und lässt erkennen, dass er offen für korrupte und illegale Geschäfte wäre (Al-Serori et al. 2019). Er wurde durch versteckt aufgezeichnete Videoaufnahmen überführt, das Material war also nicht bester Qualität, aber eben inhaltlich schwer belastend und wertvoll.

Im digitalen Storytelling geht dieser Grundsatz nicht völlig verloren, er rückt aber in den Hintergrund. Da es um Geschichten geht, mit denen man sich vom Konkurrenzangebot ablösen möchte, sollten sie auch für die Nutzenden ansprechend produziert werden.

Digitales Storytelling verknüpft mehrere Medienarten, die alle eigene Produktionsbedingungen mit sich bringen. Für einen Text braucht der*die Online-Journalist*in lediglich Zugriff auf das Content-Management-System,[1] das von der Redaktion verwendet wird – geschrieben werden kann vom Computer, vom Laptop, oder sogar vom Smartphone. Um Audios aufzuzeichnen, Fotos oder Videos zu machen, braucht es schon mehr Equipment. Klar, ein Smartphone kann das alles – um entsprechende Apps geht es im nächsten Kapitel. Aber selbst mit modernen Smartphones ist für eine professionelle Produktion entsprechendes Zubehör empfohlen. Kamera, Mikrofon, Stativ, Licht, Speichermedium, Ersatzakkus – an diese Utensilien muss schon bei der Konzeption der Story gedacht werden (siehe Abschn. 3.2: Konzeption). Nachfolgend etwas technisches Basiswissen für die wichtigsten Medienarten des digitalen Storytellings.

Basiswissen Foto

„Die beste Kamera ist die, die man dabei hat" (Matzen 2014, S. 129). Wie beim Prinzip „Inhalt schlägt Form" ist das wichtigste, dass das Foto überhaupt gemacht

---

[1] Auch abgekürzt „CMS" genannt, damit ist die Software gemeint, über die die Website mit Inhalten gefüllt wird.

wird – womit und wie ist erstmal zweitrangig. Beim gut konzipierten Storytelling kann aber geplant werden, wann eine Fotokamera gebraucht wird und wie das Foto aussehen soll. Das ist wichtig, denn bei Fotos bleiben die Nutzenden hängen, es ist interessanter als ein Text und schneller zu erfassen als ein Video oder eine Grafik.

Beim Fotografieren gibt es eine „Drittel-Regel", die an den Goldenen Schnitt aus der Kunst angelehnt ist. Matzen (2014, S. 130) erklärt dies: „Das Foto wird gedanklich in drei gleich große horizontale und vertikale Rechtecke aufgeteilt – wie beim Raster, das über dem Motiv liegt." Die Motive sollten an den Trennlinien dieser Drittel in Szene gesetzt werden und nicht in der Mitte. Dies wirkt dynamischer und interessanter.

Je mehr Fotos entstehen, desto größer ist die Auswahl. Aufgrund der großen Speichermöglichkeiten ist es auch kein Problem, einfach mehrere Bilder eines Motivs zu machen. Gleichzeitig sollte nicht einfach draufgehalten, sondern immer das Bild betrachtet und gegebenenfalls besser inszeniert werden.

Basiswissen Video
Beim Videodreh gilt: „Shoot to edit" (Bradshaw 2018, S. 234). Einfach loszufilmen, führt sehr wahrscheinlich in die falsche Richtung. Stattdessen müssen das fertige Video und seine Rolle in der Story bedacht werden. Zum Beispiel sollte die Kamera nicht geschwenkt werden, auch aufs Zoomen sollte innerhalb einer Aufnahme verzichtet werden. Statt ein langes Video zu drehen, ist es ratsam, viele kleine Schnipsel aufzunehmen (Matzen 2014, S. 142). Außerdem sollte am besten mit einem Stativ gedreht werden, um unnötige Wackler zu vermeiden, die vom Inhalt ablenken könnten. Bei professionellen Videokameras muss vor dem Dreh ein Weißabgleich gemacht werden, damit die Farben im Video richtig abgebildet werden. Wie beim Fotografieren sollte nicht ins Licht gefilmt werden.

Sinnvoll ist, ein Drehbuch oder Storyboard zu erstellen, das aufführt, welche Szenen, Bilder und Inhalte gebraucht werden. Beim Dreh kann sich an der 5-Shot-Regel orientiert werden, die fünf typische Kameraeinstellungen (auch: Einstellungsgrößen) nennt und dabei die wichtigsten W-Fragen aufgreift (vgl. Oswald 2019, S. 101–106 oder Matzen 2014, S. 142):

- Was?
  - „Halbtotale" oder „Halbnahe", zeigt eine Aktion, zum Beispiel eine Person, die etwas macht
- Wer?
  - „Nahe" oder „Groß", zeigt das Gesicht der Person

4.6 Technisches Basiswissen

- Wie?
  - Detail, zeigt die Verbindung zwischen „Was?" und „Wer?", zum Beispiel Hände einer Person in der Großaufnahme
- Wo?
  - „Totale", soll eine Übersicht über die Kulisse oder den Raum geben
- Wow!
  - „Beauty Shot", eine besondere oder überraschende Einstellung oder eine ungewöhnliche Perspektive

Beim mobilen Storytelling sollte bedacht werden, dass Orte und Personen ausreichend zu erkennen sind. Mit dem Smartphone ist es übrigens ratsam, ein Gesicht nah zu filmen – Protagonist*innen haben damit oft nicht so ein Problem, wie sie es bei einer großen Kamera hätten. Außerdem kann durch eine Nahaufnahme einer Person auf dem Smartphone-Display Nähe vermittelt werden, vielen Nutzenden ist eine solche Sicht von Videotelefonaten bekannt.

Anders als im klassischen Fernsehen sind bei digitalen Medien wie YouTube oder anderen Formaten fürs Smartphone auch „Jump Cuts" erlaubt. Dies sind Unterschiede im Bewegungs- und Bildanschluss, die Missachtung der räumlichen Anschlüsse oder der Zusammenschnitt unterschiedlicher Einstellungsgrößen bei identischer Kameraposition. Solche amateurhaften Videos wirken authentisch (Haarkötter 2019, S. 324–325). Aber: Sie sind längst ein professionelles Stilmittel, um authentisch zu scheinen. Erfolgreiche YouTuber wie „Rezo" oder Mai-Thi Nguyen-Kim („Mailab") produzieren ihre Videos mit hochwertigem Equipment und Schnitt.

Basiswissen Audio

Guter Ton ist für viele noch wichtiger als ein gutes Bild (Oswald 2019, S. 95). Wenn einem Video das Bild fehlt, ist der Inhalt durch den Ton wahrscheinlich noch nachvollziehbar – deshalb funktionieren schließlich auch Radio und Podcasts. Ein externes Mikrofon ist immer ratsam, damit Töne gezielt aufgenommen werden können. Bei Außenaufnahmen sollte auf mögliche Störgeräusche geachtet werden, womöglich ist ein Windschutz nötig, am besten wird sofort an einem ruhigen Ort gedreht. Ein Tontest, zum Beispiel einige für die Story unwichtige Fragen an eine*n Interviewpartner*in, lässt anhand der Signalstärke feststellen, ob das Mikrofon richtig eingestellt ist. Für Sprachaufnahmen gelten -10 Dezibel als Richtwert, über 0 Dezibel sollte die Aufnahme nie hinausgehen (Oswald 2019, S. 97). Außerdem sollten Kopfhörer genutzt werden, um die Tonqualität zu prüfen.

Je nachdem, wie die Aufnahmen veröffentlicht werden sollen, darf der*die Interviewer*in nicht zu hören sein. In einem Gespräch also besser nicken und ausreden lassen, als dazwischenzugehen.

4.7 Tools und Apps

Wenn die Geschichte recherchiert und produziert ist, kann sie veröffentlicht werden. Aber wie werden die erstellten Einzelteile optisch ansprechend zusammengeführt?

Große Medien haben ihre Content-Management-Systeme (CMS) entsprechend ausrüsten lassen, um Storytelling auf die eigenen Bedürfnisse und das eigene Design abstimmen zu können. Der WDR ließ zum Beispiel „Pageflow" entwickeln und veröffentlichte das Programm 2014, um es anderen zur Verfügung zu stellen. Es wird nach eigenen Angaben von mehreren öffentlich-rechtlichen Sendern sowie von „Sky", der „taz" oder „AlJazeera" genutzt (Pageflow 2022). Der Quellcode des Programms ist für jedermann einseh- und erweiterbar. Wer keine Kenntnisse in Codiersprachen besitzt, kann auf kostenpflichtige Versionen zurückgreifen.

„Pageflow" ist aber längst nicht das einzige Storytelling-Tool. Bei der Entscheidung, welches Tool am besten passt, sollten laut Oswald (2019, S. 146) folgende Dinge beachtet werden:

- Navigation (Wie wird gescrollt, horizontal oder vertikal oder beides?)
- Gliederung (Können Geschichten in Kapitel, Unterkapitel oder einzelne Seiten unterteilt werden?)
- Usability (Wie funktioniert die Einbindung der multimedialen Inhalte? Wie sind sie miteinander verbunden? Starten zum Beispiel Videos automatisch oder nicht?)
- Dateiverwaltung (Komprimiert das System die Dateien in der Größe oder der Auflösung? Lassen sich zugehörige Daten wie Copyright-Angaben darstellen?)
- Flexibilität (Wie leicht kann ich nachträglich etwas an der Story ändern?)
- Darstellung auf Mobilgeräten

Die Entscheidung für das beste Tool hängt nicht zuletzt vom Preis des Systems ab. Viele sind in ihren Basisfunktionen kostenlos, verlangen aber für die kommerzielle Nutzung oder erweiterte Funktionen Geld.

4.7 Tools und Apps

Häufig genutzte Tools für Multimedia-Storys:

- Pageflow
- Linius (Das „Pageflow"-Pendant vom BR, auch als Plugin für die Blog-Plattform „Wordpress" nutzbar)
- Adobe Spark
- Aesop (Ebenfalls ein Plugin für „Wordpress")
- Atavist
- Klynt
- Story CMS
- Sway

Apps

Professionell produzierte Storys sind auch auf dem Handydisplay sehenswert und gefragt. Für mobiles Storytelling bietet es sich jedoch an, die Geschichten mit den Geräten aufzubereiten, auf denen sie auch erzählt werden sollen: den Smartphones und Tablets. Der „Mobile Journalism" ist längst eine etablierte Teildisziplin, häufig wird er als „MoJo" abgekürzt. Die damit verbundenen Möglichkeiten und Besonderheiten füllen eigene Seminare, hier sind exemplarisch einige Smartphone-Apps erwähnt, die die journalistische Arbeit von überall ermöglichen.

Smartphone-Apps können grundlegend nach Medium und Funktion kategorisiert werden (Lechtenberg 2018, S. 138).

- Nach Medium: Audio-Apps, Foto-Apps, Video-Apps, 360°/VR-Apps
- Nach Funktion: Aufnahme-Apps, Editor-Apps, Storytelling-Apps, Live-Streaming-Apps (Audio und Video)

Überschneidungen der Kategorien sind normal: Foto-Apps und Video-Apps sind beides Aufnahme-Apps, wahrscheinlich kann eine App sogar beides. Apps der ersten Kategorie befinden sich zum Großteil standardmäßig auf jedem Smartphone: Eine Kamera-App ermöglicht Fotos und Videos, eine andere Sprachaufnahmen. Neu installierte Apps benutzen logischerweise keine andere Kamera und kein anderes Mikrofon, ermöglichen aber professionellere Einstellungen oder eine benutzerfreundliche Bedienung. Nachfolgend einige App-Empfehlungen für mobilen Journalismus, die häufig verwendet werden (nicht immer kostenlos).

- Audio-Apps: Field Recorder, Voice Recorder, Easy Voice Recorder Pro, Ferrite, RecForge Pro
- Foto(& Bildbearbeitung)-Apps: Snapseed, Adobe Lightroom, Canva, Mojo (für Instagram-Storys), Vimage
- Video-Apps: FilmicPro, Pro Cam 3, MoviePro
- 360°-Apps: Google StreetView, Panorama 360
- VR-Apps: Google Cardboard
- Editor-Apps:
    - Video: FilmicPro, Adobe Rush, LumaFusion, Kinemaster, Pinnacle Studio MobilePro, iMovie
    - Audio: Field Recorder, Ferrite, Lexis Audio Editor, Audio Evolution Mobile Pro
- Storytelling-Apps: Damit sind Programme gemeint, die von der Aufnahme des Rohmaterials über die Editierung und Postproduktion bis zum Export ins entsprechende Sendeformat alles in einer App anbieten (Lechtenberg 2018, S. 141). Wirklich durchsetzen konnten sich solche Apps noch nicht, womöglich, weil die Konkurrenz von allumfassenden Plattformen wie Facebook oder Instagram zu groß ist (Staschen 2017, S. 236).
    - PicPlayPost, MojoReporter, Vimojo, Wevideo, Quik, Steller, Canva, Legend (Textanimation)
- Live-Streaming-Apps:
    - Video: Facebook/Instagram Live, Periscope, LU-Smart, Bambuser
    - Audio: LUCI, Mixlr
- Podcast-App: Anchor

Quellen

Al-Serori, L.; Das Gupta, O.; Münch, P.; Obermaier, F. & Obermayer, B. (2019, 17. Mai). In der Falle. Online: https://projekte.sueddeutsche.de/artikel/politik/strache-video-die-falle-e844402/?reduced=true, zuletzt am 1. Mai 2022.

Arnold, K. (2016). Qualität im Journalismus. In Löffelholz, M. & Rothenberger, L. (Hg.). Handbuch Journalismustheorien (551-564). Wiesbaden: Springer VS.

Bradshaw, P. (2018). The Online Journalism Handbook. Skills to Survive and Thrive in the Digital Age. Abingdon und New York: Routledge.

Friedl, C. (2017). Hollywood im journalistischen Alltag. Storytelling für erfolgreiche Geschichten. Ein Praxisbuch. Wiesbaden: Springer VS.

Quellen

Gadesmann, M. (2017). Qualität journalistischer Tablet-Angebote. In Godulla, A. & Wolf, C. (Hg.). Technische Innovationen – Medieninnovationen? Herausforderungen für Kommunikatoren, Konzepte und Nutzerforschung (76-96). Wiesbaden: Springer VS.

Godulla, A. & Wolf, C. (2017). Digitale Langformen im Journalismus und Corporate Publishing. Scrollytelling – Webdokumentationen – Multimediastorys. Wiesbaden: Springer VS.

Haarkötter, H. (2019). Journalismus.Online. Das Handbuch zum Online-Journalismus. Köln: Herbert von Halem Verlag.

Hohlfeld, R. (2018). Crossmedialität im Journalismus. In Otto & Köhler (Hg.). Crossmedialität im Journalismus und in der Unternehmenskommunikation (17–42). Wiesbaden: Springer VS.

Holzinger, T. & Sturmer, M. (2010). Die Online-Redaktion. Praxisbuch für den Internetjournalismus. Berlin & Heidelberg: Springer.

Kleine Wieskamp, P. (2016) (Hg.). Storytelling. Digital – multimedial – social. Formen und Praxis für PR, Marketing, TV, Game und Social Media. München: Hanser.

Lechtenberg, F. (2018). Produktion im Journalismus: Digital, mobil, crossmedial. In Otto & Köhler (Hg.). Crossmedialität im Journalismus und in der Unternehmenskommunikation (133–150). Wiesbaden: Springer VS.

Matzen, N. (2014). Online-Journalismus. Konstanz und München: UVK.

Oswald, B. (2019). Digitaler Journalismus. Ein Handbuch für Recherche, Produktion und Vermarktung. Zürich: Midas.

Pageflow (2022). Wer nutzt Pageflow? Online: https://www.pageflow.io/de/, zuletzt am 1. Mai 2022

Preger, S. (2019). Geschichten erzählen. Storytelling für Radio und Podcast. Wiesbaden: Springer VS.

Radü, J. (2019). New Digital Storytelling. Anspruch, Nutzung und Qualität von Multimedia-Geschichten. Baden-Baden: Nomos.

Staschen, B. (2017). Mobiler Journalismus. Wiesbaden: Springer VS.

Sturm, S. (2013). Digitales Storytelling. Eine Einführung in neue Formen des Qualitätsjournalismus. Wiesbaden: Springer VS.

Arten des digitalen Storytellings 5

> **Zusammenfassung**
>
> Die ersten journalistischen Online-Angebote bestanden im Grunde aus den Texten und Zeitungsseiten, die schlicht digitalisiert wurden. Seitdem haben sich zahlreiche moderne Arten des digitalen Storytellings entwickelt. Egal ob mit ausführlichen Lesestücken im Digital Longform Journalism, multimedialen Web-Dokumentationen, visuell ansprechenden Slideshows oder Podcasts für die Ohren – die Möglichkeiten sind groß, lassen sich miteinander verknüpfen und werden von vielen Redaktionen kreativ eingesetzt. Die gängigsten Arten und ihre Vor- und Nachteile werden in diesem Kapitel vorgestellt.

> **Schlüsselwörter**
>
> Digital Longform-Journalism · Scrollytelling · Web-Dokumentationen · Dossiers · Newsgames · Slideshows · Podcasts · Virtual Reality

Viele journalistische Darstellungsformen wurden simpel ins Internet übertragen. Ein Text samt Foto kann in der Zeitung wie auf der Website erscheinen, eine Sendung der „Tagesschau" wird einfach in die Mediathek gestellt und steht auf Abruf bereit. Durch die Kombination von Medienarten, die Vernetzung von Seiten oder die Teilhabe der Nutzenden entstanden zusätzlich einige neue Darstellungsformen, die Sturm (2013, S. 89) in medium- und funktionsorientiert unterteilt.

© Der/die Autor(en), exklusiv lizenziert an Springer Fachmedien
Wiesbaden GmbH, ein Teil von Springer Nature 2022
T. Osing, *Digitaler Journalismus in der Praxis*,
https://doi.org/10.1007/978-3-658-39105-8_5

Zu den mediumsorientierten Formen zählen solche, die ein klares Hauptmedium aufweisen, also einen Text, ein Video- oder ein Audioformat. Dabei werden auch Multimedia-Reportagen wie „Snow Fall" aufgrund ihrer Bildlast als Videoformat als mediumsorientiert eingestuft. Funktionsorientiert sind zum Beispiel zeitlich orientierte Formate wie Live-Ticker, spielerisch angelegte Formate wie Umfragen oder Wissenstests oder breit angelegte und miteinander verknüpfte Formate wie Web-Dossiers. Mit einer genauen Einteilung der Darstellungsformen haben sich viele Kommunikationswissenschaftler*innen beschäftigt. Letztlich kann dies durch zwei Aspekte erfolgen: Wie wird die Geschichte erzählt (technisch und dramaturgisch)? Und welches Hauptmedium wird genutzt (z. B. Text oder Video)? (Radü 2019, S. 33).

Nachfolgend werden einige Arten des digitalen Storytellings genauer erklärt.

5.1 Digital Longform Journalism

So werden alle Online-Texte mit mehreren tausend Wörtern bezeichnet (Bradshaw 2018, S. 78). Theoretisch kann also jede journalistische Form online zu einer „Digital Longform" werden. In der Praxis sind damit aber häufig Reportagen oder Dokumentationen gemeint, die für das Internet geschrieben oder nochmal aufbereitet werden. Sie weisen häufig Merkmale von Scrollytelling auf oder sind als Webdokumentationen angelegt, diese Begrifflichkeiten schließen sich gegenseitig nicht aus.

Taube (2017, S. 145 ff.) hat eine Geschichte des „Spiegel" genauer untersucht, die zunächst als Reportage im gedruckten Magazin erschien, später als „Digital Longform" auf der Webseite. Häufig ändern die Redaktionen beim Übertrag fast nichts am Text, bauen maximal einige Links zu weiteren Texten zum Thema ein oder fügen zusätzliches Material hinzu. Überschriften und Zwischenzeilen werden angepasst, damit sie häufiger angeklickt sowie über Suchmaschinen gefunden werden (mehr zur Suchmaschinenoptimierung im Kapitel 16.3.3 Suchmaschinenoptimierung).

Der „Spiegel" hat im untersuchten Beispiel aufgrund der multimedialen Möglichkeiten eine andere Dramaturgie gewählt. Taube beschreibt die Print-Reportage als vergleichsweise „sanft" erzählt, während die digitale Langfassung auf Überwältigung setzt und mit einem Video einsteigt, das Taube an einen Kino-Trailer erinnert (2017, S. 153). Die digitale Variante wolle die Nutzenden stärker aufrütteln als die Printversion und transportiere den Inhalt verdichteter. Taube führt diese Unterschiede auf verschiedene Vorstellungen von Print- und Online-Lesenden zurück, weist jedoch daraufhin, dass das Beispiel nicht allgemein übertragbar ist.

In jedem Fall stellt sich die Frage, ob gedruckte Inhalte einfach kopiert und hochgeladen, oder umgeschrieben und dramaturgisch verändert werden sollten. In

5.2 Scrollytelling

Durch das Scrollen auf einer Website oder das Wischen auf dem Bildschirm bewegt sich der*die Nutzende durch die Geschichte (siehe als Beispiel-Aufbau Abb. 5.1. Die Multimedia-Reportage „Snow Fall" machte diese Darstellungsform, die häufig im Vollbild dargestellt wird, berühmt und zu einem journalistischen Trend. Diese Geschichten sind auch optisch vom Rest der Website abgegrenzt, verzichten zum Beispiel auf Navigationsleisten zu Gunsten des Vollbildformates, damit die Nutzenden noch besser in die Story eintauchen können (Godulla und Wolf 2018, S. 88). Ist die Story auf eine HTML-Seite begrenzt und wird vollständig auf einer langen, fortlaufenden Website präsentiert, wird sie auch als „Onepager" bezeichnet (Haarkötter 2019, S. 168). Häufig werden eingebettete Videos automatisch gestartet, sobald man sie beim Scrollen durch die Geschichte erreicht hat. Scrollytelling funktioniert nicht nur vertikal, sondern auch horizontal. Dies hat sich besonders für Smartphones etabliert, wo die Story also durch seitliches Wischen konsumiert werden kann (Oswald 2019, S. 139).

Scrollytelling-Beispiel:

5.3 Web-Dokumentation

Vergleichbar mit einer klassischen Reportage in der Zeitung oder dem Fernsehen. Sie dokumentiert und erzählt eine Geschichte mit der multimedialen Vielfalt, die sich online bietet: Videos von der Handlung oder von den Protagonist*innen, O-Töne aus Interviews oder von Hintergrundgeräuschen von vor Ort, Fotos und Grafiken zum Veranschaulichen und Einordnen (vgl. Matzen 2014, S. 148–149). Durch die Kombination der Medienarten wird sie für die*den Nutzenden bestmöglich nachvollziehbar und erlebbar. Oft wird die „Web-Doku" mit dem Begriff der „Multimedia-Story" gleichgesetzt (z. B. Haarkötter 2019, S. 178), da sie am besten die Vielfalt verkörpert. Als Multimedia-Storys können aber auch andere Darstellungsformen bezeichnet werden, der Begriff ist allgemeiner gefasst. Außerdem sollte betont werden, dass die einzelnen Darstellungsformen nicht vollständig voneinander abgegrenzt sind. Eine Web-Doku kann zum Beispiel als Scrollytelling angelegt sein. Die größte Abgrenzung lässt sich noch in der Form der Medien vornehmen. Beim Scrollytelling steht eher der Text im Vordergrund,

Abb. 5.1 Beispielhafter Aufbau eines Scrollytelling-Artikels (eigene Darstellung)

da dabei die Lesegeschwindigkeit besser beeinflusst werden kann. Web-Dokus setzen mehr auf Videos oder andere Medienarten (Godulla und Wolf 2018, S. 88). Gleichzeitig ist mehr Selektivität gegeben, da die Nutzenden entscheiden können, welche Medienarten sie konsumieren. Das Scrollytelling gibt stärker vor, wie die Geschichte erlebt wird (Godulla und Wolf 2017, S. 70).

5.4 Dossiers

Manchmal auch „Schwerpunkt" oder „Spezial" genannt. Texte, Videos oder andere Beiträge werden unter einem Schlagwort gebündelt und sind miteinander verlinkt, sodass Nutzer schnell und zusammenhängend finden können, was zu dem Thema gehört und wichtig ist (Matzen 2014, S. 107).

Dossiers beschäftigen sich umfangreich mit einem Thema und dazugehörigen Aspekten. Online funktioniert dies besonders gut, da mehrere Storys in einem Dossier gesammelt und verknüpft werden können. Die Nutzenden können selbst bestimmen, welche Geschichten sie lesen und sich ins Thema vertiefen. Wenn sich ein (Web-)Dossier zum Beispiel mit der Klimapolitik der Bundesregierung beschäftigt, können dafür Porträts von Aktivist*innen, Interviews mit Politiker*innen oder Datengeschichten zur CO_2-Bilanz miteinander verknüpft werden. Jede dieser Storys kann multimedial erzählt werden oder Aspekte des Scrollytellings nutzen, sie können in der Darstellungsform variieren.

Ein gutes Dossier braucht eine Navigation, über die die Nutzenden das gesamte Thema ergründen können. Die Storys werden dafür hierarchisch aufgeteilt und zum Beispiel wie Kapitel gegliedert. Diese können dann entweder über ein „Hauptmenü" des Dossiers aufgerufen oder so untereinander verknüpft werden, dass die*der Nutzende von Story zu Story springt. Empfehlenswert ist, dass ein Text nicht auf mehr als vier weitere verweist und insgesamt nicht mehr als drei Hierarchie-Ebenen verwendet werden (Hooffacker 2020, S. 85). Zudem sollten Nutzende jederzeit zur Übersicht der Navigation (Hauptmenü) zurückkehren können.

Kriterien, die beim Sammeln berücksichtigt werden sollten: Für wen ist das Online-Angebot gedacht? Welchen speziellen Nutzwert hat die*der User*in von Ihrem Dossier? Welcher Inhalt passt auf diejenigen Leute, die Sie ansprechen wollen? Wie fügt sich das Online-Dossier in Ihr gesamtes Online-Angebot ein? Welche Feedback- und Kommunikationsmöglichkeiten soll es bieten? Was gibt es bereits online, und wie unterscheidet sich Ihr Angebot davon? (Hooffacker 2020, S. 79).

Ein Vorteil gegenüber klassischen Medien ist, dass Web-Dossiers ohne Zeitbegrenzung abrufbar sind und bei aktuellen Entwicklungen jederzeit ausgebaut werden können (Sturm 2013, S. 139). Das nutzt die Wochenzeitung „Die Zeit" zum

Beispiel, indem sie kommende Artikel eines Dossiers ankündigt und so die Nutzenden wie bei einer Fernsehserie zum erneuten Besuch ermutigen möchte (siehe das Beispiel des Dossiers zu Patchworkfamilien in Abb. 5.2, Screenshot von Juni 2020).

Unter dem Titel „Ressort X" beschäftigt sich die Redaktion regelmäßig mit gesellschaftlichen Themen, für die sonst die Zeit und der Platz fehlt, um sie intensiv aufzuarbeiten. Die Veröffentlichung erfolgt nach dem „Netflix-Prinzip", es werden alle oder zumindest viele zum Dossier zugehörigen Artikel auf einmal publiziert, wie bei einer Serie des Streaminganbieters. „Wer will, kann also einen ganzen Themenschwerpunkt ‚binge-lesen'" (Wegner 2019).

5.5 Newsgames

Inhalte spielerisch zu vermitteln, ist keine durch das Internet entstandene Erfindung. Unter dem Begriff der „Gamification" hat sie jedoch im digitalen Storytelling an Bedeutung gewonnen. Journalistische Geschichten, die als ein (Video-)Spiel erzählt werden, durch die die Nutzenden schrittweise und nach festgelegten Regeln die Inhalte erlernen, werden auch „Newsgames" genannt (Lai 2015, S. 130). Journalist*innen geben durch die Regeln das Setting und die Erzählstruktur vor. Newsgames sind die am stärksten ausgeprägte Form der Selektivität, die Nutzenden klicken sich mit ihren Entscheidungen durch die Story. Sie können sogar in verschiedene Rollen schlüpfen, ähnlich wie ein Charakter eines Videospiels. Zu einem Erdbeben in Haiti erstellte zum Beispiel eine kanadische Produktionsfirma ein Newsgame, bei dem man die Geschichte aus der Sicht eines Erdbeben-Opfers, eines Hilfswerk-Mitarbeiters oder eines Journalisten erleben kann (Sturm 2013, S. 135). In Deutschland erlangte „netwars" größere Aufmerksamkeit, in dieser als Spiel angelegten Web-Doku können Nutzende Hintergründe, Ziele und Waffen eines Cyberkrieges kennenlernen – und erfahren auch mit Hilfe von Expert*innen-Interviews, wo auf der Welt derartige Angriffe längst passieren (siehe Abb. 5.3).

Dem Storytelling in Games liegt die Selbstbestimmungstheorie zu Grunde, die auf der Annahme beruht, dass Menschen drei fundamentale Bedürfnisse haben (Eick 2014, S. 103):

1. das Bedürfnis nach Kompetenz, das durch soziale Rückmeldung oder die Bewältigung von Herausforderungen gestillt werden kann.
2. das Bedürfnis nach Autonomie, das von der Selbstbestimmung des Charakters im Spiel gestillt wird.
3. das Bedürfnis nach Beziehung, nach verlässlichen sozialen Bindungen. Es kann durch den Austausch über ein Spiel oder das gemeinsame Spielen gestillt werden.

5.5 Newsgames

Abb. 5.2 Zeit-Dossier zu Patchwork-Familien. (Quelle: zeit.de)

Abb. 5.3 Doku-Spiel „netwars" über Cyberkriminalität von filmtank, ZDF/Arte und Heise. (Quelle: Filmtank (netwars-project.com))

Newsgames werden in Deutschland noch kaum genutzt. Einerseits, da Kenntnisse im Gamedesign oder externe Programmierer*innen nötig sind. Andererseits, da ethische Bedenken bestehen, ob ernsthafte Themen spielerisch vermittelt werden können. Dem gegenüber steht der Vorteil, dass durch Spiele ernsthafte Themen empathischer und interessanter vermittelt werden können (Meier 2017, S. 59). Das Eintauchen in die Story kann bei Spielen derart tief sein, dass es zum „Flow-Erleben" kommen kann, die Nutzenden also einen derart positiven emotionalen Zustand erreichen, der sie in ihrem Handeln versinken und die Umgebung vergessen lässt (Sturm 2013, S. 79). Dies kann insbesondere durch den Einsatz von Virtual Reality erreicht werden (siehe Abschn. 5.12: Virtuelles Erzählen).

5.6 Interaktives Interview

Hier können die Nutzenden selbst entscheiden, was ihnen der*die Protagonist*in erzählen soll. Dafür werden für eine Auswahl an Fragen die Antworten der Protagonist*innen gespeichert und bei einem Mausklick oder per Spracherkennung wiedergegeben. Die Shoah Foundation der USC in Kalifornien zeichnet zum Beispiel seit einigen Jahren Gespräche mit Holocaust-Überlebenden auf, in einem mit mehreren Kameras ausgestatteten Raum und vor einem Greenscreen. Zum Teil werden über mehrere Tage fast 1000 Fragen zum Leben der Protagonist*innen beantwortet, die alle in einzelnen Video-Clips gespeichert werden. Durch eine Spracherkennung können beliebige Fragen gestellt werden, auf die die Protagonist*innen schließlich antworten. Auf diese Weise können auch in der Zukunft noch „Gespräche" mit Holocaust-Überlebenden geführt werden, auch wenn alle Zeitzeug*innen eines Tages gestorben sein sollten.

In einfacherer Form funktioniert ein interaktives Interview auf der Website durch ein Textfeld auf einer Website, auf der zum Beispiel Antworten auf häufige Fragen gespeichert sind. Noch abgeschwächter funktioniert das online wie offline beliebte Tool „Fragen & Antworten", wo häufig gestellte Fragen samt Antworten zu einem Thema gesammelt und per Klicken abrufbar sind (Matzen 2014, S. 102).

5.7 Kurative Netz-Geschichte

Dabei werden zum Beispiel Reaktionen in den sozialen Medien und Nachrichten gesammelt, der*die Journalist*in ist in dem Fall ein*e News-Aggregator*in und sammelt dem*der Nutzenden Informationen. Dies ist gut für Live-Ticker oder die Echtzeit-Berichterstattung geeignet, funktioniert aber auch im Nachhinein als Dokumentation eines Geschehens. Der*die Journalist*in lässt das Netz quasi für sich selbst erzählen, ordnet die Aussagen und Informationen ein, kommentiert und bewertet sie (Sturm 2013, S. 138). Solche Formen haben besonders deshalb an Bedeutung gewonnen, da der Journalismus seine klassische Gatekeeper-Rolle verloren und im Internet abgegeben hat. Giovanni di Lorenzo, Chefredakteur der Wochenzeitung „Die Zeit", saget deshalb über die Rolle von Journalismus: „Die Zeitung der Zukunft zeigt nicht den Informationsfluss, sondern die Ufer" (Pimpl 2010).

5.8 (Audio-)Slideshows

Mit Bildergalerien und Slideshows wurde lange vor allem versucht, Klickzahlen der eigenen Website künstlich hochzutreiben (Haarkötter 2019, S. 174). Durchdachte Galerien können aber als simples wie leicht konsumierbares Storytelling funktionieren, mit mehr Aufwand sogar mit hinterlegten Audio-Dateien. Matzen (2014, S. 124–126) nennt fünf verschiedene Erzählweisen für Slideshows:

1. Das Drama, das einen Konflikt erklärt und am Ende der Galerie eine Lösung zeigt
2. Unterschiedliche Perspektiven auf ein Ereignis
3. Aufteilung in Kapitel, wiederkehrende Elemente geben Struktur
4. Mehrere Einstiegspunkte, quasi eine Kombination aus Punkt 1 und 2, durch verschiedene Perspektiven auf einen Konflikt wird dieser erzählt und immer mehr zusammengeführt

5. Aspekte herausgreifen, aussagekräftige Fotos zu einem Ereignis, hier werden eher Eindrücke vermittelt als eine eigene Geschichte erzählt.

Als Faustregel für Slideshows nennt Matzen, dass mindestens zehn Mal mehr Fotos vorliegen müssen, als letztlich verwendet werden.

5.9 Multiperspektiven-Geschichte

Ein Thema wird durch die Sammlung einzelner Perspektiven erzählt. Gerade bei kontroversen Debatten kann dies sinnvoll sein, um den Nutzenden bei ihrer Meinungsbildung zu helfen. Die Perspektiven werden an einem Ort inhaltlich und optisch gebündelt und können ohne klare Erzählstruktur abgerufen werden (Sturm 2013, S. 139). Nutzende können selbst entscheiden, welche Perspektiven sie sich ansehen.

5.10 Kollaborative Geschichte

Hier sind Geschichten gemeint, bei deren Entstehung die Nutzenden aktiv mitwirken. Natürlich können sie das durch das Einsenden ihrer Erfahrungen oder durch Kommentare auf der Website und den sozialen Medien tun. Bei einer kollaborativen Geschichte übernehmen Nutzende aber tatsächlich einen Teil der Arbeit, es ist das Prinzip des Crowdsourcing (Sturm 2013, S. 140). Der englische „Guardian" gewährte zum Beispiel 2009 seinen Nutzern Einblick in ein 458.832 Seiten dickes Dokument mit Spesenabrechnungen von britischen Abgeordneten. Die Nutzenden konnten sie durchsehen und der Redaktion einen Hinweis geben, ob einer Abrechnung genauer nachgegangen werden soll. Bis 2012 beteiligten sich 33.000 Nutzende, am Ende mussten wegen überhöhter Spesenabrechnungen sogar einige Abgeordnete und Minister*innen zurücktreten (Sturm 2013, S. 141). Auch die SZ, das ZDF oder „Correctiv" ließen für Geschichten bereits Nutzende aktiv an der Recherche oder der Analyse von Daten teilhaben (Oswald 2019, S. 69).

5.11 Podcasts

In den späten 2010er-Jahren und 2020 erlebten Podcasts einen regelrechten Hype. Kaum eine Redaktion ließ es sich entgehen, in einem Podcast die eigenen Nachrichten oder selbst kreierte Formate zu veröffentlichen. Ein Podcast greift auf be-

5.11 Podcasts

währte Radio-Formate zurück, etwa auf ein Interview, ein Hintergrundgespräch oder ein gebautes Feature zu einem Thema. Im September 2019 gaben 34 Prozent einer YouGov-Umfrage an, Podcasts zu hören, 2014 waren es noch sieben Prozent (Schröder 2020). Laut Digital News Report hörten 29 Prozent der erwachsenen Internetnutzenden 2022 mindestens einmal monatlich einen Podcast. Besonders die Gruppe der 18- bis 24-Jährigen ist daran interessiert, in dieser Altersgruppe nutzten 56 Prozent dieses Medium monatlich (Hölig et al. 2022, S. 49). Die erfolgreichsten Podcasts in Deutschland waren 2022 vor allem humoristischer Art, zum Beispiel von YouTuber*innen wie Julia Beautx („Die Nervigen") oder Rezo („Hobbylos"), Comedians wie Felix Lobrecht („Gemischtes Hack") und Fernsehmoderator*innen wie Jan Böhmermann („Fest & Flauschig").

Aus journalistischer Sicht sind sie deshalb so interessant, weil sie andere Zielgruppen erreichen als Print- oder Online-Produkte. Zudem kann die Story dem*der Nutzer*in auch dann nahegebracht werden, wenn keine Hand fürs Handy frei ist – zum Beispiel beim Autofahren oder beim Einkaufen (Schröder 2020). Dadurch haben nicht nur kurze Nachrichten, sondern auch ausführliche Hintergrundformate Erfolg. 2020 hatte der „NDR info"-Podcast mit Virologie-Professor Christian Drosten über das Coronavirus insgesamt über 40 Mio. Abrufe zu verzeichnen (Hennig 2020). Der öffentlich-rechtliche Rundfunk verbreitet besonders viele Podcasts, über 800 verschiedene stehen online zum Hören zur Verfügung (Haarkötter 2019, S. 331). Die öffentlich-rechtlichen Radiosender hatten schon in den 1990er-Jahren angefangen, ihre Sendungen ins Internet zu stellen. Auch „Fest & Flauschig" entspringt einem öffentlich-rechtlichen Sender, Böhmermann und Olli Schulz gründeten ihren Podcast als „sanft & sorgfältig" im RBB.

Die Vorteile des Storytellings in Podcasts oder im Radio (Preger 2019, S. 18):

1. Audio liefert ein szenisches Sinnes-Erlebnis („Kino im Kopf")
2. Audio erzeugt Nähe und Intimität; besonders beim Hören über Kopfhörer
3. Audio erzählt wirklich; es wird häufig auf eine*n tatsächliche*n Erzähler*in zurückgegriffen, der durch die Story führt
4. Audio löst Raum und Zeit auf; ohne die Nutzung von Bildern kann alles zur Vorstellung werden
5. Audio liefert Realitäts-Erlebnisse; weil Stimmen oder Geräusche aufgezeichnet und wiedergegeben werden können.

Diese Stärken werden mit dramaturgischen Elementen wie der Held*innenreise verknüpft. Hinzu kommen besondere Möglichkeiten des Spannungsaufbaus, zum Beispiel durch die Einspielung von Musik. Gleichzeitig steigt damit aber die Gefahr, sich zu sehr in die Narration zu verlieben und journalistische Maßstäbe zu vernachlässigen (Preger 2019, S. 269 ff.). Haarkötter (2019, S. 333) empfiehlt, bei der Produktion von Podcasts auf folgende Dinge zu achten:

- Nutzende sind selektiv und konzentrieren sich auf Einzelfolgen, die nicht länger sind als 30 Minuten
- Bei der Nutzung von Musik muss das Urheberrecht beachtet werden
- Versprecher oder Satzabbrüche sind authentisch, die Nutzenden schätzen aber auch bei Podcasts klare Aussagesätze
- Entscheidende Informationen sollten öfter wiederholt werden, als dies bei einem Text üblich wäre

5.12 Virtuelles Erzählen

Beim Storytelling ist immer wieder von Immersion die Rede, vom „Eintauchen" in eine Geschichte. Die dafür vermeintlich beste Möglichkeit bietet Virtual Reality (VR), die technischen Voraussetzungen dafür gibt es bereits (Ruf 2020, S. 598 ff.). Virtual Reality beschreibt eine computergenerierte Umgebung, mit der Nutzende in Echtzeit interagieren können. Sie gelangen so in Welten, die ihnen sonst verschlossen geblieben wären (Albrand 2017).

Wie funktioniert das? Eine VR-Brille ist mit einem Display ausgestattet, dies kann je nach Modell auch das eigene Smartphone sein. Wird die Brille aufgesetzt, sieht der*die Nutzende nichts mehr von seiner*ihrer realen Außenwelt, dafür taucht er*sie in eine Umgebung ein, die auf dem Display angezeigt wird. Durch die Bewegung des eigenen Körpers, zum Beispiel dem Drehen des Kopfes, bewegt sich der*die Nutzende durch die virtuelle Welt. So kann der*die Nutzende ein Charakter oder Beobachter*in der Story werden, ähnlich wie beim Videospiel.

Virtueller Journalismus „simuliert" eine imaginäre Welt, die Eigenschaften und Merkmale der realen Welt aufweist, ohne eine vollständige Kopie von ihr zu sein (Ruf 2020, S. 594). Das klingt abstrakt, meint aber nur, dass die reale Welt nicht verdoppelt werden kann. Die virtuelle Welt versucht lediglich, nach journalistischen Maßstäben die Realität im begrenzten Rahmen der Story abzubilden.

Einige Expert*innen sehen in Virtual Reality enormes Potenzial, auch im Journalismus. VR wird zum Beispiel auch immer häufiger bei Videospielen genutzt und kann eine Darstellungsform für Newsgames sein, die ein regelrechtes Flow-Erleben der Geschichte ermöglicht. Die Nutzenden erreichen dabei einen positiven emotionalen Zustand, der sie in der Welt versinken und die Umgebung vergessen lässt. Die Produktionskosten einer solchen Geschichte sind jedoch hoch, da virtuelle Welten mit speziellen Kameras gefilmt werden müssen, die eine 360-Grad-Betrachtung der Umgebung ermöglichen.

5.12 Virtuelles Erzählen

Ein mit der Virtual Reality verwandtes Themenfeld ist Augmented Reality (AR), also die „erweiterte Realität". Anders als bei VR, wo in eine künstlich geschaffene Welt eingetaucht wird, stellt AR nur eine virtuelle Ergänzung der realen Welt dar (Ruf 2020, S. 599). Dabei werden digitale Inhalte mit Hilfe eines (Smartphone-)Displays in die reale Umgebung projiziert. Richtet man zum Beispiel seine Handykamera auf ein Objekt, können dazugehörige Informationen eingeblendet oder Medien abgespielt werden. Zur Unterscheidung zwischen VR und AR kann man sich an der Frage orientieren, ob die reale Umgebung sichtbar ist und welcher Grad an Immersion vorhanden ist (Schart 2015). Bei AR ist die Umgebung sichtbar, die Objekte oder Informationen werden lediglich auf dem Display des Smartphones oder einer Brille eingeblendet. Beliebtes Beispiel aus der Pop-Kultur: „Pokémon Go", was animierte Pokémon in der realen Umgebung erscheinen lässt.

Die „Bild"-Zeitung nutzte Augmented Reality 2018 in Kooperation mit der Deutschen Fußball-Liga (BILD 2018, siehe Abb. 5.4). Fotos der Printausgabe konnten mit dem Smartphone abgefilmt werden, dadurch startete im Display die Wiedergabe von Highlight-Videos des Bundesliga-Spiels. Im Display sah es so aus, als wäre das Video Teil der Zeitung (siehe Abb. 5.4).

Auf diese Weise können Print-Geschichten mit Bewegtbildern crossmedial ergänzt werden.

Abb. 5.4 AR-Experiment von BILD mit der DFL. (Quelle: bild.de)

58 5 Arten des digitalen Storytellings

Abb. 5.5 AR-Filter für Snapchat. (Quelle: snapchat.com)

Augmented Reality wird auch in den sozialen Medien immer mehr genutzt, für Snapchat und Instagram wurden bereits zahlreiche AR-Filter entwickelt, TikTok arbeitet ebenfalls daran (Horizont 2020, siehe Abb. 5.5). Expert*innen glauben, dass darin besonders Potenzial fürs Marketing und die Werbung besteht (Tiffany 2020; Eisenbrand 2019). Medien könnten derartige Filter, die eine Interaktion mit der Umgebung ermöglichen, aber ebenfalls für ihr Storytelling nutzen.

> *ÜBUNG: Überlegen Sie für alle zwölf aufgeführten Darstellungsformen mögliche Geschichten rund um die Schulen in Ihrem Publikationsort.*

Quellen

Albrand, C. (2017, 5. Oktober). Der Zuschauer wird zum Augenzeugen. Online: https://www.ard.de/home/ard/Was_ist_Virtual_Reality/3364362/index.html, zuletzt am 17. Juni 2020.

BILD (2018, 21. August). Mit VIDEO-FOTO Bundesliga in der Zeitung schauen. Online: https://www.bild.de/sport/fussball/1-bundesliga/bewegtbild-in-der-bildzeitung-56748972.bild.html, zuletzt am 17. Juni 2020.

Bradshaw, P. (2018). The Online Journalism Handbook. Skills to Survive and Thrive in the Digital Age. Abingdon und New York: Routledge.

Eick, D. (2014). Digitales Erzählen. Die Dramaturgie der Neuen Medien. Konstanz und München: UVK.

Eisenbrand, R. (2019, 16. August). Diese Teenies generieren Milliarden Views mit AR-Effekten auf Instagram und Snapchat. Online: https://omr.com/de/ar-augmented-reality-instagram-effects-snap-lenses/, zuletzt am 17. Juni 2020.

Godulla, A. & Wolf, C. (2017). Digitale Langformen im Journalismus und Corporate Publishing. Scrollytelling – Webdokumentationen – Multimediastorys. Wiesbaden: Springer VS.

Godulla, A. & Wolf, C. (2018). Digitales Storytelling. Nutzererwartungen, Usability, Produktionsbedingungen und Präsentation. In Nuernbergk & Neuberger (Hg.). Journalismus im Internet (81–100). Wiesbaden: Springer VS.

Haarkötter, H. (2019). Journalismus.Online. Das Handbuch zum Online-Journalismus. Köln: Herbert von Halem Verlag.

Hennig, K. (2020, 21. Mai). Behind the Scenes II – Talk mit dem Podcast-Team. Online: https://www.ndr.de/nachrichten/info/Behind-the-Scenes-II-Talk-mit-dem-Podcast-Team,audio684596.html, zuletzt am 1. Mai 2022.

Hölig, S; Behre, J & Schulz, W. (2022). Reuters Institute Digital News Report 2022 – Ergebnisse für Deutschland. Hamburg: Verlag Hans-Bredow-Institut, Juni 2022 (Arbeitspapiere des Hans-Bredow-Instituts | Projektergebnisse Nr. 63).

Hooffacker, G. (2020). Online-Journalismus. Texten und Konzipieren für das Internet. Ein Handbuch für Ausbildung und Praxis. Wiesbaden: Springer VS.

Horizont (2020, 12. Mai). TikTok plant neues AR-Werbeformat. Online: https://www.horizont.at/digital/news/augmented-reality-tiktok-plant-neues-ar-werbeformat-81112, zuletzt am 17. Juni 2020.

Lai, H. (2015). Newsgames. In Kaiser, M. (Hg.). Innovation in den Medien. Crossmedia – Storywelten – Change Management (130–137). München: MedienNetzwerk.

Matzen, N. (2014). Online-Journalismus. Konstanz und München: UVK.

Meier, K. (2017). Journalismus zum Spielen: Newsgames als neues digitales Genre. Theoretische Verortung und explorative Nutzungsstudie. In Godulla, A. & Wolf, C. (Hg.). Technische Innovationen – Medieninnovationen? Herausforderungen für Kommunikatoren, Konzepte und Nutzerforschung (47-61). Wiesbaden: Springer VS.

Oswald, B. (2019). Digitaler Journalismus. Ein Handbuch für Recherche, Produktion und Vermarktung. Zürich: Midas.

Pimpl, R. (2010, 6. Oktober). Giovanni di Lorenzo: „Wir brauchen Paid Content". Online: https://www.horizont.net/medien/nachrichten/-Giovanni-di-Lorenzo-Wir-brauchen-Paid-Content-95446, zuletzt am 1. Mai 2022.

Preger, S. (2019). Geschichten erzählen. Storytelling für Radio und Podcast. Wiesbaden: Springer VS.

Radü, J. (2019). New Digital Storytelling. Anspruch, Nutzung und Qualität von Multimedia-Geschichten. Baden-Baden: Nomos.

Ruf, O. (2020). Virtueller Journalismus. In Kasprowicz, D. & Rieger, S. (Hg.). Handbuch Virtualität (589–606). Wiesbaden: Springer VS.

Schart, D. (2015). Die virtuelle Revolution: Augmented und Virtual Reality im digitalen Medienzeitalter. In Kaiser, M. (Hg.). Innovation in den Medien. Crossmedia – Storywelten – Change Management (274–283). München: MedienNetzwerk.

Schröder, C. (2020). Die Überzeugungstäterin. Journalist, Jahrgang 70 (Nr. 4), 17–23.

Sturm, S. (2013). Digitales Storytelling. Eine Einführung in neue Formen des Qualitätsjournalismus. Wiesbaden: Springer VS.

Taube, M. (2017). Reportage 2.0? Digital Longform Journalism und multimediales Storytelling unter den Bedingungen vernetzter Kommunikation. In Schach, A. (Hg.). Storytelling. Geschichten in Text, Bild und Film (145–156). Wiesbaden: Springer Gabler.

Tiffany, K. (2020). It's Cool to Look Terrifying on Pandemic Instagram. Online: https://www.theatlantic.com/technology/archive/2020/05/augmented-reality-instagram-zoom/611494/, zuletzt am 17. Juni 2020.

Wegner, J. (2019, 2. Mai). Warum wir X gründen. Online: https://blog.zeit.de/fragen/2019/05/02/ressort-x/, zuletzt am 1. Mai 2022.

Mobiles Storytelling 6

Zusammenfassung

Medien werden online mittlerweile zu einem Großteil über das Smartphone genutzt. Für Entwickler*innen und Redakteur*innen ist als Erstes wichtig, ob die Website und der Beitrag auf mobilen Geräten funktionieren, die Desktop-Varianten sind zweitrangig geworden. Das bedeutet zum Beispiel auch, Dateiformate klein zu halten, um das mobile Datenvolumen nicht auszureizen. Oder Videos zu untertiteln, damit Nutzende diese unterwegs und ohne Ton hören können.

Gleichzeitig bieten Smartphones eigene, weitere Möglichkeiten fürs Storytelling. Durch die besondere Steuerung (Gesten & Wischen) und Merkmale wie die ständige Erreichbarkeit können Geschichten teils spielerischer, teils personalisierter werden.

Besonders das Social-Media-Storytelling ist für Journalist*innen interessant, da mit wenig Mitteln interessante Geschichten für potenziell viele Nutzende möglich sind, auch neue Zielgruppen erschlossen werden können. Die sind dabei entscheidend: Seine Follower*innen zu kennen, ihre Wünsche zu befriedigen, eine eigene Community zu pflegen, ist für Social-Media-Redakteur*innen essenziell für den Erfolg der eigenen Posts.

Schlüsselwörter

Situation Based Storytelling · Hochkant-Formate · Social-Media-Storytelling · Community · Hashtags

6.1 Besonderheiten des mobilen Storytellings

„Every publisher in the world should sit down once a day and pray to thank Steve Jobs that he is saving the publishing industry with that." Wer hat das gesagt? Und was hat die zitierte Person gemeint?

Gesagt hat es Mathias Döpfner, CEO von Axel Springer und Vorsitzender des Bundesverbandes Digitalpublisher und Zeitungsverleger (BDZV). Das Zitat stammt von 2010. Gemeint hat Döpfner: das iPad (Gadesmann 2017, S. 96). Mehr als zehn Jahre später lässt sich festhalten: Die Medienindustrie ist zwar noch nicht gestorben, aber auch längst nicht gerettet. Hat Döpfner das iPad überschätzt? Jein.

Journalismus wird auf mobilen Geräten konsumiert, mittlerweile machen sie beim „Spiegel" oder bei „BILD" drei Viertel des Online-Traffics aus (IVW 2022). Wie viele der mobilen Zugriffe über Tablets und wie viele über das Smartphone kamen, weist die IVW leider nicht aus. Man kann aber davon ausgehen, dass das Smartphone hier die Mehrheit ausmacht, da es allgemein häufiger genutzt wird als ein Tablet. Laut ARD-ZDF-Onlinestudie 2020 gaben 88 Prozent der Befragten an, ein Smartphone „zumindest selten" zu nutzen (Beisch und Schäfer 2020), andere Studien kommen hier ebenfalls auf etwa 90 Prozent (z. B. Deloitte 2020). Tablets wurden nur von 45 Prozent mindestens selten genutzt, wenngleich die Tendenz steigend ist. Aus eigener Erfahrung kann ich sagen: Die Handy-Zugriffe machen über 90 Prozent des mobilen Traffics aus, Tablets spielen eine untergeordnete Rolle.

Nirgendwo sonst können die Möglichkeiten des digitalen Storytellings so gut ausgeschöpft werden wie auf mobilen Geräten. Ein Smartphone kann alle gängigen Medienarten wiedergeben – klar, das kann ein Laptop auch. Aber auf mobilen Geräten lassen sich Storys noch mehr für die Nutzenden optimieren. Wolf (2018, S. 161) gliedert die Potenziale vom mobilen Journalismus in drei Bereiche:

1. Internetspezifika (Aktualität, Additivität, Multimedialität, Selektivität, Interaktivität und Partizipation)
2. Mobilspezifika (Kontextsensitivität, ständige Konnektivität und Ubiquität)
3. Endgerätespezifika (Playfulness und intuitive Bedienbarkeit)

Die Punkte zwei und drei haben Smartphones und Tablets also den stationären Computern und auch Laptops voraus – zumindest solchen, die keinen integrierten Touchscreen haben. Was meinen die spezifischen Begriffe?

Kontextsensitivität meint zum Beispiel GPS-Daten oder das Tracking des Online-Nutzungsverhaltens. Dadurch können Inhalte spezifisch auf die Nutzenden abgestimmt werden, ihnen werden zum Beispiel Nachrichten passend zu ihrem Standort angezeigt oder Themen hervorgehoben, die sie interessieren könnten. Es

6.1 Besonderheiten des mobilen Storytellings

ermöglicht sogar „Location Based Storytelling", also mit dem Standort verbundene Geschichten. Die Nutzenden befinden sich dafür zum Beispiel am realen Ort einer Geschichte und können mit dem Smartphone in sie einsteigen (Herbst und Musiolik 2016, S. 50). Die Stadt Berlin nutzte dies anlässlich des 25. Jahrestages des Mauerfalls, um entlang der ehemaligen Grenze der Stadt Geschichten erlebbar zu machen. Sie nutzten dafür übrigens auch Augmented Reality und ließen historische Fotos zu abspielbaren Videos werden, wenn die Nutzenden mit dem Smartphone auf sie filmten (www.timetravel.berlin).

Ein anderes Beispiel für Location Based Storytelling ist „Social Score", das 2019 mit Unterstützung des Medieninnovationszentrums Babelsberg (MIZ) veröffentlicht wurde (siehe Abb. 6.1 und 6.2). Dabei handelt es sich um ein standortbasiertes und personalisiertes Hörspiel, das die Hörenden zu Testkandidat*innen für die Einführung eines gesellschaftlichen Bewertungssystems macht. Die Künstliche Intelligenz des Spiels erkennt den Standort und erzählt der*dem Hörenden während eines Spaziergangs etwa, wie hoch die Kriminalitätsstatistik im Viertel ist und lässt den Nutzenden Verdächtige zählen, die den gesellschaftlichen Frieden stören könnten. Eine Dystopie, die in der eigenen Nachbarschaft erlebbar wird.

Ubiquität bedeutet, das die Story überall und zu jeder Zeit abrufbar ist, zumindest solange das Smartphone ein Netz findet (Wolf 2018, S. 168). **Ständige Konnektivität** verstärkt dieses Potenzial, da Smartphones und Tablets praktisch immer einsetzbar sind, ohne jedes Mal hochgefahren werden zu müssen.

Die Mobilspezifika ermöglichen es also, den Nutzenden überall Storys präsentieren zu können. Noch einen Schritt weiter geht das „Situation Based Storytelling", für das der Standort der*des Nutzenden nur ein Faktor ist. Mögliche weitere: soziale Umstände, Zeit, Ziele und der vorherige Zustand/vorherige Erlebnisse (Herbst und Musiolik 2016, S. 52–53). Befindet sich die*der Nutzende in einer größeren Gruppe Menschen, die sie*ihn bei der Mediennutzung beeinflussen könnten? Zum Beispiel auf einem Konzert oder im Fußballstadion? Welcher Wochentag und wie spät ist es; könnte die Zeit Einfluss haben, ob die*der Nutzende auf die Story klickt oder nicht? Hat sie*er gerade das Ziel, etwas ganz Bestimmtes herauszufinden? Wie ist ihre*seine emotionale Stimmung?

Diese Faktoren in das Storytelling einfließen zu lassen, klingt fast ein wenig beängstigend. Aber werbende Unternehmen gehen längst danach vor, etwa um passende Produkte zu präsentieren. Auch soziale Medien nutzen diese Informationen und können entsprechende Inhalte anzeigen oder Benachrichtigungen verschicken, die das Interesse treffen könnten. Herbst und Musiolik (2016, S. 53) sagen, es sei Zeit, besser zu verstehen, wie sich Nutzende in bestimmten Situationen fühlen und wie es ihnen geht.

Abb. 6.1 Screenshot von socialscore.eu, zuletzt am 10. Juni 2020

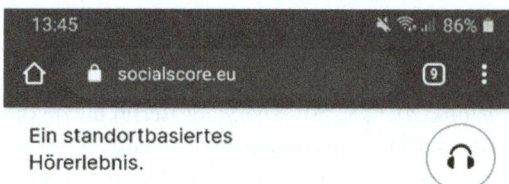

„Zeit Online" versucht seit 2017 genau das. In der App und auf der Website können die Nutzenden die simple Frage beantworten, wie es ihnen gerade geht: gut oder schlecht. Anschließend können die Nutzenden ihren persönlichen Zustand durch Stichwörter konkretisieren, die entweder aus einer Liste ausgewählt oder selbst getippt werden. Dadurch fand die Redaktion heraus, dass es ihren Nutzenden an Feiertagen besser geht, nachts schlechter und dass sie sich an Wochenenden

Abb. 6.2 Screenshot von socialscore.eu, zuletzt am 10. Juni 2020

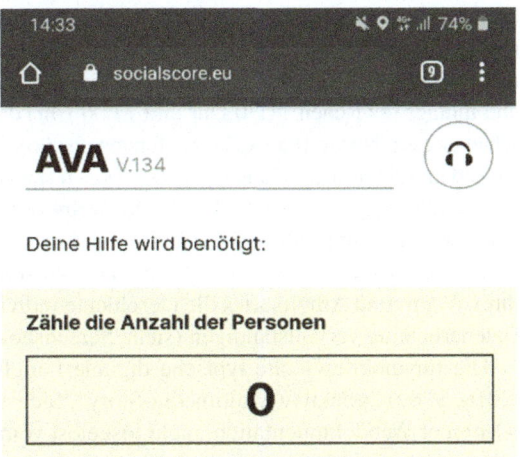

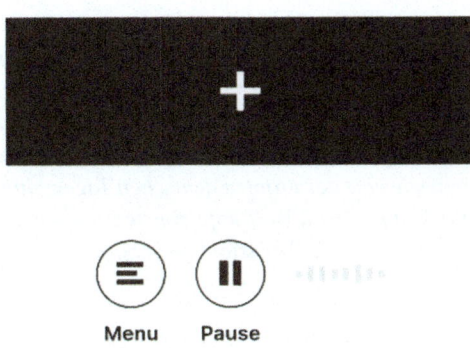

häufiger einsam fühlen als sonst (Erdmann et al. 2018). Damit lässt sich natürlich planen: Texte über fröhliche Themen werden für den nächsten Feiertag vorbereitet, Geschichten gegen die Einsamkeit besser am Samstag publiziert als am Mittwoch.

Studien zum Nutzungsverhalten sind nicht gänzlich neu. Bekannt ist, dass Radio eher ein Morgen- und Fernsehen eher ein Abendmedium ist. Das Internet wird dagegen den ganzen Tag immer wieder angesteuert (Giersberg 2019). Anhand von Klickzahlen kann aber jede Redaktion genau analysieren, welche Geschichte zu welcher Uhrzeit und an welchem Wochentag besonders gut funktioniert und was die Nutzenden interessiert. Online-Medien erleben besonders morgens (zwischen 6:30 Uhr und 9:30 Uhr) und mittags (zwischen 11:30 Uhr und 13:00 Uhr) die größten Zugriffszahlen, dazwischen und am Nachmittag sinkt das Interesse spürbar. Abends steigt es nochmal etwas an, zudem funktionieren längere Lesestücke zu späterer Zeit besser als tagsüber.

Der „Spiegel" veröffentlichte 2018 ein Spezial über Pendler*innen in Deutschland. Da lag es nur nah, diese Zielgruppe dort zu erreichen, wo sie beim Pendeln ständig draufschaut: aufs Smartphone. Die Nutzenden konnten durch die Eingabe ihres Wohn- und Arbeitsortes die Geschichte individualisieren und gleichzeitig die Datenerhebung vervollständigen (siehe Screenshots Abb. 6.3, 6.4 und 6.5).

Die für mobile Geräte typische digitale Langform nennen Godulla und Wolf (2018, S. 89) „selektive Multimedia-Story". Sie ist, anders als beim Scrollytelling oder einer Webdokumentation, nicht losgelöst vom restlichen journalistischen Angebot, sondern oft in eine App integriert. Smartphones und Tablets sind simpel und intuitiv bedienbar, in der Regel beschränken sie sich auf zwei Handlungen: das Wischen und das Tippen. Außerdem ermöglichen Fingergesten (zum Beispiel das Aufziehen oder Drehen eines Bildes mit zwei Fingern) oder der Lagesensor (der zum Beispiel das Kippen des Smartphones erkennt), Inhalte spielerisch zu erschließen. Diese „*Playfulness*" und die *intuitive Bedienbarkeit* hatte Wolf (2018, S. 168) als Endgerätespezifika gemeint.

> *ÜBUNG: Sehen Sie sich unter projekte.sueddeutsche.de die Story „Im Maschinenraum der SZ" https://www.sueddeutsche.de/projekte/artikel/verlag/wie-der-journalismus-der-sueddeutschen-zeitung-entsteht-e847343/ an – für alle (angehenden) Journalist*innen ein interessantes Thema, denn Sie erfahren, wie eine der größten deutschen Tageszeitungen arbeitet. Schreiben Sie mit Blick auf die von Wolf aufgeführten Spezifika eine Sitekritik und machen Vorschläge, wie die Potenziale noch besser hätten ausgenutzt werden können.*

Die ohnehin schon zahlreichen Optionen werden bei Smartphones und Tablets also nochmal erweitert. Das ist gut und sorgt für kreativen Spielraum, gleichzeitig hat sich noch keine einheitliche Usability etabliert. Sturm (2013, S. 63) schreibt: „Mal sieht eine App aus wie ein Printmagazin, mal ähnelt die Optik eher der einer Website. Mal muss der Nutzer sich durch ein Angebot blättern, mal scrollen. Bei der einen App navigiert er vertikal, bei der anderen horizontal, bei der nächsten geht beides. Hier lassen sich Bilder mit zwei Fingern groß ziehen, dort nur per Druck mit einem Finger auf das Foto, woanders funktioniert es nur durch Berühren eines Icons oder es geht gar nicht."

6.1 Besonderheiten des mobilen Storytellings 67

Abb. 6.3 Screenshot „Die Pendlerrepublik". (Quelle: spiegel.de, zuletzt am 10. Juni 2020.)

Sturm hat deshalb die gängigsten Medien-Apps katalogisiert, betonte aber gleichzeitig, dass dies aufgrund der schnellen Entwicklung nur als eine Momentaufnahme von 2013 zu betrachten ist.

Tablet-Formate nach Sturm (2013, S. 63–73):

Abb. 6.4 Screenshot „Die Pendlerrepublik". (Quelle: spiegel.de, zuletzt am 10. Juni 2020)

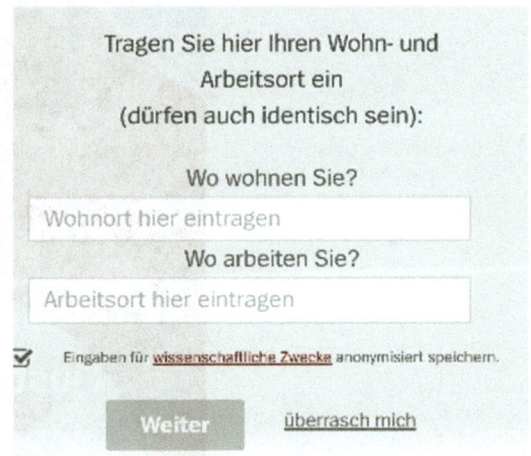

- Formate im Printstil
  - Diese Formate sind nah an der gedruckten Zeitungsausgabe, womöglich sogar einfach nur ein PDF der Seiten. Sturm sagt dazu: „Mit einer Tabletgerechten Nutzerführung und multimedialem Storytelling haben sie nicht viel zu tun."

6.1 Besonderheiten des mobilen Storytellings 69

Abb. 6.5 Screenshot „Die Pendlerrepublik". (Quelle: spiegel.de, zuletzt am 10. Juni 2020)

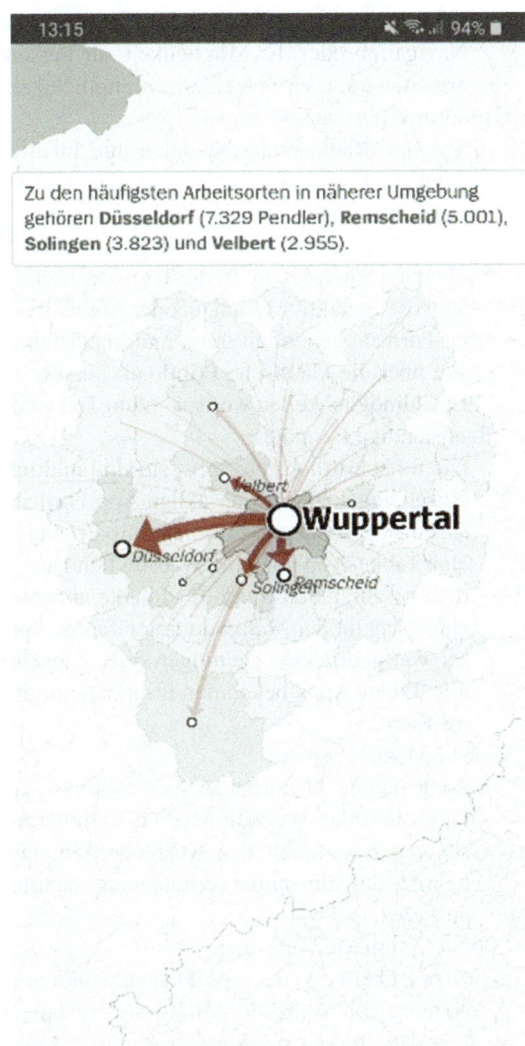

- Webähnliche Formate
  - Hier werden die Texte aus dem Online-Angebot des Mediums bezogen, das Layout ähnelt der Website, wurde aber für die Tablet-Ansicht angepasst. Sturm: „Mehr als bei anderen Formaten stellt sich hier die Frage, worin der wirkliche Mehrwert zum Online-Angebot liegen kann, damit User auch be-

reit sind, dafür zu zahlen. Reicht eine grafische Aufbereitung, eine bessere Navigation oder die Möglichkeit zur Personalisierung da schon aus? Oder erwarten die User von einer kostenpflichtigen App mehr als das?"

- Rundfunk-Formate
  - TV- und Radiosender beziehen ihre Inhalte von den Websites oder Mediatheken, die Rundfunk-Formate stehen im Vordergrund.
- Erweiterte Formate
  - Diese Apps bieten einen gerätespezifischen Mehrwert, ohne eine eigene Publikation darzustellen. In die Texte der Website oder der Printausgabe werden Videos, interaktive Grafiken oder Animationen integriert. Sturm: „Diese Tablet-Formate gehen mit ihren multimedialen Elementen zwar schon in Ansätzen über die klassische Printlogik hinaus, doch viele der tabletspezifischen Erzählmöglichkeiten werden – zum Teil ganz bewusst – noch nicht genutzt."
- Eigenständige Formate
  - Die fortschrittlichsten Apps, sie sind multimedial, interaktiv und gerätespezifisch angelegt. Sturm: „Allen App-Formaten dieses Typs ist gemein, dass sie ein abgeschlossenes Rezeptions-Erlebnis bieten. Denn theoretisch könnte eine Tablet-App wie eine Website hunderte Seiten enthalten. Aber gerade in dem beschränkten Raum für Inhalte und der Reduzierung auf das Wesentliche erscheint der Mehrwert guter Tablet-Apps zu liegen. Ähnlich wie es Leser von gedruckten Zeitungen oder Zeitschriften kennen, haben eigentlich alle Tablet-Apps bekannter Printmarken einen klaren Anfang und ein klares Ende."
- Social-Media-Formate
  - So genannte Nachrichten-Aggregatoren sammeln aus Nachrichtenseiten, Blogs und den sozialen Medien Beiträge und bieten sie kategorisiert oder sogar personalisiert den Nutzenden an. Ein bekanntes Beispiel ist „Flipboard", das die online gefundenen Nachrichten in einem eigenen Design aufbereitet.
- Tablet-optimierte Webseiten
  - Dies ist kein eigenes App-Format, sondern eine für Tablets optimierte Darstellung von Websites. Mittlerweile achten Webdesigner*innen grundsätzlich darauf, dass die Seiten responsiv sind, also auf die Eigenschaften der jeweiligen Endgeräte reagieren und sich anpassen können.

Gadesmann (2017, S. 95) hat sich ebenfalls journalistische Tablet-Angebote angeschaut und dabei festgestellt, dass Verlage „ein neues Verständnis von Qualität" entwickeln müssten. Bei der Aufbereitung für Tablets müssten unterhaltende Aspekte beachtet werden, die dem*der User*in die Story besonders erlebbar machen. Sie nennt als Beispiele 3D-Ansichten, 360-Grad-Videos oder Wisch- und Tippbewegungen für Zusatzinformationen.

Mehrfach mit Preisen ausgezeichnet wurde dieses Beispiel vom Schweizer „Tagesanzeiger", das mit 360°-Videos in einen Gletscher führte.

6.2 Social-Media-Storytelling

Die nach Auflage stärkste deutsche Tageszeitung hat vier Buchstaben, sie selbst schreibt sie am liebsten groß: BILD (IVW 2022). Eins der erfolgreichsten journalistischen Social-Media-Angebote, die es in Deutschland gibt, hat ebenfalls vier Buchstaben, schreibt sich aber am liebsten klein: funk. 2016 startete der öffentlich-rechtliche Rundfunk sein „Content-Netzwerk", das Online-Formate für 14- bis 29-Jährige „auf Drittplattformen wie YouTube, Facebook, Instagram, Snapchat und TikTok sowie auf der eigenen WebApp funk.net" publiziert (funk 2020). Social Media durch Rundfunkgebühren.

Seither gab es Lob, es gab Kritik, in jedem Fall gab es Erfolge: Mittlerweile kennen nach eigener Aussage 82 Prozent der Zielgruppe die Marke „funk" oder eines der 70 Formate (funk 2020), von denen einige mit Journalistenpreisen ausgezeichnet wurden. 2018, also zwei Jahre nach Einführung, erreichten funk-Formate auf YouTube eine Milliarde Views (SWR 2019). 2020 waren es bereits 3,9 Mrd. Views seit Einführung (funk 2020). Das Angebot wird durch den Rundfunkbeitrag finanziert und hat ein entsprechend hohes Budget vorzuweisen, 2022 lag es bei 44,6 Mio. Euro (funk 2022). Angesichts von neun Mrd. Euro, die den öffentlich-rechtlichen Rundfunkanstalten insgesamt zur Verfügung stehen, erscheint dieser Betrag gering. Dennoch ist das „funk"-Budget höher als das der allermeisten Redaktionen in Deutschland – und dort werden die sozialen Medien oft nur nebenbei bespielt.

Social-Media-Journalismus wie „funk" ihn bietet können sich also andere Redaktionen nicht leisten. Trotzdem gibt es Strategien für erfolgreiches Storytelling – und von funk kann sich die Branche viel abschauen. Die wahrscheinlich wichtigste Strategie lautet: sich an den Nutzenden zu orientieren. Die informieren sich immer mehr über die sozialen Medien, wie aus einer repräsentativen Umfrage hervorgeht, die im Digital News Report vom Reuters Institute (Hölig et al. 2022) veröffentlicht wurde. Demnach informieren sich 32 Prozent der Deutschen über die sozialen Medien, nur noch 26 Prozent über Print-Produkte. Insgesamt nutzen 68 Prozent der Deutschen das Internet wöchentlich als Nachrichtenquelle, das Fernsehen 65 Prozent (Hölig et al. 2022, S. 17).

Es lohnt ein allgemeiner Blick auf die Nutzung von sozialen Medien in Deutschland: Am häufigsten wird WhatsApp genutzt (Beisch und Schäfer 2020), täglich nutzen es 68 Prozent der deutschsprachigen Bevölkerung ab 14 Jahren. Je nach Quelle wird auch YouTube als meistgenutztes Medium angegeben (z. B. im Social-Media-Atlas, Faktenkontor 2021a), in der ARD-ZDF-Onlinestudie wird Googles Video-Plattform nicht miteinbezogen. Dort folgt nach WhatsApp auf Platz zwei Instagram, das von 15 Prozent der deutschsprachigen Bevölkerung ab 14 Jahren genutzt wird. Für Facebook reicht es mit 14 Prozent nur für Platz drei, in den Jahren zuvor hatte Facebook stets vor der eigenen Tochter Instagram gelegen (Beisch und Schäfer 2020). Auf Platz vier liegt Snapchat (vier Prozent), gefolgt von Twitter und TikTok (je zwei Prozent) (Abb. 6.6).

Die Gründe für die journalistische Nutzung der sozialen Medien liegen also auf der Hand: Hier können die Redaktionen einfach und zielgruppengerecht viele Nutzende erreichen und ihre Reichweite maximieren. Sie können die Plattformen als Eigenmarketing nutzen und als Publikationsforum, in dem Journalist*innen mit ihren Nutzenden unmittelbar in Kontakt treten können (Haarkötter 2019, S. 240–241). Aber: Anders als beim Klick auf die Website generiert ein Aufruf eines YouTube-Videos oder ein Like auf Instagram weniger oder gar kein Geld, Werbeeinnahmen müssen mit den Plattformen geteilt werden. Medien versuchen deshalb, durch Verlinkungen zur eigenen Website über die sozialen Medien Klicks zu generieren. Strategien dafür gibt es einige, dafür ist an dieser Stelle aber kein Platz. Zumeist machen Website-Zugriffe über die sozialen Medien aber einen geringeren

	Gesamt	Weiblich	Männlich
WhatsApp	68	73	63
Instagram	15	16	14
Facebook	14	15	13
Snapchat	6	5	7
Twitter	2	1	4
TikTok	2	2	1
Linkedin	1	0	2
Twitch	1	0	2
Xing	1	1	1

Abb. 6.6 Tägliche Nutzung von sozialen Netzwerken, Anteil an der deutschsprachigen Bevölkerung ab 14 Jahren, in Prozent. (Quelle: ARD-ZDF-Onlinestudie 2020, zit. nach Beisch und Schäfer 2020)

6.2 Social-Media-Storytelling

Anteil des gesamten Traffics aus, Direktzugriffe auf die Seite und Klicks über Suchmaschinen sind weitaus wichtiger (zur Suchmaschinenoptimierung siehe auch Abschn. 16.3.3: Suchmaschinenoptimierung).

Das hier thematisierte Social-Media-Storytelling beschäftigt sich mit den Geschichten, die ausschließlich oder zur Erstveröffentlichung für die sozialen Medien aufbereitet werden. Wie bei jedem Storytelling stellt sich wieder die Frage, welche Zielgruppe erreicht werden soll. Nur, weil viele Netzwerke mehrere Millionen Nutzende haben, muss nicht jeder Kanal bespielt werden (Kleine Wieskamp 2016, S. 204, 219). Junge Menschen sind vor allem auf Instagram aktiv, 53 Prozent der 14- bis 29-Jährigen nutzen das Netzwerk täglich (Beisch und Schäfer 2020). Snapchat wird von 27 Prozent der Nutzenden dieser Altersgruppe täglich genutzt, Facebook von 24 Prozent, TikTok von sieben Prozent, Twitch von drei Prozent. Die Nutzenden von Snapchat und TikTok sind quasi ausschließlich in dieser Altersgruppe zu finden. Besonders TikTok wird von Teenagern gern genutzt. Die Studie des Social-Media-Atlas 2021 sah bei diesem Netzwerk die größten Zuwächse und glaubt sogar, dass das Wachstumspotenzial von Instagram in der jungen Zielgruppe langsam erschöpft sein könnte, da bei den Teenagern erstmals Rückgänge bei den Marktanteilen zu erkennen waren (Faktenkontor 2021b).

Aus dem Digital News Report 2020 ging zudem hervor, dass sich während der Coronavirus-Pandemie 38 Prozent der Nutzenden zwischen 18 und 24 Jahren in den letzten sieben Tagen vor der Umfrage über Instagram über das Virus informiert hatten – über alle Altersgruppen hatten dies nur zehn Prozent der Deutschen angegeben (Hölig und Hasebrink 2020, S. 73). Von den 30- bis 49-Jährigen nutzen 19 Prozent täglich Facebook, nur 13 Prozent dieser Altersgruppe besucht täglich Instagram. Auch die Generation Ü50 ist noch am ehesten über Facebook erreichbar (Abb. 6.7).

Große Marken sind auf allen Kanälen vertreten, aber mit unterschiedlichem Erfolg. Die „Tagesschau" verzeichnete im Juni 2022 knapp zwei Millionen Follower*innen auf Facebook, aber knapp vier Millionen Follower*innen auf Instagram. „Focus Online" dagegen zählte zum selben Zeitpunkt etwas unter einer Million Facebook-Follower*innen, aber nicht einmal 150.000 Follower*innen auf Instagram. Über jeden Kanal erreichen die Medien zudem verschiedene Zielgruppen. Laut Patrick Weinhold, Head of Social Media der Tagesschau, bilden auf Facebook die 25- bis 34-Jährigen die größte Gruppe unter den Tagesschau-Follower*innen, bei Instagram sind es die 18- bis 24-Jährigen, bei TikTok die 13- bis 17-Jährigen (zit. nach Steger 2021).

Die Tagesschau ist seit November 2019 auf TikTok aktiv, was angesichts der intransparenten Datenschutzregeln und Zensurpraktiken des chinesischen Kon-

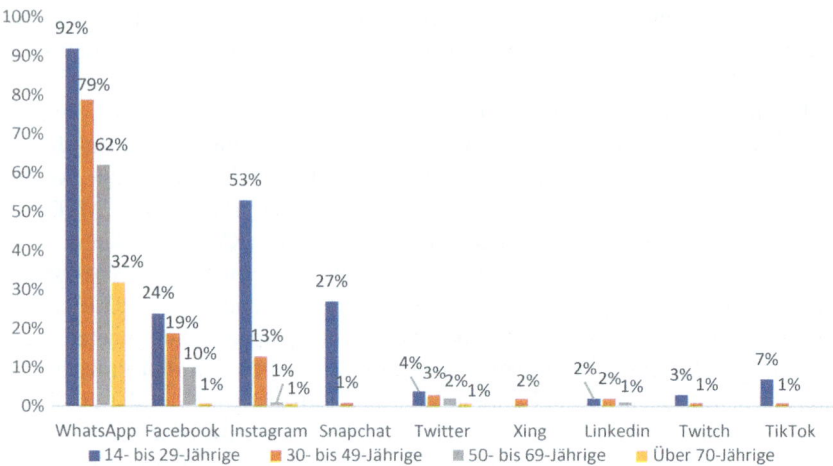

Abb. 6.7 Tägliche Nutzung von sozialen Netzwerken nach Altersgruppen. (Quelle: ARD-ZDF-Onlinestudie 2020, zit. nach Beisch und Schäfer 2020)

zerns für viel Kritik gesorgt hat. Zudem sei die Plattform eher für lustige Musikvideos und Quatsch-Inhalte geeignet, aber nicht für seriösen Journalismus (z. B. Freitag 2019). Die Redaktion hielt dagegen, dass dort eben junge Nutzende erreicht werden können – und erhielt auf ihrem Kanal in den ersten sieben Monaten über zehn Millionen Likes. Mit ernsten Inhalten; ein Erklärvideo zum Coronavirus wurde über 3,5 Mio. mal aufgerufen (Tiktok-Kanal @tagesschau, Stand: Juni 2020). Antje Kießler, eine der Moderatorinnen, sagt zum Engagement der Tagesschau auf TikTok: „Wir wollen auch in den nächsten Jahrzehnten als Marke dieselbe Rolle spielen, wie wir sie in den letzten Jahrzehnten gespielt haben und das geht eben nicht, wenn wir uns nur aufs Lineare konzentrieren" (Kubeth 2020, S. 44).

Der Aufbau eines Beitrags, der bei TikTok maximal sechzig Sekunden lang sein darf, ist bei der Tagesschau oft grundsätzlich gleich: Eine Moderatorin oder ein Moderator erklärt ein Thema, im Hintergrund laufen dazugehörige Videos oder Grafiken, Texteinblendungen liefern die entscheidenden Stichworte. Die Moderatorin oder der Moderator wurde dafür vor einem Greenscreen gefilmt, das Video passend im Hochformat produziert und geschnitten, anschließend hochgeladen. Ein anderes Prinzip als etwa in einer Snapchat- oder Instagram-„Story", die aus mehreren kurzen (maximal 15 sekündigen) Videos oder Fotos zusammengesetzt werden.

Die Moderatorin oder der Moderator steht im Fokus – das ist eines der zentralen Erfolgsrezepte in den sozialen Medien: Bekommen die Nutzenden eine Person zu sehen, die die Geschichte erzählt, nehmen die Nutzenden die Story als besonders authentisch wahr (Oswald 2019, S. 152). Diese Erfahrung hat auch Eva Schulz gemacht, eines der bekanntesten Gesichter von „funk" und Unterhaltungsjournalistin des Jahres 2017. Sie führt durch das Videoformat und den Podcast von „Deutschland3000", einem Politik- und Gesellschaftsformat mit Blick aufs aktuelle Tagesgeschehen (funk 2020, siehe Abb. 6.8). Schulz zeigt bei ihren Geschichten ebenfalls meist ihr eigenes Gesicht, vor allem auf Instagram. „Ich habe gemerkt, dass es mich selbst als Zuschauerin mehr fesselt, wenn ein Journalist seine persönlichen Erfahrungen teilt", auch wenn sie sich dabei nicht wohl gefühlt habe, da man als Journalist*in selten derart im Fokus stehe (Werschkull 2020).

„Learning by doing", so erwerben übrigens die meisten Journalist*innen ihre Kompetenzen für die Arbeit in den sozialen Medien (Neuberger et al. 2014, S. 78). Schulz hat einen eigenen „Instagram-Hack" gelernt, wie sie selbst sagt. Posts mit mehreren Absätzen Text sorgen demnach für mehr Interaktionen der Nutzenden, wenn sie ein Selfie von sich dazu hochlädt (Milz 2019).

Wie wichtig es ist, Gesicht zu zeigen, erlebte ich selbst 2016, als mein Team der Axel Springer Akademie das Projekt „sachor jetzt!" entwickelte, das 2017 mit dem Nannenpreis für das beste Web-Projekt ausgezeichnet wurde. Dafür trafen wir Holocaust-Überlebende und erzählten ihre Geschichten – auf Snapchat, um ein junges Publikum zu erreichen. Die Reporter*innen nahmen die Nutzenden dafür mit an Orte des Schreckens, zu einem ehemaligen Ghetto oder ins Konzentrations-

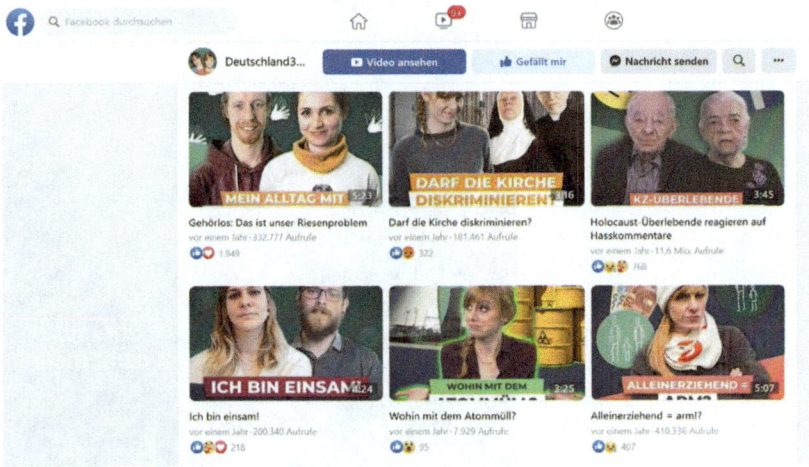

Abb. 6.8 Videos von „Deutschland3000" auf Facebook, Screenshot erstellt am 28. März 2022. Die Videos wurden zum Teil mehr als 10 Mio. mal aufgerufen

lager Auschwitz. Sie führten durch das Lager und gaben immer wieder ihre persönlichen Eindrücke wieder, was für eine hohe Authentizität sorgte. Ein weiterer wichtiger Aspekt: Reporter*innen und Überlebende sprachen direkt in die Kamera, durch das hochkantige Vollformat der Storys entstand für den Zuschauenden eine große Nähe zur*zum jeweiligen Protagonist*in (siehe Abb. 6.9 und 6.10).

Die Geschichten bestanden aus mehreren Einzelteilen, die vorher in einem Storyboard geplant und wie ein Drehbuch konzipiert wurden. Fotos, Videos und Texttafeln wechselten sich ab, die Nutzenden können durch das Tippen auf den Bildschirm in der Geschichte vor- oder zurückspringen. Instagram Storys verfolgt

Abb. 6.9 Story-Screenshot von „sachor jetzt!" mit der Holocaust-Überlebenden Margot Friedländer, zuletzt am 10. Juni 2020 via https://sachor.jetzt, Urheber: freetech.academy

Abb. 6.10 Story-Screenshot von „sachor jetzt!" mit Reporter Henry Donovan, zuletzt am 10. Juni 2020 via https://sachor.jetzt/, Urheber: freetech.academy

dasselbe Prinzip, ein Einzelteil kann dabei nie länger sein als 15 Sekunden. Diese Storys sind 24 Stunden online und werden anschließend automatisch gelöscht, können bei Instagram aber als „Highlight-Story" auf der Seite verbleiben.

Durch zahlreiche Optionen kann in den sozialen Netzwerken, speziell bei den Story-Funktionen, Interaktion mit den Nutzern entstehen. Produzent*innen können die Nutzenden die Storys kommentieren und teilen lassen, Umfragen oder Quizfragen stellen oder externe Links einbetten, die zum Beispiel durch das Wischen nach oben aufgerufen werden. So werden die Nutzenden auf die Website gelenkt. Je mehr

Interaktion, desto besser, denn dann werden die Beiträge mehr Nutzenden der Plattform gezeigt, selbst wenn sie der eigentlichen Seite nicht folgen. Deshalb lohnt es sich auch, die Beiträge und Storys mit Ortsmarkierungen und Hashtags zu versehen, unter denen alle Beiträge desselben Stichwortes gesammelt werden.

Mit solchen Hashtags, die mit dem #-Symbol gebildet werden, können auch ganze Aktionen initiiert werden, an der sich Nutzende beteiligen können. Beispielhaft genannt seien hier die Hashtags #BlackLivesMatter mit Posts gegen Rassismus, der auf Twitter beliebte Hashtag #Tatort mit einer Diskussion zum Krimi oder der „Hashtag der Woche" des ZDF Magazin Royale, der Late-Night-Sendung von Jan Böhmermann. Ähnlich wie bei einem Web-Dossier werden zahlreiche Beiträge unter einem Stichwort gesammelt.

Viele Interaktionen sorgen für viele Klicks, für ein Video in der Social-Media-Plattform oder bestenfalls für die eigene Website. Um dies zu erreichen, ist wieder die Orientierung an den Nutzenden gefragt: Was haben sie für Erwartungen und Wünsche, worauf sprechen sie an und worauf nicht? Natürlich lohnt es sich, auf den Plattformen zu Diskussionen anzuregen und Kommentare zu lesen.

Sophie Burkhardt, stellvertretende Geschäftsführerin von funk, warnt aber davor, sich auf die „lauten" Mitglieder der Community zu verlassen (Burkhardt 2020). Denn die Mehrheit der Nutzenden von sozialen Netzwerken bleibt leise. Noch immer wird gerne die von Jakob Nielsen etablierte „90-9-1-Regel" zitiert (z. B. Haarkötter 2019, S. 243), die besagt, dass 90 Prozent der Nutzenden von Online-Communitys nur still mitliest, neun Prozent wenigstens liken und gelegentlich kommentieren und nur ein Prozent eigene Inhalte ins Netz stellt. Diese Regel gilt aber einigen als überholt. Eine britische Studie von 2012 geht davon aus, dass sich 17 Prozent der Nutzenden des Social Web intensiv beteiligen, 60 Prozent nutzen einfache Dinge wie das Hochladen eines Fotos oder das Gründen einer Gruppe. 23 Prozent bewegen sich vollständig passiv (Kleine Wieskamp 2016, S. 217). Je nach Forschungsdesign können die Zahlen aber abweichen, zum Beispiel ist es Definitionsfrage, ob ein Like schon als aktive Beteiligung durchgeht oder noch nicht. Nachrichtenbeiträge werden laut Digital News Report nur von zwölf Prozent der erwachsenen Internetnutzenden „geliked", neun Prozent teilen und sieben Prozent kommentieren sie dort (Hölig et al. 2022, S. 7).

In der Analyse des Nutzungsverhaltens kommt es also auf tiefer gehende Daten an: Wie lange wird ein YouTube-Video angesehen, wann schalten die Nutzenden ab? Welche Themen sind bei wem erfolgreich? Wie alt ist das Publikum bei welchem Beitrag? funk hat, um sein Publikum besser kennenzulernen, nach eigener Aussage Studien durchgeführt, Formate vor Testgruppen präsentiert oder Schulklassen besucht, um über die Interessen der jungen Menschen zu sprechen (Burkhardt

2020). Auch für „sachor jetzt!" luden wir eine Schulklasse ein und testeten erste Storys. Dabei und durch die ersten Rückmeldungen zu publizierten Storys konnte zum Beispiel festgestellt werden, wie wenig Basisinfos die Zuschauenden über den Holocaust hatten. Dinge, die Akademiker*innen Mitte 20 als Allgemeinbildung vorausgesetzt hätten, mussten für unter-20-Jährige verständlich erklärt werden.

funk-Geschäftsführerin Burkhardt glaubt, dass ein Social-Media-Format ein genaues Bild von seinem Publikum haben und ihm vertrauen sollte, es ernstnehmen sollte. So habe sich bei funk durch Anerkennung der Nutzenden, konstruktive Kritik und interessierte Nachfragen eine „richtige Beziehung" zur Community aufbauen lassen, die eigenen Insider-Humor oder Running Gags beinhalte (Burkhardt 2020).

Ein letzter, wichtiger Vorteil von Social Media: die einfache technische Umsetzbarkeit. Staschen (2017, S. 211) meint vor allem die sozialen Medien, wenn er schreibt: „Smartphones sind Kraftzentren des digitalen Geschichtenerzählens. Eine große Zahl verschiedener Apps erlaubt es, Medieninhalte zu bearbeiten, sie miteinander zu kombinieren und zu neuen Sinneinheiten zusammenzufügen. Hier leistet das Smartphone deutlich mehr als TV-Kamera, Hörfunk-Rekorder oder Fotoapparat." Facebook, Instagram oder Snapchat ermöglichen es, Fotos oder Videos auf unkomplizierte Weise zu schneiden, Filter oder Text hinzuzufügen, für die es sonst teure und spezielle Programme gebraucht hätte. Gleichzeitig ist den Nutzenden nicht wichtig, ob ein Video perfekt inszeniert ist, Authentizität ist ihnen wichtiger (Oswald 2019, S. 150). Auch Live-Berichterstattung ist dank Apps wie Periscope, das in Twitter integriert werden kann, Facebook-Live oder Instagram-Live problemlos möglich. Die Vorteile: Schnelligkeit, Authentizität und Nähe zum Geschehen (Kleine Wieskamp 2016, S. 232). Medien wie BILD, aber auch die Tagesschau nutzen oft einfache Smartphone-Apps zur Berichterstattung von Korrespondenten.

> **Tipps**
> für das Social-Media-Storytelling (vgl. auch Oswald 2019, S. 152–155):
>
> - Gesicht zeigen! Persönlichkeiten zeigen und etablieren
> - Follower*innen kennen! Vertrauen aufbauen und mit der Zielgruppe reden
> - Gestaltungselemente mixen (Fotos, Videos und Grafiken kombinieren)
> - Drehbuch schreiben
> - An den Ort des Geschehens gehen, auch live berichten

- Follower*innen einbinden
- Storys mit Untertiteln beschriften, viele Nutzende verfolgen die sozialen Medien ohne Ton
- Neue Features ausprobieren, diese werden von den jeweiligen Netzwerken besonders gepusht und sorgen für mehr Reichweite
- Inhaltlich:
- Hintergrund liefern
- Über aktuelle Ereignisse berichten
- Sachverhalte grundlegend erklären
- Kurze Geschichten (TikTok- oder Instagram-Beiträge können maximal eine Minute lang sein, Storys sollten nicht aus mehr als zehn Slides bestehen und nicht länger als drei Minuten dauern)
- Spannende Einstiege finden (erste Slides einer Story oder erste 15 Sekunden eines IGTV sind entscheidend, ob Zuschauende dran bleiben)
- Beliebt: Blick hinter die Kulissen
- Trends erkennen und mitgehen (z. B. angesagte Hashtags und Memes)

ÜBUNG: Fahren Sie zu einer Schule Ihres Wohnortes und drehen eine Beispiel-Story auf Instagram – natürlich ohne Unbeteiligte ungefragt zu filmen! Erzählen Sie in Ihrer Story kurz die Geschichte der Schule und ihre Bedeutung für den Ort.

Quellen

Beisch, N. & Schäfer, C. (2020, 1. November). Ergebnisse der ARD/ZDF-Onlinestudie 2020. Internetnutzung mit großer Dynamik: Medien, Kommunikation, Social Media. Online: https://www.ard-zdf-onlinestudie.de/files/2020/0920_Beisch_Schaefer.pdf, zuletzt am 1. Mai 2022.

Burkhardt, S. (2020). Vertraut eurem Publikum. Journalist, Jahrgang 70 (Nr. 6), 60–64.

Deloitte (2020). Smartphone-Konsum am Limit? Online: https://www2.deloitte.com/de/de/pages/technology-media-and-telecommunications/articles/smartphone-nutzung-2020.html, zuletzt am 17. Juni 2020.

Erdmann, E.; Loos, A.; Stahnke, J. & Faigle, P. (2018, 26. März). 15 Dinge, die wir über Sie gelernt haben. Online: https://www.zeit.de/gesellschaft/2018-03/leserinnen-leser-wie-geht-es-ihnen-jahr-rueckblick-erfahrungen/komplettansicht, zuletzt am 1. Mai 2022.

Faktenkontor (2021a, 21. April). Verlorene Jugend: Nach Facebook meiden Teenies jetzt auch Instagram. Online: https://www.presseportal.de/pm/52884/4894758, zuletzt am 1. Mai 2020.

Faktenkontor (2021b, 4. Mai) Social Media: YouTube erobert die Spitze zurück, TikTok wächst am stärksten. Online: https://www.presseportal.de/pm/52884/4906016, zuletzt am 1. Mai 2022.

Freitag, J. (2019, 21. November). An allen Fronten: Warum die „Tagesschau" jetzt auch bei TikTok mitmischt. Online: https://www.rnd.de/medien/an-allen-fronten-warum-die-tagesschau-jetzt-auch-bei-tiktok-mitmischt-NARDTYLLKNE3PALGZY7D2CIY7Y.html, zuletzt am 17. Juni 2020.

Funk (2020). Hey, wir sind funk. Online: https://www.funk.net/funk, zuletzt am 17. Juni 2020.

Funk (2022). Transparenz. Wie bezahlt funk seinen Content? Online: https://www.funk.net/transparenz, zuletzt am 1. November 2022.

Gadesmann, M. (2017). Qualität journalistischer Tablet-Angebote. In Godulla, A. & Wolf, C. (Hg.). Technische Innovationen – Medieninnovationen? Herausforderungen für Kommunikatoren, Konzepte und Nutzerforschung (76–96). Wiesbaden: Springer VS.

Giersberg, F. (2019). Mediennutzung in Deutschland 2018. Online: https://www.vau.net/system/files/documents/vaunet_mediennutzung-2018-publikation.pdf, zuletzt am 17. Juni 2020.

Godulla, A. & Wolf, C. (2018). Digitales Storytelling. Nutzererwartungen, Usability, Produktionsbedingungen und Präsentation. In Nuernbergk & Neuberger (Hg.). Journalismus im Internet (81–100). Wiesbaden: Springer VS.

Haarkötter, H. (2019). Journalismus.Online. Das Handbuch zum Online-Journalismus. Köln: Herbert von Halem Verlag.

Herbst, D. & Musiolik, T. (2016). Digital Storytelling. Spannende Geschichten für interne Kommunikation, Werbung und PR. Konstanz und München: UVK.

Hölig, S; Behre, J & Schulz, W. (2022). Reuters Institute Digital News Report 2022 – Ergebnisse für Deutschland. Hamburg: Verlag Hans-Bredow-Institut, Juni 2022 (Arbeitspapiere des Hans-Bredow-Instituts | Projektergebnisse Nr. 63).

Hölig, S. & Hasebrink, U. (2020). Reuters Institute Digital News Report 2020 – Ergebnisse für Deutschland. Unter Mitarbeit von Julia Behre. Hamburg: Verlag Hans-Bredow-Institut, Juni 2020 (Arbeitspapier des HBI Nr. 50).

Hölig, S.; Hasebrink, U. & Behre, J. (2021). Reuters Institute Digital News Report 2021 – Ergebnisse für Deutschland. Hamburg: Verlag Hans-Bredow-Institut, Juni 2021 (Arbeitspapiere des Hans-Bredow-Instituts | Projektergebnisse Nr. 58).

IVW (2022) (Hg.). Ausweisung der monatlichen Nutzungsdaten. Online: http://ausweisung.ivw-online.de/index.php?i=10&mz_szm=202204, zuletzt am 17. Mai 2022

Kleine Wieskamp, P. (2016) (Hg.). Storytelling. Digital – multimedial – social. Formen und Praxis für PR, Marketing, TV, Game und Social Media. München: Hanser.

Kubeth, Levin (2020). Jedem Anfang… Meedia, 2020 (Nr. 23), 40–45.

Milz, A. (2019). Evas Stunde. Journalistin (Nr. 5), 4–9

Neuberger, C.; Langenohl, S. & Nuernbergk, C. (2014). Social Media und Journalismus. LfM-Dokumentation, Band 50.

Oswald, B. (2019). Digitaler Journalismus. Ein Handbuch für Recherche, Produktion und Vermarktung. Zürich: Midas.

Staschen, B. (2017). Mobiler Journalismus. Wiesbaden: Springer VS.

Steger, C. (2021, 6. April). Die Tagesschau auf TikTok: Patrick Weinhold gibt Einblick in die Social Media Aktivitäten der Nachrichtensendung. Online: https://think11.de/die-tagesschau-auf-tiktok/, zuletzt am 1. Juni 2022.

Sturm, S. (2013). Digitales Storytelling. Eine Einführung in neue Formen des Qualitätsjournalismus. Wiesbaden: Springer VS.

SWR (2019, 13. September). Drei Jahre funk: Drei Viertel der Zielgruppe kennt das Content-Netzwerk von ARD und ZDF. Online: https://www.swr.de/unternehmen/kommunikation/pressemeldungen/funk-drei-jahre-funk-100.html, zuletzt am 17. Juni 2020.

Werschkull, S. (2020, 29. Januar). Eva Schulz im Interview. Online: https://www.borkenerzeitung.de/lokales/borken/Eva-Schulz-im-Interview-262380.html, zuletzt am 17. Juni 2020.

Wolf, C. (2018). Mobiler Journalismus. In Nuernbergk, C. & Neuberger, C. (Hg.). Journalismus im Internet. Profession – Partizipation – Technisierung (161–183). Wiesbaden: Springer VS.

Nutzung und Wirkung von digitalem Storytelling 7

> **Zusammenfassung**
>
> Ausführlich erzählte Geschichten stehen in keinem Widerspruch zum aktuellen Nachrichtengeschehen, sondern ergänzen dieses und können für eine höhere Glaubwürdigkeit sorgen, Fake News bekämpfen. Geschichten nach journalistischen Qualitätsmerkmalen werden von Nutzenden intuitiv besser bewertet, ihnen ist zudem die Selektivität wichtig, also die einzelnen Medienarten auswählen oder auch ablehnen zu können. An vorderster Stelle steht online jedoch immer, dass die Seite rasch lädt und funktioniert.
>
> **Schlüsselwörter**
>
> Nutzungsverhalten · Qualitätskriterien · Zahlungsbereitschaft · Lerneffekte · Fake News

Um das digitale Storytelling zu perfektionieren, muss es sich an den Nutzenden orientieren. Die meist aufwendig produzierte Geschichte soll schließlich gelesen werden. Dafür muss die Zielgruppe nicht nur inhaltlich und thematisch angesprochen, sondern auch hinsichtlich ihres medialen Nutzungsverhaltens analysiert werden, um ihr entgegenzukommen (Eick 2014, S. 223). Dies ist durch die Analyse der Klickzahlen und die Möglichkeit für direktes Feedback zwar grundsätzlich leichter als beim Verkauf einer gedruckten Zeitung. Doch auch online ist das Publikum eine Mischung aus Stammgäst*innen und Gelegenheitsbesucher*innen, die über eine Google-Suche oder die sozialen Medien auf der Website gelandet sind (Oswald 2019, S. 157).

© Der/die Autor(en), exklusiv lizenziert an Springer Fachmedien
Wiesbaden GmbH, ein Teil von Springer Nature 2022
T. Osing, *Digitaler Journalismus in der Praxis*,
https://doi.org/10.1007/978-3-658-39105-8_7

Zwei wichtige Erkenntnisse: Mobile Geräte haben sich bei der Nutzung von Hintergrundinformationen längst etabliert (Godulla und Wolf 2017, S. 141–142), außerdem steht das Storytelling nicht in Konkurrenz zu aktuellen Nachrichten. Eine gelungene Story aus Nutzendensicht, das fanden Godulla und Wolf (2017, S. 235) in ihrer Studie heraus, ist „gut durchdacht, einfach bedienbar, transparent in Zeitaufwand und Navigation, verblüffend im Medieneinsatz und den durch ihn transportierten Aussagen." Medienarten sollen kombiniert werden, jedoch immer sinnvoll und nicht einfach nur, um möglichst große Multimedialität herzustellen. Außerdem ist den Nutzenden das Qualitätskriterium der Interaktivität nicht sonderlich wichtig, vielen Proband*innen der Studie von Godulla und Wolf (2017, S. 196) war nicht einmal aufgefallen, dass die Storys per Link oder in den sozialen Medien geteilt werden können. Stattdessen hoben sie die Selektivität als wichtig hervor, also die Auswahl einzelner Medien zur Erfassung der Story. Das Publikum war zudem an experimentellen Formen der journalistischen Vermittlung interessiert (Godulla und Wolf, 2017, S. 73).

Radü (2019) erforschte in einer Studie mit Studierenden der Universität Eichstätt, wie sehr die Qualitätsmerkmale für digitalen Journalismus (siehe Abschn. 4.2: Qualitätsmerkmale) das Nutzungsverhalten der Rezipient*innen beeinflussen. Er stellte fest, dass nach journalistischen Qualitätsmerkmalen „gute" Storys auch besser bei den Nutzenden ankamen. Gleichzeitig schlug er vor, andere Qualitätsdimensionen zu definieren: Immersivität[1], Visualität, Rhythmus des Erzählens, die Medien-Übergänge (oder Transitivität) und die Selektivität, die hier so gemeint ist, dass eine einzelne Medienart innerhalb der Story auch für sich stehen können sollte (Radü 2019, S. 248).

Ein weiterer Punkt aus Radüs Studie ist ernüchternd: Nur etwa ein Drittel der Proband*innen wäre bereit gewesen, für die digitalen Geschichten Geld zu bezahlen, selbst bei den qualitativ hochwertigen Storys war die Bereitschaft gering. Wäre diese Quote repräsentativ und nicht nur auf die Studie zu beziehen, wäre dies sogar ein guter Wert. Nur 14 Prozent der deutschen Erwachsenen, die das Internet nutzen, geben 2022 Geld für Nachrichtenangebote online aus, immerhin war die Tendenz steigend (Hölig et al. 2022, S. 56). Weitere elf Prozent derjenigen, die noch kein Geld für Online-Nachrichten ausgeben, können sich dies vorstellen. Am größten ist die zukünftige Zahlungsbereitschaft noch unter den 25- bis 34-Jährigen (25 Prozent).

---

[1] Damit ist gemeint, wie sehr eine Geschichte die Nutzenden ins Geschehen eintauchen lässt, wie „immersiv" sie ist. Videospiele sind meist besonders immersiv, auch Virtual Reality lässt Nutzende stark in Storys eintauchen.

Zum Schluss: Wie wirken Geschichten? Storys ermöglichen einen nachhaltigen Lerneffekt und rufen Emotionen hervor (Kleine Wieskamp 2016, S. 27). Verschiedene Studien haben ergeben, dass Fernsehzuschauende von narrativ gestalteten Beiträgen anschließend mehr Details verstanden haben und erinnern können als von berichtend-nachrichtlichen Beiträgen (Pavitsich und Pfeiffer 2019, S. 109; Köpke 2017, S. 198). Storytelling kann zudem Inhalte glaubwürdiger wirken lassen und Andersdenkende besser erreichen (Ettl-Huber 2019, S. 1). Deshalb wird es häufig als Argument im Kampf gegen „Fake News" verwendet (Preger 2019, S. 273).

Quellen

Eick, D. (2014). Digitales Erzählen. Die Dramaturgie der Neuen Medien. Konstanz und München: UVK.

Ettl-Huber, S. (2019). Glaubwürdigkeit von Storytelling. In Ettl-Huber (Hg.). Storytelling im Journalismus, Organisations- und Marketingkommunikation (1–18). Wiesbaden: Springer VS.

Godulla, A. & Wolf, C. (2017). Digitale Langformen im Journalismus und Corporate Publishing. Scrollytelling – Webdokumentationen – Multimediastorys. Wiesbaden: Springer VS.

Hölig, S; Behre, J & Schulz, W. (2022). Reuters Institute Digital News Report 2022 – Ergebnisse für Deutschland. Hamburg: Verlag Hans-Bredow-Institut, Juni 2022 (Arbeitspapiere des Hans-Bredow-Instituts | Projektergebnisse Nr. 63).

Kleine Wieskamp, P. (2016) (Hg.). Storytelling. Digital – multimedial – social. Formen und Praxis für PR, Marketing, TV, Game und Social Media. München: Hanser.

Köpke, W. (2017). Narrativer Fernsehjournalismus: rezeptions- und kommunikatorbezogene Begründung einer journalistischen Neuorientierung. In Schach, A. (Hg.). Storytelling. Geschichten in Text, Bild und Film (193–203). Wiesbaden: Springer Gabler.

Oswald, B. (2019). Digitaler Journalismus. Ein Handbuch für Recherche, Produktion und Vermarktung. Zürich: Midas.

Pavitsich, M. & Pfeiffer, C. (2019). Storytelling im Journalismus. Die Wirkung von narrativem Journalismus auf das Publikum von politischen TV-Nachrichten. In Ettl-Huber, S. (Hg.). Storytelling in Journalismus, Organisations- und Marketingkommunikation (99–112). Wiesbaden: Springer VS.

Preger, S. (2019). Geschichten erzählen. Storytelling für Radio und Podcast. Wiesbaden: Springer VS.

Radü, J. (2019). New Digital Storytelling. Anspruch, Nutzung und Qualität von Multimedia-Geschichten. Baden-Baden: Nomos.

Teil II
Datenjournalismus

Einleitung 8

Es gibt Menschen, die Angst haben vor Daten. Computer? Zahlen? Mathematik? Da kommen einigen Journalist*innen schlechte Erfahrungen der Schulzeit in den Kopf. Datenjournalismus weckt oft falsche Assoziationen, dabei begegnet er uns jeden Tag und erleichtert den Alltag. Zum Beispiel im Wetterbericht. Dort werden Daten gesammelt und ausgewertet, eingeordnet und anschaulich aufbereitet. Am Ende steht eine Prognose, eine Hochrechnung.

Ja, Datenjournalist*innen arbeiten mit Zahlen und Statistiken – aber nicht nur. Sie versuchen, abstrakte Gegebenheiten messbar zu machen, verständlich und für jedermann greifbar (Lorenz 2012). Die Bahn kommt immer zu spät? Die Mietpreise steigen ins Unbezahlbare? Der FC Bayern dominiert die Bundesliga? Gefühlte Wahrheiten werden bestätigt oder widerlegt, eine These wird geprüft oder durch die Aufbereitung der Daten überhaupt erst gebildet.

Tatsächlich unterscheidet sich die Arbeit von Datenjournalist*innen kaum von der von den Kolleg*innen. Sie recherchieren, bewerten ihre Quellen, prüfen die Aussagen und bereiten die Rechercheergebnisse auf. Der wesentliche Unterschied: Ihre Quellen sind Daten. Sie befragen sie wie einen Zeugen, prüfen widersprüchliche Aussagen oder schätzen ihren Wahrheitsgehalt ein.

Das Besondere am Datenjournalismus ist, dass das journalistische Gespür für eine Geschichte und die Fähigkeit, Storys anschaulich zu erzählen, mit der Fülle an digitalen Informationen kombiniert wird (vgl. Bradshaw 2012). Bradshaw (2018, S. 254) hat die Arbeitsweisen im Datenjournalismus auf fünf Cs konzentriert: Compile, Clean, Context, Combine & Communicate. Daten werden also zusammengestellt, gesäubert, in den Kontext eingeordnet, kombiniert und kommuniziert. „Communicate" lässt sich aufteilen, schließlich kann die Kommunikation auf vielen Wegen erfolgen. Bradshaw (2018, S. 254) fasst unter „Communicate"

© Der/die Autor(en), exklusiv lizenziert an Springer Fachmedien Wiesbaden GmbH, ein Teil von Springer Nature 2022
T. Osing, *Digitaler Journalismus in der Praxis*,
https://doi.org/10.1007/978-3-658-39105-8_8

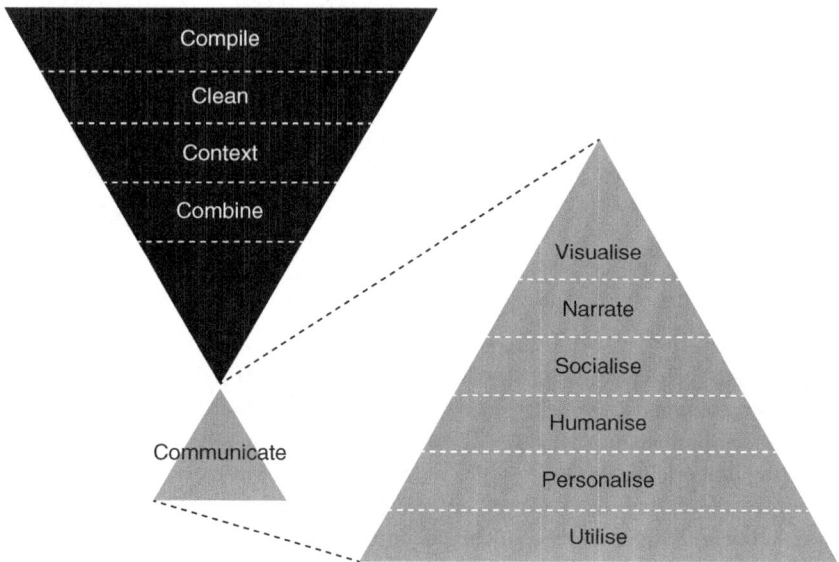

Abb. 8.1 „The inverted pyramid of data journalism". (Quelle: Paul Bradshaw 2018, S. 254)

„Visualise", „Narrate", „Socialise", „Humanise", „Personalise" und „Utilise". Dabei wird also schon angedeutet, dass die Nutzenden bei der Aufbereitung des Datenjournalismus mit einbezogen werden sollten, die Datengeschichten sind oft interaktiv und individuell erlebbar (Matzat 2018, S. 9–10) (Abb. 8.1).

Die Arbeitsweisen von Datenjournalist*innen zu kennen ist umso wichtiger, da es in der digitalisierten Welt immer mehr Daten gibt (Kaysel-Bril et al. 2012). Ein Beispiel: Das Ministerium für Staatssicherheit der DDR, besser bekannt als Stasi, hatte in den knapp 40 Jahren seines Bestehens 48000 Aktenschränke mit Informationen über seine Bürger*innen gesammelt. Die National Security Agency (NSA) der USA, das brachte Edward Snowden 2013 ans Licht, besaß fünf Zettabyte an Informationen. Das sind fünf Milliarden Megabyte. Zum Vergleich: Das PDF dieses Buches ist etwa 20 Megabyte groß. Die deutsche Datenjournalismus-Agentur „Open Data City" hat die Stasi und die NSA miteinander in Relation gesetzt. Die Aktenschränke der Stasi hätten auf 0,019 km² gepasst, das ist etwas größer als der Pariser Platz vor dem Brandenburger Tor. Hätte man 2013 (heute sind es noch viel mehr) die Daten der NSA ausgedruckt, wären 42 Billionen Aktenschränke zu verstauen gewesen – dazu hätte man die Fläche von Europa und Australien zusammen benötigt (Open Data City 2013).

Aber nicht nur Geheimdienste sammeln Daten. Auch Unternehmen, Behörden oder Organisationen tun es. Und da sie digital vorliegen, können sie auch digital ausgelesen werden. Statt mühsam eine Akte zu durchblättern, lassen sich Datenbanken durchsuchen oder individuelle Analyse-Tools schreiben. Programmiersprache zu beherrschen ist dafür kein Muss, wenngleich es für eine*n Datenjournalist*in von Vorteil ist. Ein*e perfekte*r Datenjournalist*in kennt sich mit Mathematik und Statistik aus, mit Codiersprachen und Algorithmen und mit Visualisierung und Design. Er*Sie ist Journalist*in, Programmierer*in und Grafiker*in (vgl. Weinacht und Spiller 2014, S. 431). An dieser Kombination dürften Sie merken, wie selten perfekte Datenjournalist*innen sind.

Dieses Buch wird Sie zu keinem machen können, aber Sie werden für all diese Kompetenzen grundlegende Aspekte erlernen, um mit den so wichtigen Arbeitsweisen vertraut zu sein. Datenjournalismus ist laut Matzat (2016, S. 31) Teamarbeit und nicht das Werk eines einzelnen Alleskönners; Arbeitsteilung und Spezialisierung sei vonnöten. „Ein Rennfahrer muss auch nicht Motoren reparieren können. Er sollte aber verstehen, wie der Motor funktioniert" (Matzat 2016, S. 31).

Sie werden nach der Lektüre kein*e fertige*r Datenjournalist*in sein, das ist aus den angeführten Gründen kaum möglich. Dafür bräuchte es, wie Gray et al. (2012) schreiben, „a vast library manned by hundreds of experts able to help answer questions on hundreds of topics. Luckily this library exists and it is called the internet."

Quellen

Bradshaw, P. (2012). What is Data Journalism? In: Bounegru, L.; Chambers, L.; Gray, J. (Hg.). The Data Journalism Handbook. Online: https://datajournalism.com/read/handbook/one/introduction/what-is-data-journalism, zuletzt am 1. Mai 2022.

Bradshaw, P. (2018). The Online Journalism Handbook. Skills to Survive and Thrive in the Digital Age. Abingdon und New York: Routledge.

Gray, J.; Bounegru, L.; Chambers, L. (2012). What this book is (and what it isn't). In: In: Bounegru, L.; Chambers, L.; Gray, J. (Hg.). The Data Journalism Handbook. Online: https://datajournalism.com/read/handbook/one/front-matter/what-this-book-is-and-what-it-isnt, zuletzt am 1. Mai 2022.

Kaysel-Bril, N.; Anderton-Young, D.; Howard, A.; Teixeira, C.; Slobin, S.; Vermanen, J. (2012). Why is Data Journalism important? In: Bounegru, L.; Chambers, L.; Gray, J. (Hg.). The Data Journalism Handbook. Online: https://datajournalism.com/read/handbook/one/introduction/why-is-data-journalism-important, zuletzt am 1. Mai 2022.

Lorenz, M. (2012). Why Journalists should use data. In: Bounegru, L.; Chambers, L.; Gray, J. (Hg.). The Data Journalism Handbook. Online: https://datajournalism.com/read/handbook/one/introduction/why-journalists-should-use-data, zuletzt am 1. Mai 2022.

Matzat, L. (2016). Datenjournalismus. Methode einer digitalen Welt. Konstanz und München: UVK.
Matzat, L. (2018). 10 Jahre Datenjournalismus: Gemischte Gefühle. Online: https://www.datenjournalist.de/10-jahre-datenjournalismus-gemischte-gefuehle/, zuletzt am 1. Mai 2022.
Open Data City (2013). Stasi versus NSA. Online: https://opendatacity.github.io/stasi-vs-nsa/, zuletzt am 15. Juli 2020.
Weinacht, S.; Spiller, R. (2014). Datenjournalismus in Deutschland. Eine explorative Untersuchung zu Rollenbildern von Datenjournalisten. Publizistik, 59 (Nr. 4), 411–433.

Definition & Geschichte 9

Zusammenfassung

Auch wenn Datenjournalismus als eine junge Disziplin gilt, wurde das Handwerk bereits häufig im 20. Jahrhundert angewandt. Besonders bei Wahl-Umfragen waren Daten-Aufbereitungen und -Visualisierungen beliebt. Aber Datenjournalist*innen arbeiten mit mehr als nur Prozentzahlen, letztlich können Daten alles sein, was mess- und zählbar ist. Wie hat sich die Sprache im Parlament im Lauf der Jahrzehnte verändert? Welche Sportart wird im Norden häufiger ausgeübt als im Süden? In welchem Wohngebiet der Stadt passieren die meisten Unfälle?

Datenjournalismus meint im Wesentlichen, dass journalistisch mit Daten gearbeitet wird. Im Englischen ist auch vom „Daten getriebenen Journalismus" (Data Driven Journalism) die Rede. Es werden Informationen recherchiert, gegengecheckt, sortiert und aufbereitet. Die Hauptquelle, quasi die Ansprechpartner*innen, die kritisch befragt werden, sind aber keine Personen, sondern Datensätze.

Um richtig mit ihnen umgehen zu können, müssen Datenjournalist*innen den Umgang mit verschiedenen Dateiformaten und Grundlagen der Statistik kennen. Auch darum geht es in diesem Kapitel.

Schlüsselwörter

Data Driven Journalism · Big Data · Open Data · Data-Mining · Data-Wrangling · Scraping · Statistik · Korrelation · CSV · Json

9.1 Definition zentraler Begriffe

Datenjournalismus
Mit einer Definition von Datenjournalismus tun sich die meisten Datenjournalist*innen selbst schwer. Klar ist: Es geht beim Datenjournalismus nicht einfach darum, einem Text ein hübsches Diagramm hinzuzufügen (Matzat 2016, S. 74). Bradshaw (2012) schreibt: „I could answer, simply, that it is journalism done with data. But that doesn't help much." Schließlich seien „Daten" und „Journalismus" selbst schon etwas schwammige Begriffe, die unterschiedlich ausgelegt werden können.

Lorenz Matzat (2016, S. 9) verweist auf den englischen Begriff des „Data Driven Journalism" (DDJ), also dem von Daten getriebenen Journalismus. Außerdem zitiert er Simon Rogers vom „Guardian", der Datenjournalismus so definiert: „Using Data to tell stories in the best possible way, combining the best techniques of journalism: Including visualizations, concise explanation and the latest technology. It should be open, accessible and enlightening" (Matzat 2016, S. 11).

Simon Wörpel (2016) vom Recherchezentrum „Correctiv" sagt: „Ein Datenjournalist nutzt als seine Hauptquelle Daten. Ansonsten arbeitet er wie ein ganz normaler Journalist. Daten sind für ihn eine Quelle, wie für seine Kollegen ein Interviewpartner eine Quelle ist. Das heißt auch, dass er kritisch nachfragt, prüft, ob die Aussagen der Datenquelle plausibel sind und andere Quellen zu Rate zieht."

Natürlich hat sich längst auch die Wissenschaft mit dem Thema befasst, Weinacht & Spiller (2014) kommen in ihrer Studie „Datenjournalismus in Deutschland" zu folgender Definition: „Der Kern des Datenjournalismus besteht aus der Sammlung, Analyse und Aufbereitung von digitalisierten Informationen mit dem Ziel einer journalistischen Veröffentlichung." Es handele sich also um…

1. „… eine spezielle Form der Recherche, die Geschichten aus Datensätzen lesen will;
2. … eine spezielle Form der Interpretation von Rechercheergebnissen, die sich an statistischen Maßzahlen orientiert;
3. … eine spezielle Darstellungsform, die Kernbotschaften grafisch und insbesondere als interaktive Webanwendung anschaulich machen will.
4. Vereinzelt wird zusätzlich die Veröffentlichung von Datenherkunft und Rohdatensatz im Sinne des Open Data Ansatzes als elementarer Bestandteil des Datenjournalismus genannt." (Weinacht und Spiller 2014, S. 418)

Datenjournalismus kann auch im Fernsehen oder Radio funktionieren (Matzat 2016, S. 10), wird dort aber nur in Ausnahmefällen praktiziert (Weinacht und Spiller 2014, S. 425). Weinacht & Spiller vermuten, dass dies daran liegen könnte, dass die Sachverhalte in diesen Medien wenig komplex sein dürfen und die Websites dieser

9.1 Definition zentraler Begriffe

Medien eher ergänzende als tragende Rollen einnähmen. Matzat weist zudem darauf hin, dass in diesen Medien die Interaktivität für die Nutzenden fehle, ein für ihn entscheidendes Kriterium des Datenjournalismus.

Und was sind überhaupt Daten?
Letztlich können Daten alles sein, was sich messen und zählen lässt (Matzat 2016, S. 16). Natürlich liegen deshalb Zahlen nahe, denn damit zu rechnen haben wir alle gelernt. Grundsätzlich lässt sich aber die ganze Welt zählen, wenn man denn passende Hilfsmittel oder viel Zeit hat. *Eine Beispielübung:*

> **Übung**
> *Sehen Sie sich diese fiktive Polizeimeldung an.*
> Großstadt. Heute (29.07.2022), gegen 19:00 Uhr, kam es im Bahnhofsviertel zu einem schweren Verkehrsunfall. Ein 55-jähriger Pkw-Fahrer bog vom Dietzweg links auf die Bahnhofstraße ein, übersah dabei aber offenbar einen 42-jährigen Lkw-Fahrer, der seitlich mit dem Pkw kollidierte. Der 55-Jährige zog sich schwere, aber nicht lebensgefährliche Verletzungen zu, und kam nach erster notärztlicher Versorgung in ein Krankenhaus. Der 42-Jährige blieb unverletzt. Die Bahnhofstraße war eine Stunde gesperrt.
> *In Ihrer Redaktion möchten Sie nun langfristig alle Unfälle systematisch erfassen und in einer Datenbank sammeln. Dafür ließe sich die Polizeimeldung zum Beispiel so in einer Tabelle zusammenfassen* (Abb. 9.1):
> *Erstellen Sie eine neue Tabelle, in die Sie die Informationen der folgenden Meldungen einfügen.*
> Großstadt. Im Westviertel wurde am Montag (20. Juni 2022) eine 22-Jährige lebensgefährlich verletzt. Sie überquerte einen Fußgängerüberweg in der Huchtstraße, die ein 46-jähriger Pkw-Fahrer stadteinwärts befuhr. Der Pkw-Fahrer war offenbar mit erhöhter Geschwindigkeit unterwegs und erfasste die 22-Jährige, sie kam mit potenziell lebensgefährlichen Verletzungen ins Krankenhaus. Der 46-Jährige erlitt einen Schock und wurde ärztlich versorgt.
> Großstadt. Dieses Rennen ging schief: Zwei Jugendliche (m, 13 & w, 14) zogen sich am Montagmittag (01.08.2022, 11:45 Uhr) bei einem Sturz mit dem Fahrrad leichte Verletzungen zu. Nach ersten Erkenntnissen fuhren der Junge und das Mädchen nebeneinander auf dem Südring entlang und lieferten sich einen Wettstreit. Als das Mädchen überholen wollte, zog der Junge rüber, die 14-Jährige flog über den Lenker. Ein Autofahrer aus der Gegenrichtung kam gerade rechtzeitig zum stehen. Das Mädchen kam mit Schürfwunden an Gesicht und Armen sowie einem Zahn weniger ins Krankenhaus, der Junge wurde von Beamten über die richtige Verhaltensweise im Straßenverkehr aufgeklärt.

Nr.	Datum	Zeit	Ort	Anzahl Beteiligte	Geschlecht beteiligte Person 1	Alter B.1	Geschlecht beteiligte Person 2	Alter B.2	Art des Unfalls	Personenschaden	Geschaedigte
1	29/07/2022	1900	Bahnhofstraße	2	m	55	m	42	Lkw-Pkw-Kollision	Schwere Verletzungen	B1

Abb. 9.1 Beispieltabelle Verkehrsunfall-Übung

Big Data

Big Data „bezeichnet Datenmengen, die zu groß oder zu komplex sind oder sich zu schnell ändern, um sie mit manuellen und klassischen Methoden der Datenverarbeitung auszuwerten" (Kaiser 2015, S. 90). Es ist die versuchte Einordnung eines Komplexes, der menschlich begreifbaren Dimensionen längst enteilt – und quasi zu „Big" ist.

Schon 1965 formulierte Gordon Moore das „Mooresche Gesetz", das das exponentielle Wachstum von Rechenkapazitäten beschreibt. Im Schnitt alle 18 Monate verdoppelt sich demnach die Rechenkapazität eines Geräts, während das Gerät selbst immer kleiner und günstiger wird (Mainzer 2017, S. 49). Dies sorgte dafür, dass im Internet nicht mehr nur Menschen, sondern dank kleinster Sensoren oder Chips auch Geräte miteinander verbunden sein können – das „Internet der Dinge" (Mainzer 2017, S. 49; Weigert 2012, S. 24). Immer mehr Daten konnten generiert, erfasst und gespeichert werden, so entstand das Konzept von „Big Data". Schwanebeck (2017, S. 10) schreibt: „Big Data bedeutet nichts anderes als die Möglichkeit, unbegrenzt menschliche Informationen aller Art zu speichern und für ewige Zeiten zu konservieren."

Schon aus diesem Satz ist rauszuhören, dass Schwanebeck genau wie Mainzer eher zu den Kritiker*innen von Big Data zählt. Tatsächlich erschienen ihre Aufsätze im Buch „Big Data – In den Fängen der Datenkraken", das den Untertitel „die (un)heimliche Macht der Algorithmen" trägt. Denn diese Algorithmen, die die riesigen Datenmengen zwischen Menschen und Geräten auswerten, seien laut den Herausgebern Schröder & Schwanebeck (2017, S. 5) eine „Gefahr für die freiheitliche Gesellschaft".

Dafür liefern sie zahlreiche Argumente, und auch die University of Berkeley nennt Big Data ein Problem, das es zu lösen gelte (datascience@berkeley 2019). Das Besondere von Big Data, so schreibt es die Universität, seien die „three V's: Variety, Velocity and Volume". Vielfalt, Schnelligkeit und Größe. Das Konzept der

Big Data sei aber missverständlich, da die Größe allein nicht entscheidend für eine sinnvolle Nutzung von Daten sei.

„The story we tell about the data – the questions we ask about the numbers and the way we organize them – matters as much as, if not more than, the size of the set. Professionals working with data should focus on cleaning the data well, classifying it correctly, and understanding the causal story." (datascience@berkeley 2019)

Das sollte auch für Journalist*nnen gelten. Daten sollten nicht nur gesammelt werden, um sie zu besitzen (vgl. Bradshaw 2018, S. 254–255; Matzat 2016, S. 65). Matzat (2016, S. 96) sagt aber auch, dass Datenjournalist*innen so gut wie nie unmittelbar mit „Big Data" in Berührung kommen, er versteht darunter Datensätze mit vielen Millionen oder gar Milliarden Einträgen, mit denen nur große Tech-Firmen wie Google hantierten.

Tatsächlich sind die Datensätze im journalistischen Alltag deutlich kleiner. Fälle wie die „Panama Papers" der Süddeutschen Zeitung 2016, als 11,5 Mio. Dokumente ausgewertet wurden, sind die Ausnahme. Die kritisierten Algorithmen müssen zudem nicht automatisch schlecht sein. Bei derart großen Datensätzen werden sie gebraucht und können genau wie künstliche Intelligenz bei der Recherche helfen, wie die „SZ" bei ihrer Analyse aller Bundestagsreden 2020 zeigte (Schories 2020, mehr zu beiden Geschichten in Kap. 12).

Open Data
Damit wird das Prinzip beschrieben, dass Daten für alle frei zugänglich, nutzbar und für jegliche Zwecke verwertbar sind. Daten gelten dann als „offen", „wenn es keine rechtlichen, technischen oder sonstigen Kontrollmechanismen gibt, die den Zugang, die Weiterverarbeitung und die Weiterverbreitung dieser Daten einschränken. Der Zugang, die Weiterverarbeitung und die Weiterverbreitung soll jedermann und zu jeglichem Zweck, auch kommerziellem, ohne Einschränkungen und Diskriminierung und ohne Zahlung von Gebühren möglich sein" (Dietrich 2011). Einschränkungen sind zum Beispiel das Urheberrecht, aber auch sogenannte „nicht barrierefreie" Dateiformate wie das PDF, das zwar weit verbreitet, aber nur mit Aufwand digital auszulesen ist (siehe Abschn. 10.2: Daten scrapen).

Meist sind mit „Open Data" Daten von Behörden und Regierungen gemeint, also „Open Government Data". Offene Daten seien in jedem Fall förderlich für Demokratien, glauben Anhänger*innen der Open-Data-Bewegung. Diese Ansicht ist in den USA stark verbreitet, in Deutschland aufgrund von anderen Vorstellungen von Datenschutz weniger (Haarkötter 2019, S. 376).

Zwischen 2007 und 2010 entstanden „Prinzipien zum Öffnen von Regierungsinformationen" (Dietrich 2011), nach denen auch in Deutschland mittlerweile zahlreiche Ämter und Landesregierungen ihre Daten veröffentlichen. 2013 führte das Bundesinnenministerium die Plattform „GovData – das Datenportal für Deutschland" ein, Nordrhein-Westfalens Open-Government-Portal findet sich unter „open.nrw". Auch Firmen wie die Deutsche Bahn haben eigene Open-Data-Portale.

Außerdem gehört es unter Datenjournalist*innen zum guten Ton, Kolleg*innen und Nutzenden die verwendeten Daten nach dem Open-Data-Prinzip zur Verfügung zu stellen (Matzat 2016, S. 98). Häufig unterliegen diese Daten einer kostenfreien Lizenz, die bei der Weiterverbreitung wie eine Quelle mit angegeben wird und gleichzeitig dazu auffordert, die daraus resultierenden Datensätze wieder frei zugänglich zu machen. Auch für Recherchen erstellte Programm-Codes und Algorithmen werden üblicherweise frei zur Verfügung gestellt, zum Beispiel auf der dafür populären Plattform GitHub.

Data-Mining
So wird die Auswertung von Daten bezeichnet, die Analyse.

Data-Wrangling
Damit ist das Manipulieren von Daten gemeint. Allerdings nicht in einem bösartigen Kontext, der Daten fälschen oder verschönern möchte. „Manipulieren" meint eher das Säubern und Umstrukturieren von Datensätzen, um notwendige Daten herauszufiltern und die Datensätze maschinell lesbar zu machen. Besonders geeignet dafür ist beispielsweise das Programm OpenRefine (Bradshaw 2018, S. 261, siehe Abschn. 11.1.1: OpenRefine).

Screen Scraping
Das „Scrapen", also das „Herunterkratzen", meint das systematische Auslesen von Daten aus einer Datei oder einer Website (Oswald 2019, S. 66; Matzat 2016, S. 98). Wenn Daten eben nicht nach den Open-Data-Prinzipien zugänglich sind, müssen sie per Hand oder – das ist die gängige Form – mit dafür programmierten Tools ausgelesen werden. Der dabei eingesetzte „Scraper" lernt dafür am Anfang, welche Teile der Website oder welche Spalten einer Tabelle ausgelesen und in ein anderes Format gebracht werden sollen. Dies eignet sich besonders dann, wenn die auszulesenden Informationen einer Website nach dem immer gleichen Schema dargestellt werden. Matzat (2016, S. 98) nennt als Beispiel eine Seite für Kochrezepte: „Dem Scraper wird beigebracht, welche Elemente er aus der HTML-Struktur auslesen und wohin er deren Informationen in einen Datensatz/Datenbank schreiben

soll. Zudem wird vorgegeben, wie er die nächste Seite zum Auslesen findet, z. B. per Paginierung oder über den Austausch von Bestandteilen der URL". Für komplizierte Scraper sind daher Programmierkenntnisse erforderlich, es existieren aber auch mehrere Tools, für die man keine Codiersprache können muss (Bradshaw 2018, S. 260). Das Scrapen wird deshalb auch „automatisierte Recherche" genannt (Weinacht und Spiller 2014, S. 418).

Wichtige Statistik-Begriffe (vgl. Kütting und Sauer 2014, S. 30–61)

Arithmetisches Mittel
Häufig auch Durchschnitt oder Mittelwert genannt. Hier werden die Daten summiert und anschließend durch die Anzahl der Daten geteilt. Wenn beim Dosenwerfen ein Kind 10 Dosen, ein anderen 8 Dosen und ein drittes Kind 3 Dosen umgeworfen hat, beträgt das arithmetische Mittel 7.

Median
Um den Median zu bestimmen, werden die vorliegenden Daten der Größe nach sortiert, der in der Mitte liegende Wert ist der Median. Liegt eine gerade Anzahl an Daten vor, wird das arithmetische Mittel der beiden mittleren Werte berechnet. Beim oben genannten Dosenwerfen wäre der Median 8.

Modalwert (Modus)
Der Modalwert ist die Merkmalsausprägung, die in den zu untersuchenden Daten am häufigsten vorkommt. Haben beim Dosenwerfen zwei Kinder 10 Dosen umgeworfen und ein Kind nur 3, ist der Modalwert 10.

Korrelation
Dies ist das Maß der Stärke eines linearen Zusammenhangs von zwei Merkmalen, berechnet wird ein Korrelationskoeffizient r, der immer zwischen 0 und 1 liegt. Korrelationen zu berechnen, ist wichtig, um mögliche Zusammenhänge in statistischen Ausprägungen feststellen zu können. Wie r berechnet wird, ist an dieser Stelle nicht entscheidend. Wichtiger für Journalist*innen ist, eine Korrelation einordnen und von einem kausalen Zusammenhang unterscheiden zu können (Abb. 9.2).

Eine Korrelation ist oft schon ohne mathematische Kenntnisse aus einem Graphen ablesbar. Etwa hier: Der schwarze und der rote Graph verlaufen ähnlich, auf den ersten Blick scheint es also, sie hätten etwas miteinander zu tun. Auch r wäre mit 0,9926 entsprechend hoch.

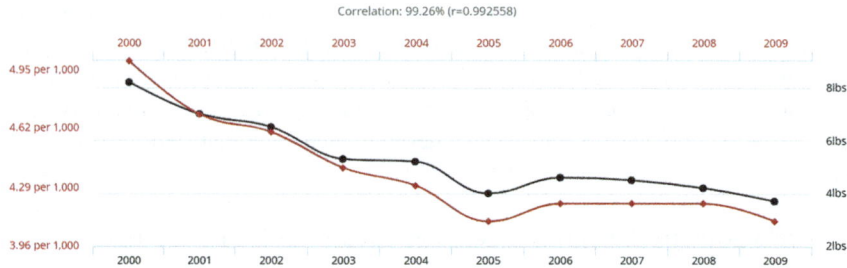

Abb. 9.2 Hohe Korrelation, aber kein kausaler Zusammenhang. (Quelle: tylervigen.com, zuletzt am 14. Juli 2020)

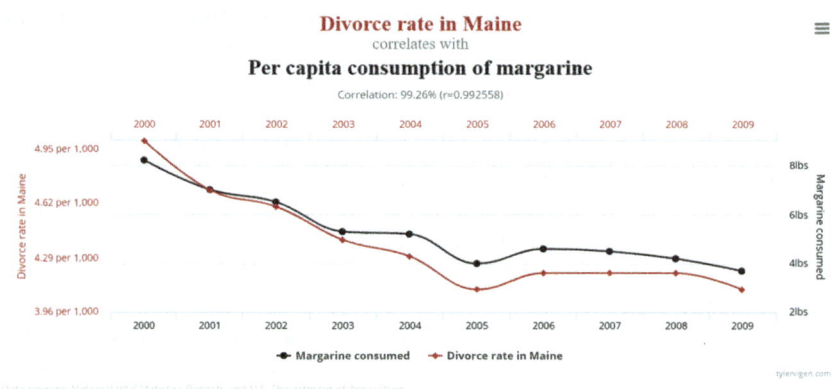

Abb. 9.3 Scheidungsrate und Pro-Kopf-Verbrauch von Margarine im Vergleich. (Quelle: tylervigen.com, zuletzt am 14. Juli 2020)

Tatsächlich wird hier die Scheidungsrate im US-Bundesstaat Maine mit dem Pro-Kopf-Verbrauch von Margarine verglichen. Eine Kausalität, also dass der Margarine-Konsum die Ehe beeinflusst oder andersherum, liegt aber natürlich nicht vor. Zufällig haben sie im Laufe der Jahre einen ähnlichen Verlauf, es besteht eine Scheinkorrelation. Kausalität bedeutet dagegen, dass eine Variable die Ursache für die andere ist. Als Datenjournalist*in sollten mögliche Korrelationen gefunden, diese aber immer auf ihren kausalen Zusammenhang überprüft werden (Abb. 9.3).

> **Übung**
> *Ihre Redaktion ließ im Ort eine anonyme Vermögensumfrage durchführen, alle zehn Einwohner*innen nahmen teil. Nun möchten Sie einen Text veröf-*

> *fentlichen, der etwas über das Vermögen pro Kopf aussagt. Berechnen Sie aus den angegebenen Vermögen den Mitttelwert, Median und Modus. Welcher Wert eignet sich am besten für den Artikel, wie müssen die Zahlen eingeordnet werden?*
>   *Einwohner 1: 1000 €, Einwohner 2: 2000 €, Einwohner 3: 2000 €, Einwohner 4: 3000 €, Einwohner 5: 6000 €, Einwohner 6: 30000 €, Einwohner 7: 46000 €, Einwohner 8: 90000 €, Einwohner 9: 150000 €, Einwohner 10: 670000 €.*
>   Übrigens: Die Zahlen geben in vereinfachter Form die Situation in Deutschland wieder: Die obersten 10 % der Bevölkerung besitzen 67 % des gesamten Vermögens, die untere Hälfte der Bevölkerung 1,4 % des gesamten Vermögens. (Dinklage et al. 2020).

9.2 Wichtige Dateiformate

PDF („Portable Document Format")
Häufig bekommen Journalist*innen Informationen und Daten im PDF-Format. Dies ermöglicht den Herausgebenden zwar eine hübsche Veranschaulichung, macht dem*r Datenjournalist*in aber Arbeit. Die Dateien sind „nicht barrierefrei", die im PDF enthaltenen Daten sind nicht so leicht auslesbar wie ein CSV oder Json, Scraping-Tools sind deshalb erforderlich. Matzat (2016, S. 26) empfiehlt, bei den Herausgebenden von Informationen via PDF nachzufragen, ob die Daten noch in anderen Formaten wie einer Microsoft-Excel-Datei oder noch besser im CSV vorliegen.

Das Konvertieren von Daten in andere, besser lesbare Formate ist ein Teil des „Cleaning" und „Wrangling" (siehe Abschn. 11.1: Data-Wrangling – Säubern & Filtern von Daten).

XLS/XLSX
Das in Excel gängige Dateiformat ist kein freies, sondern ein proprietäres Format. Microsoft hält die Rechte daran und kann die Nutzungsbedingungen dafür jederzeit ändern, es entspricht also nicht dem Open-Data-Gedanken (Matzat 2016, S. 25). Trotzdem ist es sehr verbreitet und liegt auch bei vielen Behörden vor.

CSV („Comma separated Value")
Ein simples Format für den Datenaustausch. Die Informationen werden durch Kommata voneinander getrennt, beim „Tab separated Value" (TSV) durch Tabulatoren. CSV ist gängiger, kann im Deutschen aber zu Problemen führen, da Cent-

Beträge häufig ebenfalls durch Kommata getrennt werden. Darauf sollte geachtet, im Zweifel die im Programm ausgewählte Sprache oder von CSV auf TSV gewechselt werden (Matzat 2016, S. 25).

Die in Abb. 9.1 als Tabelle dargestellte Polizeimeldung sähe als CSV so aus:

Nr.,Datum,Zeit,Ort,Anzahl Beteiligte,Geschlecht B1,Alter B1,Geschlecht B2,Alter B2,Art des Unfalls,Personenschaden,Geschaedigte
1,29/07/2022,1900,Bahnhofstraße,2,m,55,m,42,Lkw-Pkw-Kollision,Schwere Verletzungen,B1

Die Spaltennamen und die zugehörigen Informationen werden also einfach nacheinander aufgelistet und sind lediglich durch Kommata getrennt.

Json („Javascript Object Notation")
Ein ebenfalls noch einfaches und sehr verbreitetes Format für den Datenaustausch. Json und auch XML („Extensible Markup Language") sind maschinell leicht lesbare Formate, die auch für Programmierschnittstellen (APIs) verwendet werden (Bradshaw 2018, S. 257–258). Der Vorteil gegenüber CSV oder TSV ist, dass die Datensätze nicht alle exakt gleich aussehen müssen, um gelesen werden zu können (Wörpel 2016). Um sie in Programmen wie Excel lesen zu können, müssen sie in dafür lesbare Formate konvertiert werden. Für Geodaten wird das entsprechende GeoJson verwendet (Matzat 2016, S. 25).

Die in Kapitel als Tabelle dargestellte Polizeimeldung sähe als Json so aus:

```
[
  {
    "Nr.": "1",
    "Datum": "29/07/2022",
    "Zeit": "1900",
    "Ort": "Bahnhofstraße",
    "Anzahl Beteiligte": "2",
    "Geschlecht B1": "m",
    "Alter B1": "55",
    "Geschlecht B2": "m",
    "Alter B2": "42",
    "Art des Unfalls": "Lkw-Pkw-Unfall",
    "Personenschaden": "Schwere Verletzungen",
    "Geschaedigte": "B1",
  }
]
```

> *ÜBUNG: Schreiben Sie die Unfallmeldungen der vorherigen Übung (Abschn. 9.1) jeweils im CSV- und Json-Format auf.*

9.3 Geschichte

Eines der Lehrbücher, das besonders zu empfehlen ist und in diesem Buch immer wieder herangezogen wird, schrieb Lorenz Matzat: „Datenjournalismus – Methode einer digitalen Welt". Das klingt neu, modern, die digitale Welt ist schließlich noch immer historisch betrachtet jung. Dabei fand Datenjournalismus auch schon vor 200 Jahren statt. 1821 zeigte der englische „Guardian" in einer großen Tabelle, wie viel Geld die Schulen in Manchester pro Schüler*in aufwenden (Oswald 2015, S. 91). Die „New York Tribune" listete 1840 die Reisekosten von Politiker*innen auf (Bradshaw 2018, S. 252).

Noch mehr ins Rollen – wiederum dank der Politik – kam der Journalismus mit Zahlen im 20. Jahrhundert. Sozialforschende entwickelten repräsentative Stichproben, um Wahlausgänge hervorsagen zu können. George H. Gallup erzielte durch seine korrekte Prognose der US-Wahl 1936 einen ersten Sieg solcher Demoskopie, die im Laufe der Jahrzehnte weiter verbessert wurde (Haller 2017, S. 58–59). 1952 tauchte erstmals im Journalismus das „Computer Assisted Reporting" (CAR) auf, das eine Wahlprognose mit den Berechnungen eines Computers aufstellte (Bradshaw 2018, S. 252). Bekannt ist diese Methode ebenfalls aus der Sozialforschung, zum Beispiel vom Computer Assisted Telephone Interview (CATI). Der amerikanische Journalistik-Professor Philipp Meyer plädierte in den 1960er- und 1970er-Jahren für einen verstärkten Einsatz von sozialwissenschaftlichen Methoden und prägte den Begriff des „Precision Journalism" (Oswald 2015, S. 91). Heutiger Datenjournalismus steht laut Weinacht & Spiller (2014, S. 412) in der Tradition des „Precision Journalism" und des CAR. In Deutschland etablierte Elisabeth Noelle-Neumann mit der Gründung des Instituts für Demoskopie Allensbach 1947 das CAR, noch heute ist es eines der führenden Meinungsforschungsinstitute (Haarkötter 2019, S. 373). Allerdings sind in Deutschland viele Datenjournalist*innen der Meinung, dass das wissenschaftliche Sammeln von Daten beim CAR nicht ihrem Verständnis von Datenjournalismus entspricht (Weinacht und Spiller 2014, S. 419). Weinacht & Spiller (2013) nennen drei wesentliche Unterschiede zwischen wissenschaftlicher Erhebung und Datenjournalismus:

1. „Datenjournalismus hält sich nicht an den idealtypischen Forschungsprozess", der üblicherweise von einer Forschungsfrage ausgehend funktioniert. Im Datenjournalismus entsteht die eigentliche Geschichte aber oft erst nach der Analyse eines Datensatzes.
2. Bei vielen datenjournalistischen Arbeiten wird keine Reliabilität[1] gemessen.
3. Es wird nach journalistischen und nicht nach wissenschaftlichen Kriterien ausgewertet: Welche Information ist von Interesse? Lässt sich eine Information skandalisieren? (Weinacht und Spiller 2013).

Erfolgreiche Wahlprognosen sind auch heute noch Indikatoren für angesehenen Datenjournalismus. Nate Silver machte sich 2008 einen Namen mit seinem Blog „Fivethirtyeight", als er für alle 50 US-Bundesstaaten den korrekten Wahlausgang vorhersagte (Maas 2014). Sein Blog war von 2010 bis 2013 Teil der „New York Times" und ist heute ein viel zitiertes Medium für Wahl- und Sportvorhersagen.

Der „moderne" Datenjournalismus – oder was Matzat als „Methode einer digitalen Welt" bezeichnet – entwickelte sich besonders in den vergangenen 15 Jahren. Als „Geburtsstunde" nennt etwa Bradshaw (2018, S. 253) das Blog „Chicagocrimescene" von Adrian Holovaty, der auch laut Matzat (2016, S. 12) zu einem der für Datenjournalismus bedeutendsten Journalist*innen gehört. Holovaty schlug 2006 vor, die eigenen Nachrichten und Storys anhand der W-Fragen zu katalogisieren und in einer Datenbank abzulegen (Matzat 2016, S. 12), quasi wie in der Übung im Abschn. 9.1. Daraus ließen sich Muster erkennen und Dienste entwickeln.

Weitere Meilensteine des Datenjournalismus waren das 2009 veröffentlichte „Datablog" vom englischen „Guardian" sowie das „Data Journalism Handbook", das 2012 erschien und für die Branche eine „identitätsstiftende Funktion" hatte (Matzat 2018), es gilt als Standardwerk des Datenjournalismus. Geschrieben wurde es von mehreren zu der Zeit tätigen Datenjournalist*innen weltweit, es ist quasi das Ergebnis einer internationalen Ideenkonferenz zum Datenjournalismus.

Die darin beschriebenen Arbeitsweisen gehen weit über das Berechnen von Wahlergebnissen und das Computer Assisted Reporting hinaus. Datenjournalismus ist im Zeitalter von Big Data viel mehr das Sammeln, Einordnen und Aufbereiten von wichtigen Informationen im Dickicht der immer größer werdenden Datenmengen – eben eine „Methode einer digitalen Welt".

Diese Methode setzte sich seit 2010 auch immer mehr in Deutschland durch (Oswald 2019, S. 62). Redaktionen bauten eigene Datenressorts auf oder stellten

---

[1] Dies ist ein Maß für die Genauigkeit und Zuverlässigkeit der Daten. Eine Arbeit sollte mit selbem Messverfahren und selber Untersuchungsgruppe dieselben Ergebnisse hervorbringen.

Analyst*innen ein. Die 2013 von Edward Snowden veröffentlichten Informationen zur NSA gaben der Branche genauso einen Schub wie die 2016 veröffentlichten „Panama Papers" unter der Führung der Süddeutschen Zeitung, das als bis dato größtes Leak in der Geschichte des Datenjournalismus galt (Torinus 2016). Das mit dem Pulitzer-Preis ausgezeichnete Projekt hatte 2,6 Terabyte Informationen über Briefkastenfirmen in Steueroasen ausgewertet – etwa 11,5 Mio. Dokumente. 2020 kamen besonders während der Corona-Pandemie viele Nutzende mit Datenjournalismus in Berührung, er hat sich dadurch nochmal stärker etabliert (Kornfeld 2020).

Zuvor hatte der viel zitierte Lorenz Matzat aber erstmals resignierende Gefühle geäußert und eine Stagnation der Branche festgestellt (Matzat 2018). Seiner Meinung nach habe Datenjournalismus „seinen Zenit schon überschritten", wirkliche Neuheiten seien kaum noch festzustellen. Matzat kritisierte, dass die meisten Redaktionen Datenjournalismus nur als „Leuchtturmprojekte" nutzten und nicht in den Alltag integrieren würden. Zudem würde es den meisten veröffentlichten Stücken an Nachhaltigkeit fehlen, die einmal aufbereiteten Daten würden nur für sich stehen und nicht aktualisiert, also am Leben erhalten (Matzat 2018).

Quellen

Bradshaw, P. (2012). What is Data Journalism? In: Bounegru, L.; Chambers, L.; Gray, J. (Hg.). The Data Journalism Handbook. Online: https://datajournalism.com/read/handbook/one/introduction/what-is-data-journalism, zuletzt am 1. Mai 2022.
Bradshaw, P. (2018). The Online Journalism Handbook. Skills to Survive and Thrive in the Digital Age. Abingdon und New York: Routledge.
datascience@berkeley (2019, 11. April). Big Data Isn't a Concept – It's a Problem to Solve. Online: https://datascience.berkeley.edu/blog/what-is-big-data/, zuletzt am 15. Juli 2020.
Dietrich, D. (2011, 26. Oktober). Was sind offene Daten? Online: https://www.bpb.de/gesellschaft/digitales/opendata/64055/was-sind-offene-daten, zuletzt am 1. Mai 2022.
Dinklage, F.; Ehmann, A.; Faigle, P.; Vu, V.; Blickle, P.; Stahnke, J. (2020, 14. Juli). Das obere Prozent. Online: https://www.zeit.de/wirtschaft/2020-07/vermoegensverteilung-deutschland-diw-studie-ungleichheit, zuletzt am 1. Mai 2022.
Haarkötter, H. (2019). Journalismus.Online. Das Handbuch zum Online-Journalismus. Köln: Herbert von Halem Verlag.
Haller, M. (2017). Methodisches Recherchieren. Konstanz und München: UVK.
Kaiser, M. (2015). Recherchieren. Klassisch – online – crossmedial. Wiesbaden: Springer VS.
Kornfeld, H. (2020). Datenjournalismus wird zur Kerndisziplin. Journalist, 70 (Nr. 6), 40–45.
Kütting, H.; Sauer, M. (2014). Elementare Stochastik. Mathematische Grundlagen und didaktische Konzepte. Berlin Heidelberg: Springer Verlag.
Mainzer, K. (2017). Big Data und die Macht der Algorithmen. In: Schröder, M.; Schwanebeck, A. (Hg.). Big Data – In den Fängen der Datenkraken (49–70).

Maas, Marco (2014). Wie Daten Geschichten erzählen – Neue Perspektiven für den Journalismus. Online: http://www.lpr-forum-medienzukunft.de/files/5_maas_marco_datenjournalismus_lpr-forum-medienzukunft_2014_03_27.pdf, zuletzt am 15. Juli 2020.

Matzat, L. (2016). Datenjournalismus. Methode einer digitalen Welt. Konstanz und München: UVK.

Matzat, L. (2018). 10 Jahre Datenjournalismus: Gemischte Gefühle. Online: https://www.datenjournalist.de/10-jahre-datenjournalismus-gemischte-gefuehle/, zuletzt am 1. Mai 2022.

Oswald, B. (2015). Datenjournalismus. In: Kaiser, M. (Hg.). Innovation in den Medien. Crossmedia – Storywelten – Change Management (91–100). München: Medien-Netzwerk.

Oswald, B. (2019). Digitaler Journalismus. Ein Handbuch für Recherche, Produktion und Vermarktung. Zürich: Midas.

Schwanebeck, A. (2017). Gefangen im Netz. In: Schröder, M.; Schwanebeck, A. (Hg.). Big Data – In den Fängen der Datenkraken (9–38).

Schories, M. (2020). So haben wir den Bundestag ausgerechnet. Online: https://projekte.sueddeutsche.de/artikel/politik/so-haben-wir-den-bundestag-ausgerechnet-e893391/, zuletzt am 1. Mai 2022.

Torinus, G. (2016, 14. Juli). Die Entschlüsselung der Panama Papers. Online: https://www.heise.de/tp/features/Die-Entschluesselung-der-Panama-Papers-3267916.html, zuletzt am 1. Mai 2022.

Weinacht, S.; Spiller, R. (2014). Datenjournalismus in Deutschland. Eine explorative Untersuchung zu Rollenbildern von Datenjournalisten. Publizistik, 59 (Nr. 4), 411–433.

Weigert, M. (2012). Die dritte Phase der Vernetzung: Das Internet der Dinge wird Realität. In: Kappes, C.; Krone, J.; Novy, L. (Hg.). Medienwandel kompakt 2011–2013 (23–26).

Weinacht, S.; Spiller, R. (2013, 1. Januar). Wie wissenschaftlich ist Datenjournalismus? Ergebnisse einer bundesweiten Befragung. Online: https://www.wpk.org/quarterly/einzelartikel/wie-wissenschaftlich-ist-datenjournalismus.html, zuletzt am 15. Juli 2020.

Wörpel, S. (2016, 19. Dezember). Datenjournalismus für Lokalreporter. Online-Kurs mit YouTube-Videos: https://correctiv.org/bildung/ddj/datenjournalismus-fuer-lokalreporter/, zuletzt am 1. Mai 2022.

Recherche

10

> **Zusammenfassung**
>
> Die Hauptquelle von Datenjournalist*innen sind Daten, logisch. Es kann sogar sein, dass der Datensatz der einzige Protagonist der Geschichte ist (Weinacht und Spiller. Datenjournalismus in Deutschland. Eine explorative Untersuchung zu Rollenbildern von Datenjournalisten. Publizistik, 59(4):411–433, 2014, S. 419). Deshalb ist es umso wichtiger, dass er gut recherchiert ist – das kostet Zeit. Matzat (10 Jahre Datenjournalismus: Gemischte Gefühle. Online: https://www.datenjournalist.de/10-jahre-datenjournalismus-gemischte-gefuehle/, zuletzt am 1. Mai 2022, 2018, S. 40) nennt als Faustregel, dass „mindestens die Hälfte (eher zwei Drittel) des Aufwandes eines datenjournalistischen Werks in die Datenarbeit fließt: Beschaffung, Erschließung, Sichtung und Säuberung."
>
> Besonders wichtig ist, dass es sich um den richtigen Protagonisten bzw. den richtigen Datensatz handelt. So wie einem*r Journalist*in der*die Pressesprecher*in als Interviewpartner*in nicht genügen sollte, sollten auch die Datensätze hinterfragt werden, die mit einer Pressemitteilung herausgegeben wurden. Sie sind nur die oberste Schicht einer Zwiebel, um im Bild von Andreas Grieß zu bleiben (siehe Abb. 10.1).
>
> Daten können auf verschiedene Arten erlangt werden, die jeweilige Quelle ist dabei auch immer kritisch zu betrachten. Und zwar ihr konkreter Ursprung, nicht nur die spätere Pressemitteilung dazu. Denn Zahlen sind nur scheinbar objektiv. Dass ein Datensatz existiert oder bislang gerade nicht erhoben wurde, kann immer am jeweiligen Interesse der Urheber*innen liegen.

> **Schlüsselwörter**
>
> Datenbanken · Scraping · Befreite Daten · Suchmaschinen · Operatoren · Crowdsourcing · Datenspende · Quellenkritik

10.1 Welche Daten sind zu erwarten?

Grieß bezeichnet Informationen, die zwar zugänglich, aber nicht als Datensatz aufbereitet sind, als „Transparent Data". „Leaked Data" sind Daten, die nicht für die Öffentlichkeit bestimmt waren („Closed Data"), aber von Whistleblower*innen aufgedeckt wurden, zum Beispiel bei den „Panama Papers". „Unknown Data" sind laut Grieß „alles, was ist, aber nicht in menschliche Datenformen übersetzt werden kann" (zit. nach Grass 2018, S. 350) (Abb. 10.1).

Wörpel (2016) listet konkrete Arten von Quellen auf:

1. *Öffentliche Veröffentlichungen*, damit sind zum Beispiel Daten aus Pressemitteilungen gemeint.
2. *Open Data*, diese Daten sind in Portalen frei zugänglich und werden in Auszügen auch in Veröffentlichungen publiziert.
3. *Selbst generierte Daten*, dazu zählt zum Beispiel das Screen Scraping von nicht-barrierefreien Daten aus Webseiten oder PDF-Dokumenten.

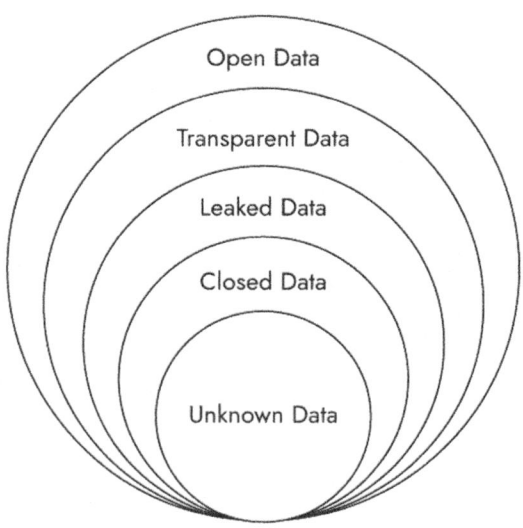

Abb. 10.1 Datenzwiebel von Grieß, zit. nach Grass (2018, S. 351)

4. *Verschnittene Daten*, dies bezeichnet das Verknüpfen oder die Neuberechnung von verschiedenen Datensätzen.
5. *Crowdsourcing*, hier werden die Lesenden oder bestimmte Gruppen zur Mitarbeit aufgefordert.
6. *Befreite Daten via Auskunftsrechte*, dazu gleich mehr.

Wörpel (2016) sagt, dass die Datensätze mit jedem Schritt exklusiver werden, die Chance auf einen journalistischen Scoop also steigt.

Welche Daten sind aber entscheidend? Nicht immer muss tief gebohrt werden, häufig sind schon unter den ersten zwei aufgeführten Arten die genau richtigen Datensätze zu finden. Haarkötter (2019, S. 379) empfiehlt, vor der Recherche Hypothesen festzulegen, um nicht einfach massenhaft Daten anzusammeln und auf einen Zufallstreffer hoffen zu müssen. Man versucht also, aufgrund eines Themas an Daten zu kommen. Nehmen wir wieder das Beispiel der Verkehrsunfälle. Sie stellen nach gefühlt erhöhten Meldungen über Unfälle die Hypothese auf, dass es in der Region mehr Unfälle gibt. Also versuchen Sie, entsprechende Daten zu erhalten.

Andersherum kann aber auch durch die Existenz von Daten ein Thema entstehen. Dabei steht die Motivation im Vordergrund, mit einem bestimmten Datensatz arbeiten zu wollen (Grass 2018, S. 356). Weinacht & Spiller (2013) schreiben: „Im Datenjournalismus steht am Anfang nicht selten ein Datenberg und eine Forschungsfrage wird zur überflüssigen Nebensache, wenn man nur eine spektakuläre Information in den Daten gefunden hat." Auch die „Panama Papers" wurden auf diese Weise zur großen Geschichte, die Reporter wussten noch kaum etwas über das Thema und waren von Hypothesen weit entfernt, die Story entstand durch die Analyse der ihnen zugespielten Daten (Grass 2018, S. 358).

10.2 Suche nach Daten

Offene Datensätze sind in den stetig wachsenden Portalen der Ämter und Regierungen zu finden. Wichtige Open-Data-Datenbänke sind:

- Das Datenportal für Deutschland: https://www.govdata.de/
- Gemeinsames neues statistisches Informationssystem (GENESIS) vom Statistischen Bundesamt: https://www-genesis.destatis.de/genesis/online
- Offenes Datenportal der EU: https://data.europa.eu/euodp/de/data/
- Lokale Datenportale, zum Beispiel: https://open.nrw/open-data, https://transparenz.hamburg.de/open-data/
- Portal der deutschen Open-Data-Community: https://offenedaten.de/

Wenn keine offenen Daten zu dem Thema vorhanden sind, lohnt sich das für Journalisten mittlerweile wahrscheinlich gängigste Recherchetool: Google. Die Suche über Google (oder andere Suchmaschinen wie Bing oder DuckDuckGo) sollte aber mit bestimmten Operatoren versehen werden, um sie auf die gewünschten Ergebnisse einzugrenzen. Den meisten Google-Nutzenden dürfte das Minuszeichen (-) bekannt sein, das Wörter von der Suche ausschließt, oder die Anführungszeichen („"), die nach exakt passenden Ergebnissen suchen lassen. Es gibt jedoch noch zahlreiche weitere Operatoren, hier drei Beispiele:

- Site – grenzt die Suchergebnisse auf eine Website ein
    - Beispiel: „Verkehrsunfälle site:govdata.de"
    - Wichtig: Zwischen dem Operator und dem Suchbegriff darf kein Leerzeichen sein!
    - Häufig ist die Suche über Google sogar erfolgreicher als über das integrierte Suchfeld der eigentlichen Seite
- File Type – sucht nach vorgegebenen Dateiformaten
    - Beispiel: „Verkehrsunfälle Neustadt filetype:xls"
    - Natürlich lässt sich nach maschinell auslesbaren Formaten suchen, zum Beispiel CSV oder Json. Leider liegen die Daten aber häufiger in nichtbarrierefreien Formaten (z. B. PDF) vor
- OR – kombiniert Suchanfragen miteinander. Besonders geeignet, um nach mehreren Dateiformaten zu suchen
    - Beispiel: „Verkehrsunfälle filetype:xls OR filetype:csv"

Einige weitere Operatoren sind zum Beispiel hier zu finden: http://www.google-guide.com/advanced_operators_reference.html. Es lässt sich unter anderem nach Wörtern im Seitentitel („intitle") oder in der Adresse („inurl") suchen. Da die URL aus dem Dateinamen generiert wird und die Dateinamen häufig Wörter wie „FINAL" beinhalten, lässt sich auch danach suchen. Außerdem könnten Sie überrascht sein, wie oft Unternehmen Dokumente mit dem Teilnamen „Vertraulich" ins Internet gestellt haben.

Aber: Nur etwa 20 Prozent der im Internet vorhandenen Informationen sind über Suchmaschinen zu finden (Haarkötter 2019, S. 380). Der Rest wird als „unsichtbares Internet" bezeichnet, was nicht mit dem „Darknet" gleichzusetzen ist.[1] Die Stadt

---

[1] „Das Darknet ist der Teil des Internets, der nur mithilfe bestimmter Verschlüsselungsmechanismen, Browser und Kenntnis der Zieladresse nutzbar ist" (Kunze 2020, S. 139). Nutzende sind dort anonym unterwegs, dies kann für Journalist*innen zum Schutz der Informant*innen nützlich sein oder für Unternehmen zum Schutz vor Wirtschaftsspionage (Gabriel und Röhrs 2018, S. 115), wird aber auch für illegalen Handel mit z. B. Waffen oder Drogen genutzt.

10.2 Suche nach Daten

STADT WUPPERTAL — Statistik-Datenbank Wuppertal

Menü · Kontakt · Impressum

Download · Download-Hilfe · Zeichenerklärung

Bevölkerung nach Altersgruppen, Geschlecht und Nationalität am 31.12.2019

Altersgruppe	Insgesamt			Deutsche			Ausländer		
	zusammen	männlich	weiblich	zusammen	männlich	weiblich	zusammen	männlich	weiblich
unter 3 Jahre	10.815	5.539	5.276	8.235	4.214	4.021	2.580	1.325	1.255
3 bis unter 6 Jahre	10.613	5.435	5.178	8.268	4.275	3.993	2.345	1.160	1.185
6 bis unter 10 Jahre	13.248	6.880	6.368	10.257	5.281	4.976	2.991	1.599	1.392
10 bis unter 15 Jahre	16.579	8.518	8.061	13.280	6.774	6.506	3.299	1.744	1.555
15 bis unter 18 Jahre	10.200	5.266	4.934	8.210	4.222	3.988	1.990	1.044	946
18 bis unter 25 Jahre	30.016	15.371	14.645	22.772	11.321	11.451	7.244	4.050	3.194
25 bis unter 45 Jahre	93.712	48.818	44.894	64.795	33.201	31.594	28.917	15.617	13.300
45 bis unter 60 Jahre	79.612	40.574	39.038	64.339	32.475	31.864	15.273	8.099	7.174
60 bis unter 65 Jahre	23.102	11.343	11.759	20.250	9.881	10.369	2.852	1.462	1.390
65 bis unter 75 Jahre	34.305	15.850	18.455	29.825	13.761	16.064	4.480	2.089	2.391
75 Jahre und älter	40.261	15.989	24.272	37.555	14.595	22.960	2.706	1.394	1.312
Insgesamt	362.463	179.583	182.880	287.786	140.000	147.786	74.677	39.583	35.094

Abb. 10.2 Statistik-Datenbank der Stadt Wuppertal, Screenshot: https://www.wuppertal.de/dbstatistik/, zuletzt am 15. Juli 2020

Wuppertal hat zum Beispiel eine Datenbank mit frei verfügbaren Datensätzen, die als CSV-Dateien heruntergeladen werden können (Abb. 10.2).

Sucht man jedoch zum Beispiel über Google nach „Bevölkerung Wuppertal filetype:csv", taucht die Datenbank nicht in den Ergebnissen auf.

Haarkötter (2019, S. 381) verweist bei der Suche nach Datensätzen auf die Hochschul- und Universitätsbibliotheken, die große Datenbanken oder vertikale Suchmaschinen für Datenbanken über mehrere Bibliotheken hinweg anbieten. Zum Beispiel der Karlsruher Virtuelle Katalog, der eine „Metasuchmaschine" darstellt und über 500 Millionen Medien in Katalogen weltweit durchsuchen kann (Haarkötter 2019, S. 381). Über das Hochschulbibliothekszentrum des Landes Nordrhein-Westfalen lassen sich die Bestände sämtlicher angeschlossener Bibliotheken des Landes durchsuchen. Sie haben dann vielleicht nicht sofort Zugriff auf die Quelle, wissen aber, wo Sie nach ihr weitersuchen oder fragen müssen.

Um die Fülle an vorhandenen Informationen im Internet übersichtlicher zu machen, gibt es sogar Datenbanken für Datenbanken: zum Beispiel das Datenbank-Infosystem (DBIS), www.internet-datenbanken.de oder datahub.io von der „Open Knowledge Foundation" (Haarkötter 2019, S. 381).

Außerdem lohnt sich womöglich ein Blick in den „Friedhof" des Internets, bei der sogenannten „Wayback Machine" archive.org. Dort sind Millionen von Internetseiten archiviert und ältere Versionen der Websites inklusive alter Daten auffindbar (Haarkötter 2019, S. 382).

ÜBUNG: Suchen Sie nach Daten zu Verkehrsunfällen in Wuppertal. Sie werden feststellen, dass diese Daten in der offiziellen Datenbank der Stadt nicht auftauchen. Also probieren Sie es über Google: Welche Suchbegriffe und welche Operatoren führen am schnellsten zum Ziel?

10.3 Daten scrapen

Wenn Sie die Übung gemacht haben, haben Sie womöglich festgestellt, dass die Polizei in NRW sogenannte Jahresverkehrsberichte veröffentlicht, in denen sie Daten zu Unfällen aufführt. Diese liegen leider als PDF vor und beinhalten zudem zahlreiche Informationen, die nicht alle gleichsam relevant sind. Um die Tabellen zu scrapen, die im PDF enthalten sind, können Sie auf Software wie Tabula zurückgreifen. Tabula kann Tabellen in PDFs automatisch erkennen und extrahieren.

ÜBUNG: Laden Sie Tabula herunter und öffnen Sie im Programm das PDF des Jahresverkehrsberichtes der Polizei Wuppertal (https://wuppertal.polizei.nrw/sites/default/files/2020-02/_2019_Jahresverkehrsbericht.pdf, Abb. 10.3).

Abb. 10.3 Der Jahresverkehrsbericht der Polizei Wuppertal 2019 in Tabula

10.3 Daten scrapen

Über „Autodetect" können Sie das Programm im gesamten Dokument nach Tabellen suchen lassen. In dieser Übung geht es aber nur um eine Tabelle, nämlich die Daten der Unfallsachen (S. 15). Ziehen Sie mit der Maus einen Kasten über die Tabelle. Das Problem dieser Tabelle ist, dass die Überschriften der Spalten zum Teil zweizeilig sind (bei „Veränderung" und „Mittelwert"). Das kann ein Programm aber nicht auslesen, deshalb sollten nur die Daten ab der 2. Spalte mit einem Kasten markiert werden (siehe Abb. 10.4).

Anschließend können Sie sich über „Preview & Export Extracted Data" (grünes Feld rechts oben) das Ergebnis ansehen und kontrollieren, ob die richtigen Daten gescraped wurden. So sollte die Tabelle jetzt aussehen (Abb. 10.5):

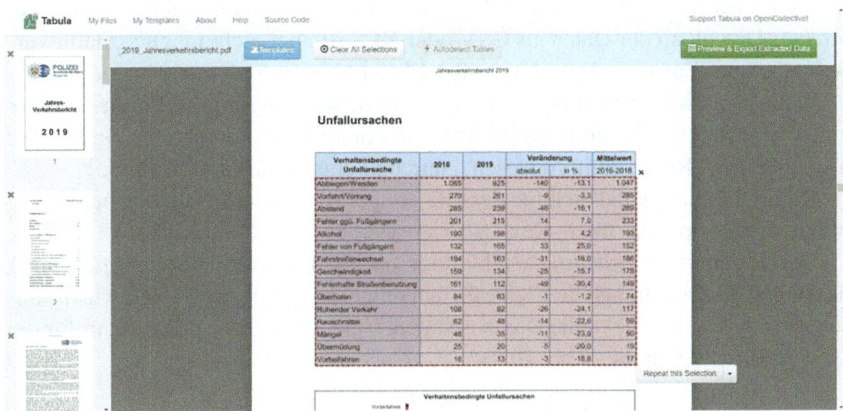

Abb. 10.4 Tabellen markieren mit Tabula

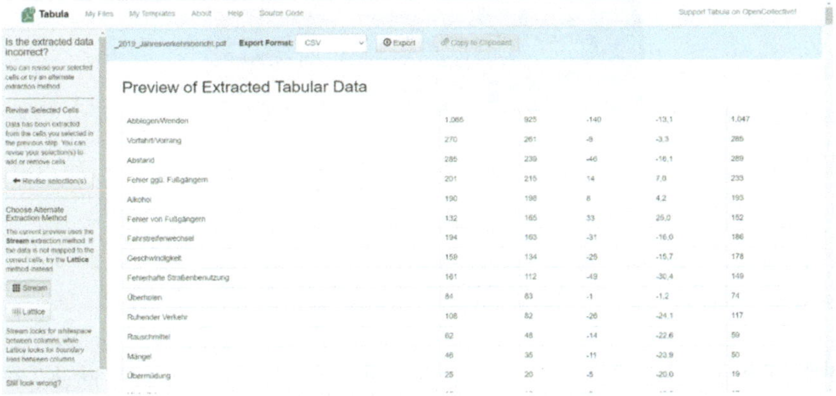

Abb. 10.5 Gescrapte Tabelle aus Tabula

Anschließend können Sie sie als CSV oder in einem anderen Dateiformat exportieren und speichern.

Web-Scraping
Das Scraping ist auch direkt von einer Website möglich, solange der Scraper weiß, was er auslesen soll. Ein recht simples Tool, für das keine Programmierkenntnisse benötigt werden, ist „Data Miner". Es kann als Add-On für den Browser installiert werden und funktioniert besonders gut bei Tabellen, die auf einer Website veröffentlicht wurden.

Nehmen wir als Beispiel wieder unsere Unfall-Recherche. Das Statistische Bundesamt DeStatis hat eine Tabelle über „Verkehrsunfälle und Verunglückte im Zeitvergleich (ab 1950)" veröffentlicht. Die Seite kann zwar geteilt werden, ein direkter Download der Daten als CSV oder XLS ist aber nicht möglich, dafür verweist DeStatis auf seine Datenbank GENESIS (Abb. 10.6).

Wenn Data Miner installiert ist, erscheint neben der Adresszeile im Browser eine weiße Spitzhacke auf rotem Grund. Mit einem Klick darauf kann ein Recipe, also quasi ein „Rezept zum Auslesen", durchgeführt werden (Abb. 10.7).

Unter „Public" findet sich für derartig simpel strukturierte Tabellen bereits ein mögliches Recipe, das über „Run" aktiviert werden kann (Abb. 10.8).

Das Ergebnis ist ordentlich, allerdings hat es die Spaltenüberschriften nicht übernommen und einfach drei leere Zeilen eingefügt. Zudem möchten wir für unsere Geschichte gar nicht alle Daten erhalten, sondern interessieren uns nur für die Gesamtzahl der Unfälle (Abb. 10.9).

Abb. 10.6 Verkehrsunfallstatistik des DeStatis, Screenshot: https://www.destatis.de/DE/Themen/Gesellschaft-Umwelt/Verkehrsunfaelle/Tabellen/liste-strassenverkehrsunfaelle.html#fussnote-1-251628, zuletzt am 15. Juli 2020

10.3 Daten scrapen

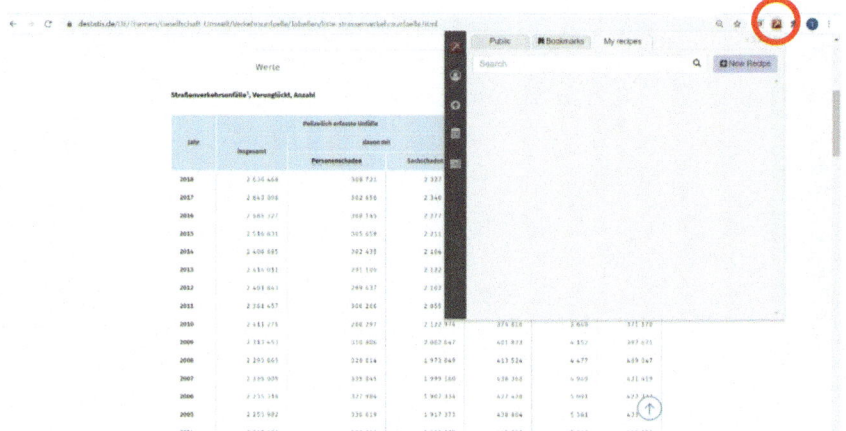

Abb. 10.7 Der Data Miner wird über das Spitzhacken-Symbol aktiviert

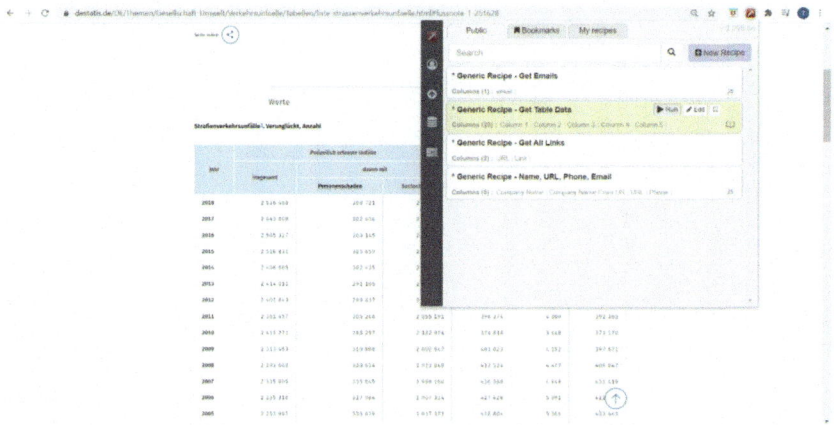

Abb. 10.8 Vorgeschlagene Recipes von Data Miner, „Get Table Data" reicht für simple Tabellen oft aus

Also wird ein eigenes Recipe erstellt. Dafür klicken wir auf „New Recipe" und es öffnet sich der „Recipe Creator". Auf der ersten Seite ist üblicherweise die „List Page" ausgewählt, das ist auch für diese Tabelle die richtige Wahl (Abb. 10.10).

Anschließend geht es zu Punkt 2 („Rows") sowie auf „Find" (Abb. 10.11).

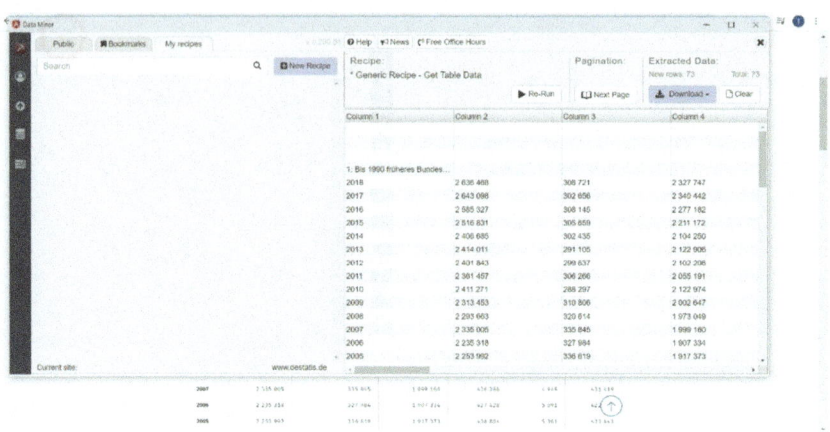

Abb. 10.9 Die mit dem öffentlichen Recipe erstellte Tabelle mit überflüssigen Spalten und Zeilen

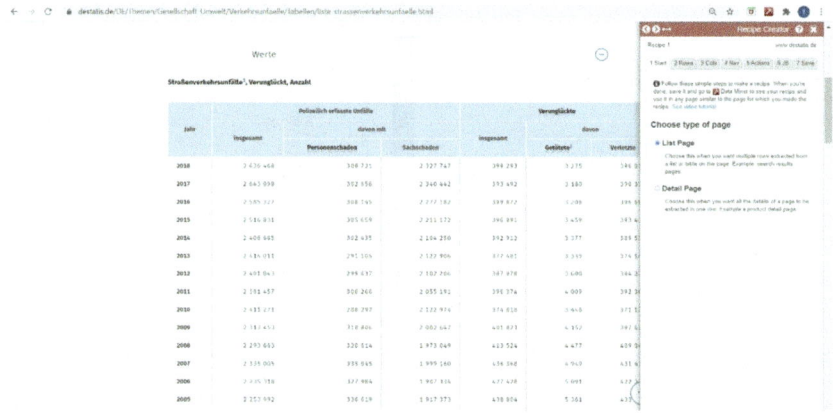

Abb. 10.10 Nach „New Recipe" öffnet sich rechts der „Recipe Creator"

Nun müssen wir dem Data Miner erklären, wie die Tabelle aufgebaut ist, indem wir dem Programm die Zeilen der Tabelle zeigen. Dafür fahren wir mit der Maus über eine Zelle und wählen sie mit der Shift-Taste aus, sie wird so vom Data Miner orange umrandet (Abb. 10.12).

Mit einem Klick auf „Select Parent" erkennt der Data Miner die Zeile der Zelle (Abb. 10.13).

10.3 Daten scrapen

Abb. 10.11 Im Recipe Creator werden die passenden Reihen oder Spalten vorgegeben

Abb. 10.12 Zellen werden im Data Miner mit der Shift-Taste markiert

Das Programm hat durch das Lesen der Website den HTML-Baustein einer Zeile erkannt. Mit einem Haken bei „HTML Element Type" werden alle gleichartigen Elemente, also alle Zeilen, markiert. Passt die Markierung, kann sie über „Confirm" bestätigt werden (Abb. 10.14).

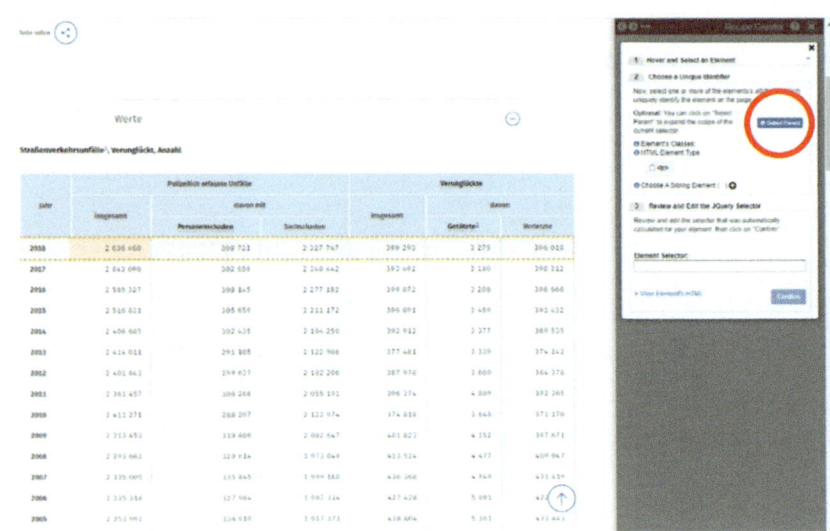

Abb. 10.13 Mit „Select Parent" wird die ganze Zeile erkannt

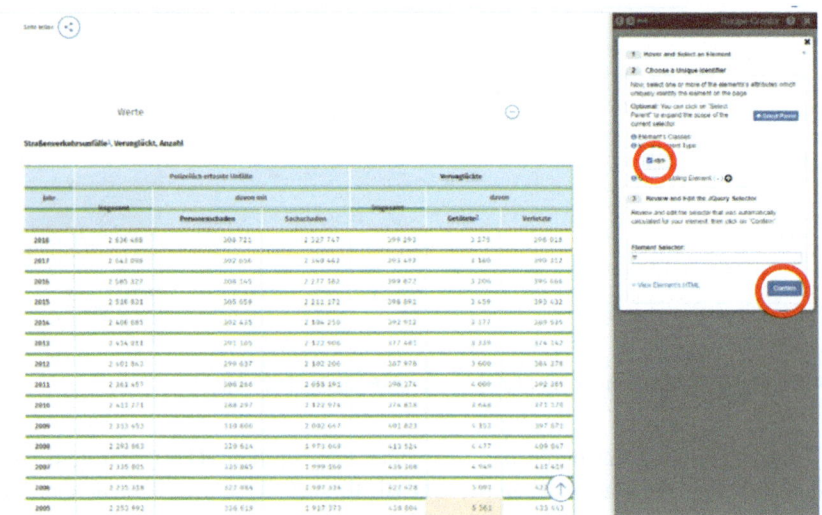

Abb. 10.14 Haken setzen bei „HTML Element Type", bestätigen mit „Confirm"

10.3 Daten scrapen

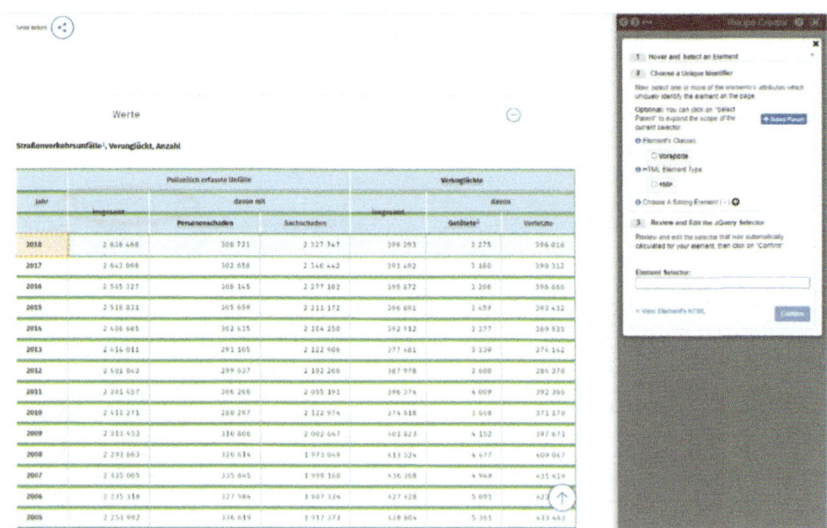

Abb. 10.15 Um Spalten zu finden, muss zunächst wieder eine Zelle mit der Shift-Taste markiert werden

Weiter geht es mit Reiter 3 („Cols"), hier bestimmen wir die Spalten. Der ersten Spalte können wir einen Namen geben: „Jahr". Danach zeigen wir dem Programm die dazugehörige Spalte, indem wir auf „Find" klicken und wiederum mit der Shift-Taste eine Zelle markieren (Abb. 10.15).

Diesmal klicken wir aber auf „Choose a Sibling Element", womit die Zellen darüber und darunter markiert werden (Abb. 10.16).

Aufgrund der unklaren Titelstruktur der Tabelle werden über den Zahlen mehr Zellen erkannt als nötig. Entscheidend ist aber nur, dass die richtigen Zahlen erkannt wurden (die Jahreszahlen). Dasselbe wird mit der Spalte der gesamten Unfälle wiederholt, anschließend kann das Recipe unter Punkt 7 („Save") gespeichert und durchgeführt werden („Run Recipe", siehe Abb. 10.17).

Die nun vorliegende Tabelle hat zwar ebenfalls zu viele Zeilen am Anfang, dafür ist sie bereits auf die zwei für die Recherche relevanten Spalten begrenzt (Abb. 10.18).

Noch mächtiger für das Web-Scraping ist das Tool „Import.io", dafür werden aber eine (in der einfachen Version kostenlose) Registrierung benötigt sowie idealerweise auch Kenntnisse von Codiersprachen (Gebeloff 2016). Andere professionelle Alternativen sind zum Beispiel QuickCode (früher „ScraperWiki") oder Morph. Große Daten-Redaktionen lassen sich die passenden Scraper einfach selbst schreiben.

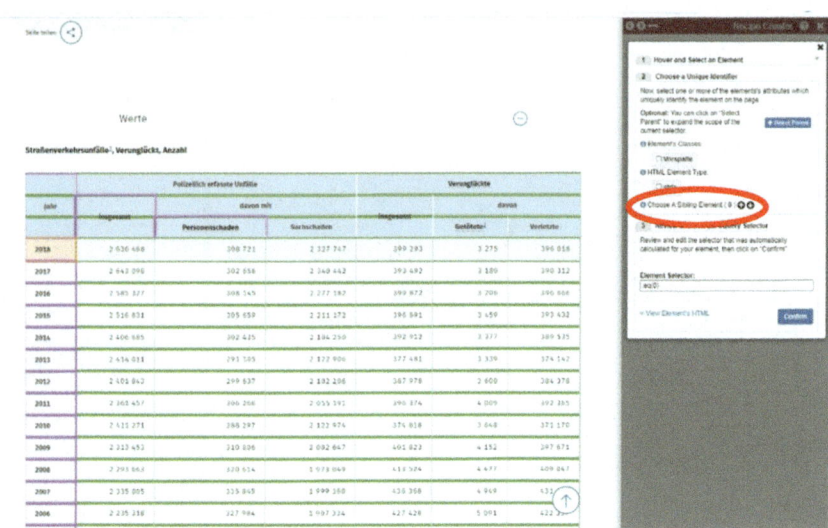

Abb. 10.16 Über die Pfeiltasten können „Sibling Elements" ausgesucht werden

Abb. 10.17 Wenn die Unfallzahlen markiert wurden, kann das Recipe gespeichert und ausgeführt werden

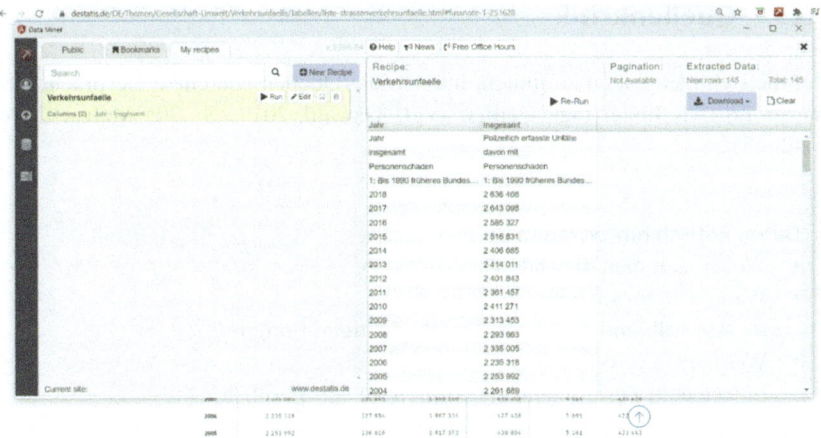

Abb. 10.18 Die Tabelle nach dem selbst erstellten Recipe

10.4 Befreite Daten

Tauchen in der Gesellschaft oder innerhalb von Behörden Probleme auf, sind es nicht nur die Journalist*innen, die danach recherchieren. In den Ämtern selbst finden auch Untersuchungen statt, die erkenntnisreiche Datensätze hervorbringen. Natürlich ist den Verantwortlichen oft wichtig, dass diese internen Unterlagen nicht an die Öffentlichkeit gelangen. Journalist*innen können dies aber in vielen Fällen erzwingen.

Seit 1967 gilt in den USA der Freedom of Information Act (FOI), der Regierungsbehörden gesetzlich dazu verpflichtet, amtliche Informationen preiszugeben (Bradshaw 2018, S. 257). Großbritannien führte 2000 ein ähnliches Gesetz ein, Deutschland zog 2006 mit dem Informationsfreiheitsgesetz nach. „Jeder hat nach Maßgabe dieses Gesetzes gegenüber den Behörden des Bundes einen Anspruch auf Zugang zu amtlichen Informationen", heißt es im IFG § 1. Sofern keine anderen rechtlichen Beschränkungen oder ein „deutlich höherer Verwaltungsaufwand" vorliegen, müssen die Behörden also Informationen (und auch Datensätze) herausgeben.

Aber: Es kann bei der Veröffentlichung von Daten immer wieder rechtliche Streitigkeiten geben, auch bei offenen Daten. Einige Vorgaben sind im Datenbankschutzrecht geregelt, im Zweifel sollte jedoch ein*e Rechtsexpert*in hinzugezogen werden (Matzat 2016, S. 48–49).

10.5 Quellenkritik

Um die richtigen Daten zu finden, müssen die Quellen wie ein*e Gesprächspartner*in kritisch hinterfragt werden (vgl. Oswald 2019, S. 70; Matzat 2016, S. 42–43):

> **Daten kritisch hinterfragen**
> - Woher stammen die Daten?
> - Wann wurden sie erhoben?
>   - Vor, während oder nach einem wichtigen Ereignis?
> - Wer hat sie veröffentlicht?
> - In welchem Zusammenhang wurden sie veröffentlicht?
> - Welche Interessen stecken dahinter?
> - Wie sind sie zustande gekommen?
> - Welche Methode wurde verwendet?
>   - Wurde offen oder geschlossen gefragt?
>   - Wie groß war die Stichprobe?
>   - Welche Variablen gab es?
>
> Zahlen sind nur scheinbar objektiv. Sie können sachlich falsch, unvollständig oder irreführend sein (Breda 2019, S. 55).

Breda (2019, S. iii) hat datenjournalistische Visualisierungen inhaltlich analysiert und festgestellt: „Daten und deren grafische Repräsentation sind – konzeptuell gesehen – nicht objektiver als andere Grundlagen journalistischer Berichterstattung." Wie die Aussagen von Gesprächspartner*innen könnten Daten verkürzt oder weggelassen werden, wenn sie nicht in die Geschichte passen. Entscheidend ist aber oft schon, welche Datensätze überhaupt zur Verfügung stehen.

Matzat (2016, S. 42) sagt: „Daten von Pressestellen sollte man sicherlich eher misstrauen als etwa denen von Statistischen Ämtern." Außerdem fügt er der Quellenkritik folgende Fragen hinzu: „Was steht nicht in den Statistiken drin? Was fehlt, warum wurden zumindest scheinbar naheliegende Aspekte ausgelassen? Warum beginnt eine Statistik erst mit diesem bestimmten Jahr? Es lohnt sich die Mühe zu machen, den manchmal doch sehr umfangreichen Fußnotenapparat unterhalb von Statistiken sorgfältig zu studieren."

Matzat (2016, S. 28) gibt zu bedenken, dass jede Statistik eine*n Autor*in besitzt und aufgrund eines bestimmten Anlasses erstellt wurde. Er zitiert dabei auch Thomas Fischer, Bundesrichter und Kolumnist der „Zeit": „Tatsächlich ist jede Statistik eine zu beantwortende Frage, eine intellektuelle Herausforderung, eine offene Behauptung. Sie kann richtig sein oder falsch, erhellend oder sinnlos" (Fischer 2016).

Werden die Daten via Crowdsourcing selbst erhoben, können Informationen zustande kommen, die anders verborgen geblieben wären. Dabei wird oft auch von „Datenspenden" gesprochen, da Nutzende ihre Informationen freiwillig zur Verfügung stellen. Die „Zeit" fragte 2013 ihre Lesenden nach der Postleitzahl, dem Namen ihrer Bank und der Höhe ihres Dispo-Zins. So entstand ein bundesweites Bild über die Unterschiede der Dispo-Zinsen (Oberhuber et al. 2013). Crowdsourcing birgt aber auch Risiken (vgl. Bradshaw 2018, S. 335–336): die Auswahl, Größe und Repräsentativität der Stichprobe. Die Auswahl und die Art der Fragen. Die Umgebung beim Fragestellen. Die Überprüfung durch eine Kontrollgruppe.

Übrigens: Datenrechercheur*innen tauschen sich über häufig auftretende Probleme in den sozialen Medien oder auch unter getthedata.org aus (Haarkötter 2019, S. 382). Außerdem gibt es weltweit online vernetzte Gruppen mit Journalist*innen und Programmierer*innen, die sich „Hacks" und „Hackers" nennen. In Deutschland sind in Berlin und München HacksHackers-Gruppen aktiv und bündeln so ihre Expertisen, auch durch gemeinsame Events und Vorträge (HacksHackers 2022).

Quellen

Bradshaw, P. (2018). The Online Journalism Handbook. Skills to Survive and Thrive in the Digital Age. Abingdon und New York: Routledge.
Breda, A. (2019). Objektive Diagramme gegen die Vertrauens- und Finanzierungskrise? Inhaltsanalyse datenjournalistischer Visualisierungen. Online: https://www.dropbox.com/s/6kf9xqedj7oewoc/DDJ-MA_Objektivit%C3%A4t_Adrian%20Breda.pdf, zuletzt am 1. Mai 2022.
Fischer, T. (2016, 19. Januar). Inländer – Ausländer – Außenseiter. Online: https://www.zeit.de/gesellschaft/zeitgeschehen/2016-01/kriminologie-migranten-gefahren-statistik-fischer-im-recht/komplettansicht, zuletzt am 1. Mai 2022.
Gabriel, R.; Röhrs, H. (2018). Social Media als Teil von Crossmedia. In: Otto, K.; Köhler, A. (Hg.). Crossmedialität im Journalismus und in der Unternehmenskommunikation (95–120). Wiesbaden: Springer VS.
Gebeloff, R. (2016) Scraping without programming using import.io, online: https://github.com/gebelo/nicar2016/blob/master/importio.docx, zuletzt am 1. Mai 2022.

Grass, J. (2018). Von den Daten zur Story. Vermittlungsleistungen von Datenjournalismus. In: Lünenborg, M.; Sell, S. (Hg.). Politischer Journalismus im Fokus der Journalistik (345–368). Wiesbaden: Springer VS.

Haarkötter, H. (2019). Journalismus.Online. Das Handbuch zum Online-Journalismus. Köln: Herbert von Halem Verlag.

HacksHackers (2022). *Übersicht „122 Groups"*. Online: https://hackshackers.com/groups/, zuletzt am 1. Mai 2022.

Kunze, D. (2020). Strafverfolgung Digital. In: Rüdiger, T.; Bayerl, P. (Hg.). Cyberkriminologie. Kriminologie für das digitale Zeitalter (135–150). Wiesbaden: Springer Fachmedien.

Matzat, L. (2016). Datenjournalismus. Methode einer digitalen Welt. Konstanz und München: UVK.

Oberhuber, N.; Uken, M.; Venohr, S. (2013, 11. Juli). Reine Raffgier. Online: https://www.zeit.de/2013/29/banken-dispo-zinsen-wucher, zuletzt am 1. Mai 2022.

Oswald, B. (2019). Digitaler Journalismus. Ein Handbuch für Recherche, Produktion und Vermarktung. Zürich: Midas

Weinacht, S.; Spiller, R. (2013, 1. Januar). Wie wissenschaftlich ist Datenjournalismus? Ergebnisse einer bundesweiten Befragung. Online: https://www.wpk.org/quarterly/einzelartikel/wie-wissenschaftlich-ist-datenjournalismus.html

Weinacht, S.; Spiller, R. (2014). Datenjournalismus in Deutschland. Eine explorative Untersuchung zu Rollenbildern von Datenjournalisten. Publizistik, 59 (Nr. 4), 411–433.

Wörpel, S. (2016, 19. Dezember). Datenjournalismus für Lokalreporter. Online-Kurs mit YouTube-Videos: https://correctiv.org/bildung/ddj/datenjournalismus-fuer-lokalreporter/, zuletzt am 1. Mai 2022.

Arbeitsweisen des Datenjournalismus 11

Zusammenfassung

Für den einen sind es fünf Cs, für die anderen drei Ds – letztlich beschreiben sie dasselbe: die Arbeitsschritte von Datenjournalisten*innen. Bradshaws (2018, S. 254) fünf Cs lauten „Compile", „Clean", „Context", „Combine" und „Communicate". Weinacht & Spiller (Datenjournalismus in Deutschland. Eine explorative Untersuchung zu Rollenbildern von Datenjournalisten. Publizistik, 59(4):411–433, 2014, S. 418) haben die Datenerhebung, die Datenauswertung und die Datenaufbereitung als zentrale Arbeitsstufen festgestellt – drei Ds also. In beiden Fällen hat das vorangegangene Kap. 10 den ersten Arbeitsschritt betrachtet: die Recherche, bzw. Compile oder Datenerhebung.

Bei den weiteren Arbeitsweisen folgt dieses Buch Bradshaws Definition, da die Unterteilung in kleinere Schritte gerade für Einsteiger*innen in den Datenjournalismus sinnvoller erscheint. Nach der Recherche geht es also um „Clean", das Säubern von Daten. Denn häufig liegen die Datensätze noch fehlerhaft oder unstrukturiert vor. Von strukturierten Daten spricht man, wenn ein Datensatz nach einem bestimmten Muster gleichmäßig aufgebaut ist und jeder Ausprägung gleichartige Eigenschaften zugewiesen sind (Haarkötter. Journalismus.Online. Das Handbuch zum Online-Journalismus. Herbert von Halem Verlag, Köln, 2019, S. 388).

Durch eine klare Struktur werden die Datsensätze maschinell lesbar. Die Struktur richtet sich deshalb auch nach dem Programm, mit dem die Daten ausgewertet werden sollen. Verbreitet ist einfache Software wie Excel oder Google Tabellen, Profis nutzen SPSS oder R (Oswald 2019, S. 71; Weinacht und Spiller. Datenjournalismus in Deutschland. Eine explorative Untersuchung zu Rollenbildern von Datenjournalisten. Publizistik, 59(4):411–433, 2014, S. 418).

Schlüsselwörter

Daten säubern und filtern · Daten analysieren · Rechenprogramme · Excel · Open Refine · Daten aufbereiten · Visualisierung · Diagramme · Transparenz

11.1 Data-Wrangling – Säubern & Filtern von Daten

Das Data-Wrangling befasst sich einerseits mit der richtigen Formatierung der Dateien und der Strukturierung der Daten, betrachtet andererseits aber auch den konkreten Inhalt der Daten. Es kommt vor, dass einzelne Zellen oder ganze Spalten und Zeilen leer sind oder für die gewünschte Geschichte überflüssig. Wörter können falsch geschrieben sein, sind vielleicht nicht einheitlich geschrieben oder Rechtschreibfehler haben sich eingeschlichen (Bradshaw 2018, S. 260). Straßennamen und Hausnummern sind manchmal in einer Zelle geschrieben, ein anderes Mal in zwei Zellen aufgeteilt. Manche Datenbanken schreiben zuerst die Nachnamen, andere die Vornamen (Matzat 2016, S. 50). Für einen Computer ist aber Einheitlichkeit wichtig. Die Stadt Köln mag für uns beim Lesen auch als „Koeln" oder „Cologne" geschrieben im Kopf „Köln" bleiben, für einen Computer jedoch sind dies drei unterschiedliche Werte.

In diesem Beispiel wird auch ein häufiges Problem der deutschen Sprache deutlich: die Umlaute. Beim Encoding von Datensätzen, also dem Auslesen durch ein Programm wie Excel, kann es vorkommen, dass die Umlaute nicht erkannt werden und „Köln" plötzlich „K?ln" geschrieben wird. Dies liegt meist daran, dass die Datei nicht im UTF-8-Code kodiert wurde, Excel dies aber als standardmäßigen Code erwartet, es ist die meistgenutzte Kodierung im Internet weltweit (vgl. Matzat 2016, S. 51). Anders codierte Dateien können bei Excel über Daten > Aus Text/CSV im vom Urheber ausgewählten Ursprungs-Code importiert werden, speichern sollte man den Datensatz anschließend als „CSV UTF-8". Auch die Bearbeitung über verschiedene Betriebssysteme (Apple, Windows, Linux) kann zu solchen Fehlern führen.

> Wie für die meisten Fehler gilt: Am besten eine Programmfunktion suchen, bevor händisch Daten bearbeitet werden! Außerdem sollte vor der Säuberung eine Sicherungskopie der Datei erstellt werden.

Einige Tipps (vgl. Bradshaw 2018, S. 260–261):

- Rechtschreibfehler können oft durch die Software erkannt werden, womöglich muss das Wörterbuch nur einige neue Begriffe lernen.
- Sagen Sie der Software, wie Zahlen formatiert werden sollten (z. B. als Währung mit €-Zeichen oder mit genauer Anzahl Kommastellen).

11.1 Data-Wrangling – Säubern & Filtern von Daten

- Mit „Suchen und Ersetzen" lassen sich in Excel Fehler wie doppelte Leerzeichen oder andere Punktations-Fehler beheben.
  - Wichtig ist zudem, dass keine Zellen ohne auswertbare Zahl bleiben. Manchmal haben die Ersteller*innen von Datensätzen Lücken gelassen oder ein Minus-Zeichen (-) eingefügt, wenn Werte fehlten. Mit Symbolen kann ein Computer aber nicht rechnen. Diese können durch „Suchen und Ersetzen" durch Nullen (0) ersetzt werden.
- Genauso kann Excel nach Duplikaten im Datensatz suchen und diese löschen („Daten" > „Duplikate entfernen").
- Durch das Sortieren von Daten lässt sich oft auf einen Blick feststellen, ob eine Zahl aus der Reihe fällt und womöglich falsch eingegeben wurde.
- Besonders am Anfang eines Textes können sich Leerzeichen einschleichen, die dem Programm das Auslesen erschweren.

11.1.1 OpenRefine

OpenRefine ist eine kostenlose Open-Source-Software zum Säubern und Filtern von Daten. Das Programm wurde von Google entwickelt, ist aber mittlerweile unabhängig (Bradshaw 2018, S. 261). OpenRefine eignet sich besser für das Data-Wrangling als etwa Excel, da es mit großen Datenmengen besser klarkommt und über die gerade beschriebenen Tipps hinaus noch weitere hilfreiche Optionen beinhaltet. OpenRefine bietet zum Beispiel schon beim Importieren von Daten die Möglichkeit, überflüssige Zeilen oder Spalten zu löschen. Außerdem erkennt das Programm ähnliche Dateneingaben (zum Beispiel kleine Tippfehler oder unterschiedliche Schreibweisen eines gleichen Begriffs), die sich mit einer einfachen Operation zu einem Begriff festlegen lassen. Sehr nützlich ist zudem das Filtern nach Begriffen, die das Programm automatisch erkannt hat. Besonders wertvoll ist OpenRefine aber deshalb, da es die Dateiformate von Datensätzen verändern kann, ein XML-Format kann zum Beispiel zu einem CSV oder Json transformiert werden (Matzat 2016, S. 52).

> *ÜBUNG: Sie möchten die Wuppertaler Daten zu Unfallursachen mit den bundesweiten Daten vergleichen. Zu finden sind sie im GENESIS des Statistischen Bundesamtes. Laden Sie OpenRefine herunter und importieren Sie den gefundenen Datensatz (Abb. 11.1).*

Durch einen Haken bei „Ignore first … line(s) at beginning of file" lässt sich festlegen, dass die ersten vier Reihen gelöscht werden sollten – sie sind ohne Inhalt, die eigentliche Titelzeile ist die 4. Zeile. Dadurch, dass bei „Parse next 1 line

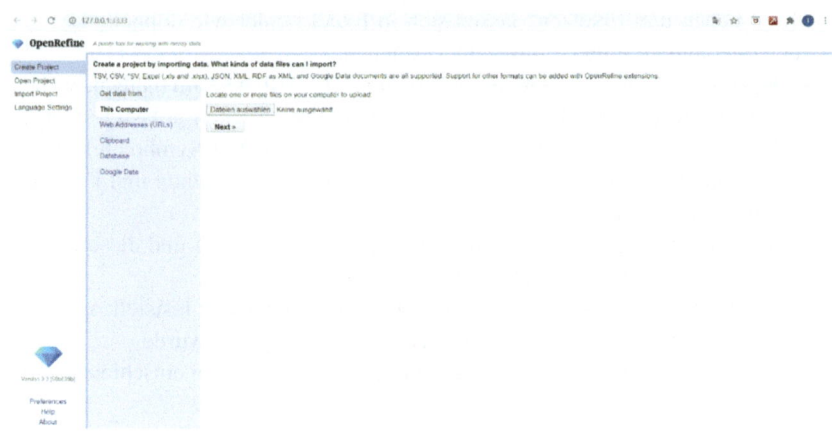

Abb. 11.1 Startseite von OpenRefine, das über den Browser funktioniert

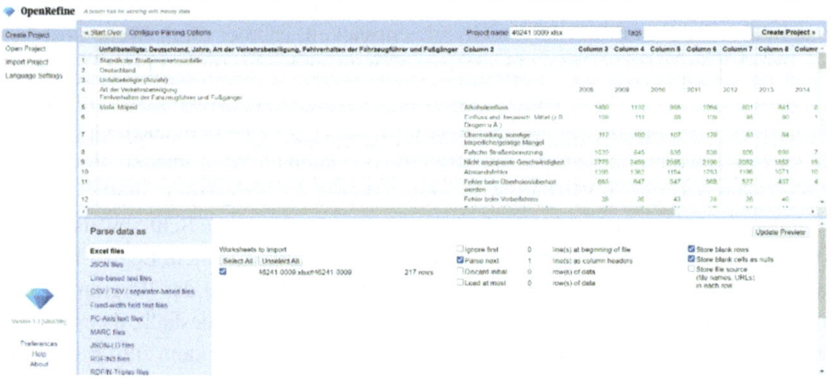

Abb. 11.2 So sieht der Datensatz nach dem Import aus

as column headers" der Haken gesetzt ist, wird die 4. Zeile zur Titelzeile der Spalten. Sieht der Datensatz gut aus, klicken Sie auf „Create Project" oben rechts (siehe Abb. 11.2, 11.3 und 11.4).

Die Spalte der „Art der Verkehrsbeteiligung…" wird nicht benötigt, da der Wuppertaler Datensatz nicht nach diesem Schema aufgeschlüsselt worden ist. Über „Edit Column" > „Remove this column" kann die Spalte gelöscht werden (Abb. 11.5).

11.1 Data-Wrangling – Säubern & Filtern von Daten

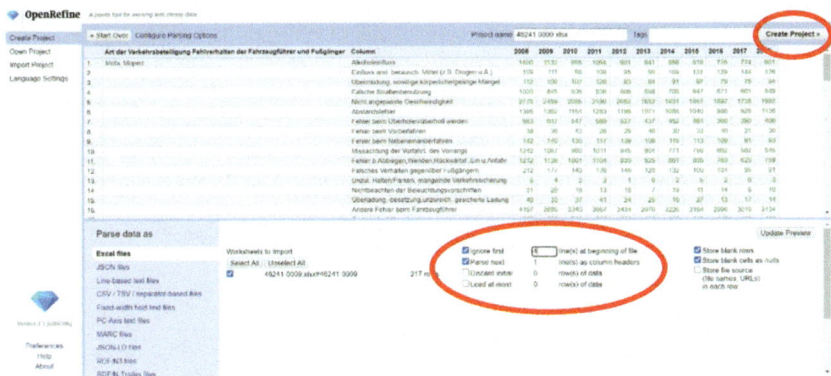

Abb. 11.3 Die Jahreszahlen stehen durch die Einstellungen im roten Kreis nun im Titel, oben rechts kann das Projekt kreiert werden

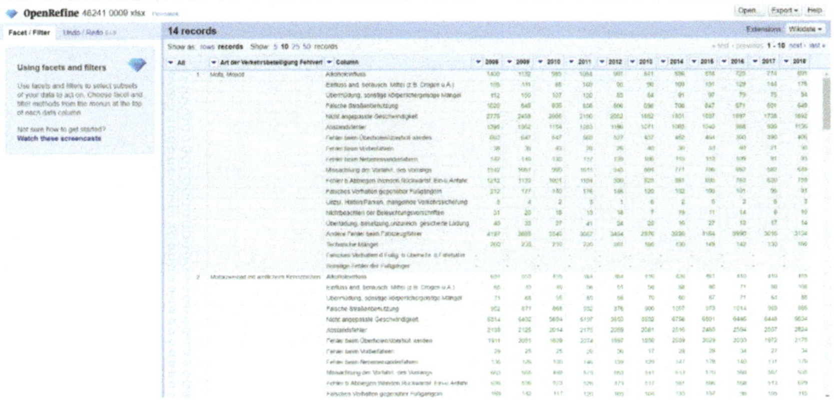

Abb. 11.4 So sieht die importierte Tabelle als neues Projekt aus

Anschließend können Sie die Spalte der Unfallursachen automatisch nach wiederkehrenden Begriffen durchsuchen lassen. Dies funktioniert über „Facet" > „Text facet" (außerdem wurde im Beispiel Abb. 11.6 bereits die Spalte über „Edit column" > „Rename this column" umbenannt).

Links sind nun die Unfallursachen zu sehen, die einzeln angeklickt oder miteinander kombiniert werden können. OpenRefine wirft entsprechend die Daten aus (Abb. 11.7).

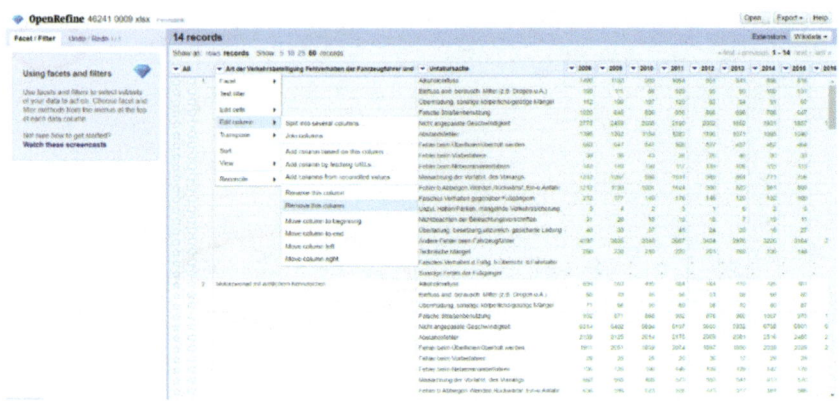

Abb. 11.5 Spalten löschen über „Edit column" > „Remove this column"

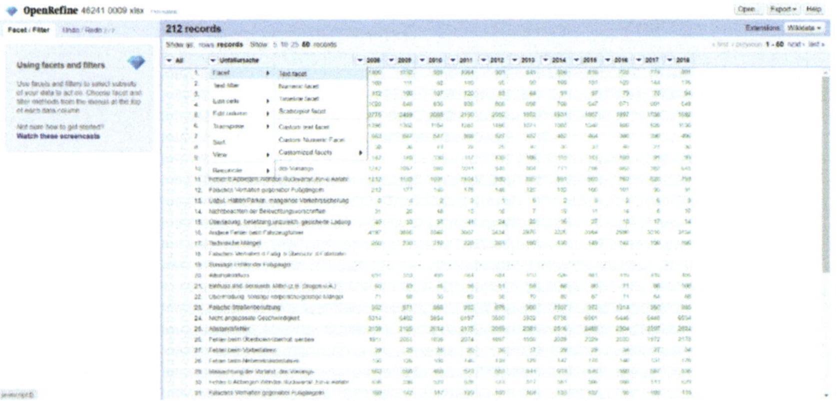

Abb. 11.6 „Text facet"-Funktion von OpenRefine

Das Programm kann auch rechnen, zum Beispiel erhält man die Gesamtzahl der einzelnen Jahre, indem man eine neue Spalte hinzufügt („Add new column based on column") und einen Code eingibt, der die einzelnen Werte der Zellen zusammenrechnen lässt (Abb. 11.8). Unten sind bereits die Vorschauwerte der entstehenden Spalte zu sehen. Das Berechnen und Auswerten der Daten erfolgt aber eigentlich erst im nächsten Kapitel (Analyse von Daten).

11.1 Data-Wrangling – Säubern & Filtern von Daten

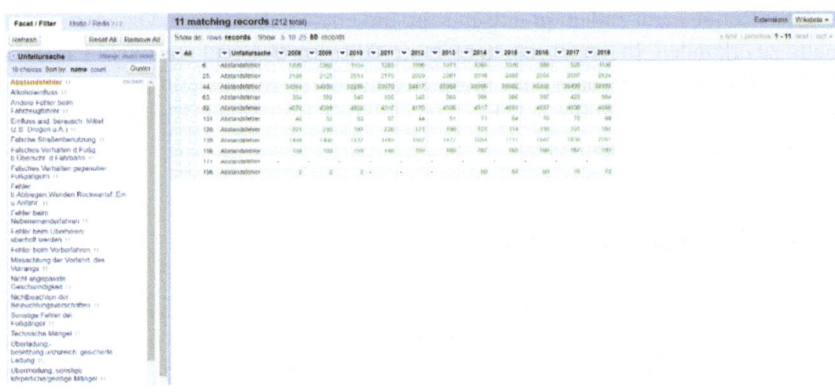

Abb. 11.7 OpenRefine hat nun alle Unfallursachen erkannt (linker Rand)

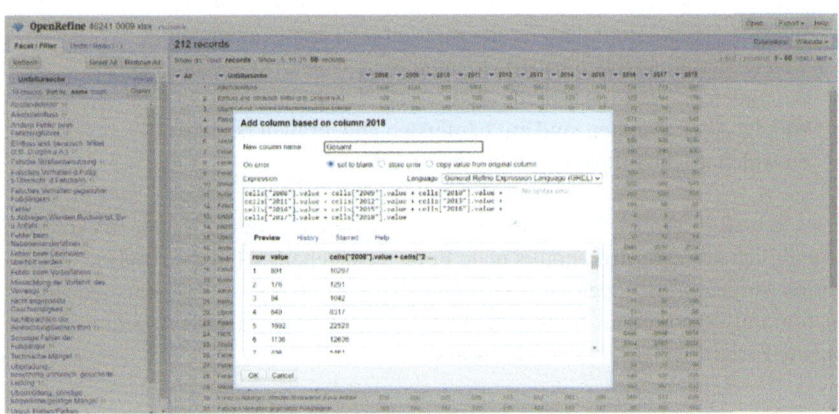

Abb. 11.8 Rechnen mit OpenRefine

Es lohnt sich, OpenRefine und die darin verwendete Sprache Google Refine Expression Language (GREL) genauer kennenzulernen und auszuprobieren. Eine Einführung in das Programm gibt es zum Beispiel unter https://schoolofdata.org/handbook/recipes/cleaning-data-with-refine/ oder unter https://onlinejournalism-blog.com/tag/google-refine/. Eine Übersicht über GREL-Funktionen gibt es zum Beispiel hier: https://docs.openrefine.org/manual/grelfunctions (alle Links zuletzt am 1. Mai 2022).

OpenRefine kann zudem praktisch sein, um einen unbekannten Datensatz erstmalig zu erkunden. Im Datensatz der Übung fällt zum Beispiel nach dem Clustern der Unfallursachen auf, dass die Unfälle bedingt durch Alkoholeinfluss in den vergangenen Jahren abgenommen haben, die Unfälle aufgrund des Einflusses anderer berauschender Mittel nahmen zu.

11.2 Analyse von Daten

Wenn der richtige Datensatz gefunden ist, geht es um den wirklich inhaltlichen Teil der datenjournalistischen Arbeit: die Analyse. Bradshaw (2018, S. 261 ff.) zählt dazu das „Questioning and contextualising", die Daten werden also befragt und in einen bestimmten Kontext gebracht. Er weist auch gleich darauf hin, dass man vor lauter möglichen Fragen schnell den Überblick verlieren könnte. Mit Datensätzen zu Verkehrsunfällen könnten zum Beispiel Antworten auf folgende Fragen gesucht werden:

- Wie hat sich die Zahl der Unfälle im Laufe der Jahre entwickelt?
- Welche Unfallursachen haben zugenommen, welche abgenommen?
- Wo finden die meisten Unfälle statt?
- Welche Altersgruppen sind am häufigsten an Unfällen beteiligt?
- Zu welcher Uhrzeit passieren die meisten Unfälle?

Gerade weil in großen Datensätzen viele mögliche Recherchefragen stecken und womöglich aus einer Erkenntnis neue Fragen entstehen, sollte die Analyse zielorientiert vorgenommen werden. Bradshaw (2018, S. 262) sagt, dass nach der Information mit dem größten Nachrichtenwert sowie den wichtigsten Aspekten für die eigene Zielgruppe gesucht werden sollte.

> **Datenanalyse: Zentrale Fragen**
> Oswald (2015, S. 96) sagt, dass es bei der Datenanalyse immer zwei zentrale Fragen gibt:
>
> 1. Was ist die Geschichte?
> 2. Warum ist das so?

Konkret wird also bei jeder statistischen Auffälligkeit darauf geblickt, ob sich dahinter eine Story verbirgt – oder sich die Werte durch bestimmte Aspekte der Datenerhebung oder des Kontextes leicht erklären lassen. Das Statistische Bundesamt

11.2 Analyse von Daten

meldete zum Beispiel im Mai, dass es im März 2020 so wenige Verkehrsunfälle gegeben habe wie noch nie seit der Wiedervereinigung (DESTATIS 2020). Sind die deutschen Autofahrenden so vorsichtig geworden? Natürlich nicht, es waren aufgrund der Corona-Pandemie einfach weniger Menschen unterwegs.

Oswald (2015, S. 96) empfiehlt, Schritt für Schritt immer speziellere Fragen an den Datensatz zu stellen. Zum Beispiel:

- Wie viele Unfälle gab es in Ihrer Stadt?
- Wie viele Unfälle mit Personenschaden gab es in Ihrer Stadt?
- Wie viele Unfälle mit Personenschaden pro 1000 Einwohner*innen in Ihrer Stadt?

Wichtig ist aber, auch mit vorher aufgestellten Hypothesen nicht voreingenommen in die Analyse zu gehen. Wer nur nach einem Beweis für seine Aussage sucht, interpretiert einen Datensatz womöglich falsch. Blastland (2012) schreibt: „The point here is that if you believe in data, try to let it speak before you slap on your own mood, beliefs or expectations. […] Data journalism, to me at least, adds little value if you are not open-minded."

11.2.1 Rechnen (lassen)

Für die Beantwortung der Fragen kommen Rechenprogramme ins Spiel. Profis nehmen gerne SPSS oder lassen sich die nötigen Formeln selbst programmieren. Für viele Datenrecherchen reichen aber schon „Microsoft Excel" oder das kostenfreie „Libre Office Calc". Auch Google bietet mit „Google Tabellen" einen simplen und praktischen Dienst an, der besonders für die Zusammenarbeit mit Kolleg*innen sinnvoll ist, da online gleichzeitig an einem Dokument gearbeitet werden kann. Aber: Sensible Informationen sollten immer besser offline oder über verschlüsselte Wege bearbeitet werden (Matzat 2016, S. 56).

Bei der Analyse der Daten möchten Journalist*innen Muster erkennen (Oswald 2019, S. 73). Rosenbaum (2012) nennt acht klassische Typen von Datengeschichten, nach denen in Datensätzen gesucht wird:

1. Measurement
   a. Zum Beispiel: Wie viele Unfälle gab es insgesamt?
2. Proportion
   a. Zum Beispiel: Für wie viele der Unfälle war Alkoholeinfluss die Ursache?
3. Internal Comparison
   a. Zum Beispiel: Was verursacht mehr Unfälle in Wuppertal: Alkohol oder andere Drogen?

4. External Comparison
   a. Zum Beispiel: Welche Unfallursachen kommen in Wuppertal häufiger vor als in Düsseldorf oder in der gesamten Bundesrepublik?
5. Change over Time
   a. Zum Beispiel: Wie hat sich die Zahl der Unfälle in Wuppertal im Vergleich zu den Vorjahren geändert?
6. ‚League Tables' (Relationen beachten!)
   a. Zum Beispiel: Welche Stadt in NRW verzeichnet die meisten Verkehrsunfälle je 1000 Einwohner*innen? Welche die zweitmeisten? Usw.
7. Analysis by Categories
   a. Zum Beispiel: Wie viel höher oder niedriger ist der Anteil der Männer, die wegen Alkoholeinflusses einen Unfall bauen, im Vergleich zu Frauen?
8. Association
   a. Zum Beispiel: Gibt es in Städten, in denen es mehr Polizist*innen je 1000 Einwohner*innen gibt, weniger Verkehrsunfälle?

Um diese Geschichten herauszufinden, bieten die Programme eine Vielzahl von Rechenfunktionen. Schon mit einfachen Funktionen lassen sich elementare Informationen finden (vgl. Oswald 2019, S. 74):

- Addieren
- Subtrahieren
- Multiplizieren
- Dividieren
- Arithmetisches Mittel bilden
- Median bilden
- Sortieren
- Filtern

Excel startet eine Berechnung, wenn es für eine Zelle eine Formel erhält. Diese beginnt mit einem „="-Zeichen und der Formelbezeichnung bzw. mit weiteren Rechensymbolen wie +, −, * oder /. Das Programm stellt über 400 Funktionen bereit. Zum Beispiel lässt sich mit „SUMME" die Summe eines festgelegten Bereichs bestimmen: „=SUMME(A2:A50)". Eine Übersicht aller Funktionen samt Kategorisierung finden Sie bei Excel unter „Formeln" > „Funktion einfügen" (Abb. 11.9).

Wertvoll ist zudem das Erstellen einer Pivot-Tabelle, die große Datenmengen nach Gemeinsamkeiten filtern kann und überschaubarer macht. Dies eignet sich zum Beispiel bestens für die Daten zu bundesweiten Unfallursachen, die wir mit

11.2 Analyse von Daten

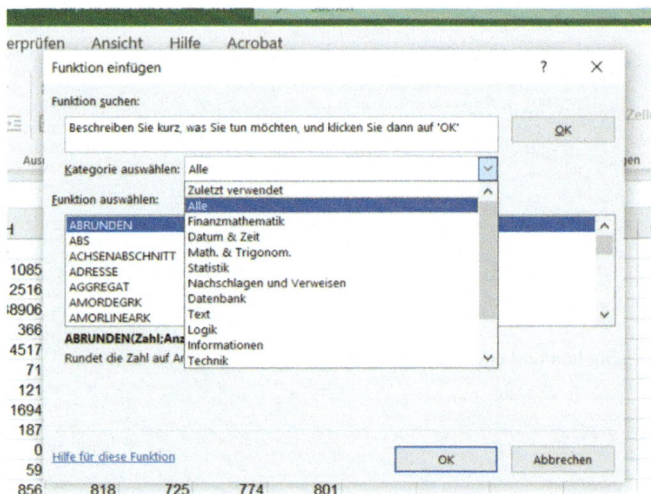

Abb. 11.9 Übersicht der Funktionen in Microsoft Excel

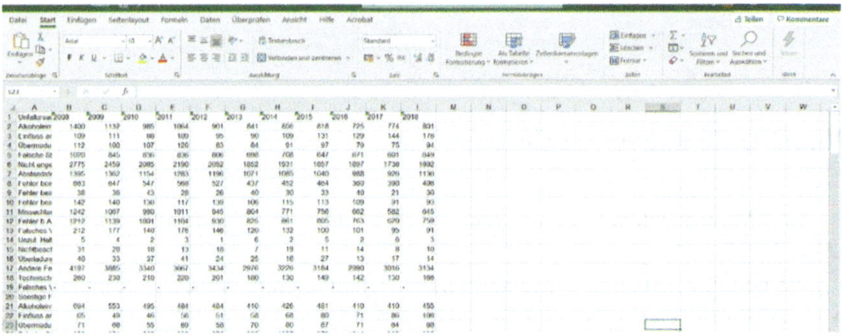

Abb. 11.10 Importierter Datensatz zu bundesweiten Unfallursachen

OpenRefine bearbeitet haben (Kap. 11.1.1). Dieser Datensatz sieht nach dem Export aus OpenRefine und dem Import in Excel so aus (Abb. 11.10):

Unübersichtlich, nicht wahr? Als erstes können wir fehlende Werte, die nur mit einem Minuszeichen gestrichen wurden, durch Nullen ersetzen, damit Excel damit rechnen kann. Dies geht über „Suchen & Auswählen" > „Ersetzen" oder einfach durch „STRG+H" (Abb. 11.11).

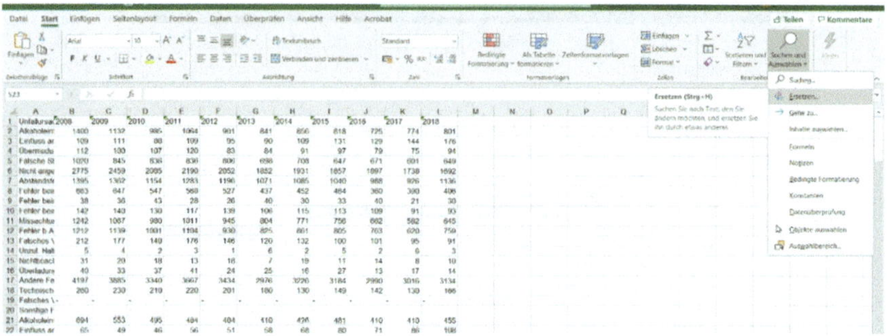

Abb. 11.11 „Suchen und ersetzen" in Microsoft Excel

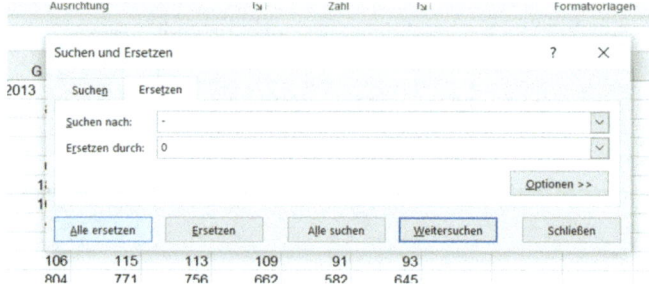

Abb. 11.12 Bindestriche durch Nullen ersetzen

Aus Minuszeichen werden nun Nullen, dies wird auf alle angewendet (Abb. 11.12).

Die Unfallursachen in der linken Spalte stehen noch in derselben Reihenfolge, wie das Statistische Bundesamt sie ausgegeben hatte – aufgeteilt nach den Arten der Verkehrsbeteiligung, doch diese Spalte wurde ja gestrichen. Mit einem Rechtsklick auf eine der Zellen können wir alle Zellen der Spalte alphabetisch sortieren lassen (Abb. 11.13).

Nun geht es zur Pivot-Tabelle. Dafür werden alle Zellen markiert (geht auch über „STRG+A"), über „Einfügen" > „PivotTable" wird die Tabelle erstellt (Abb. 11.14).

Es ist ratsam, im sich öffnenden Dialogfeld „Neues Arbeitsblatt" auszuwählen, um den Überblick zu behalten. Sie können sich auch von Excel „Empfohlene PivotTables" anzeigen lassen (Abb. 11.15).

11.2 Analyse von Daten

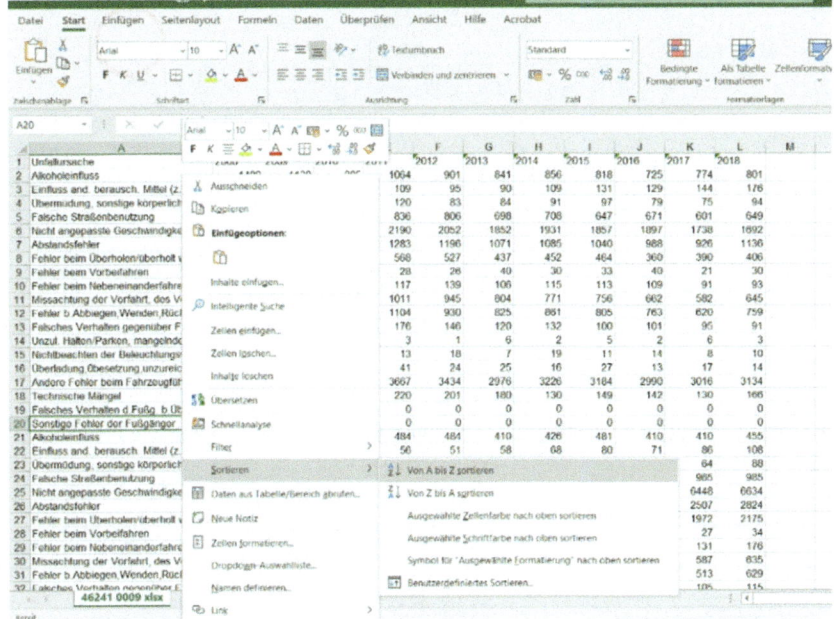

Abb. 11.13 Sortieren-Funktion in Microsoft Excel

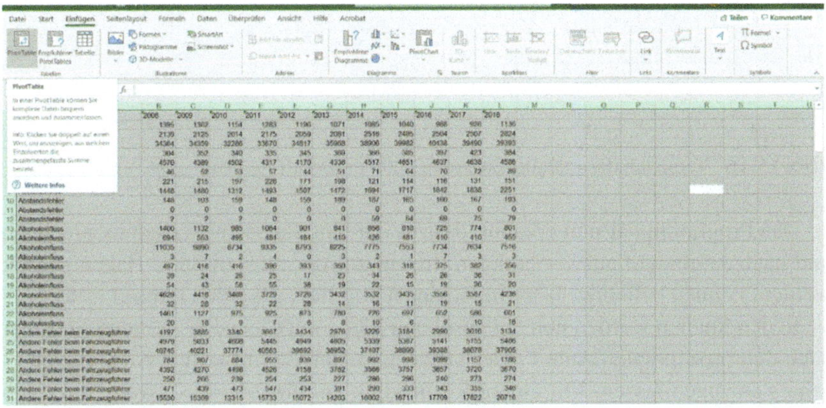

Abb. 11.14 Pivot-Tabelle erstellen in Microsoft Excel

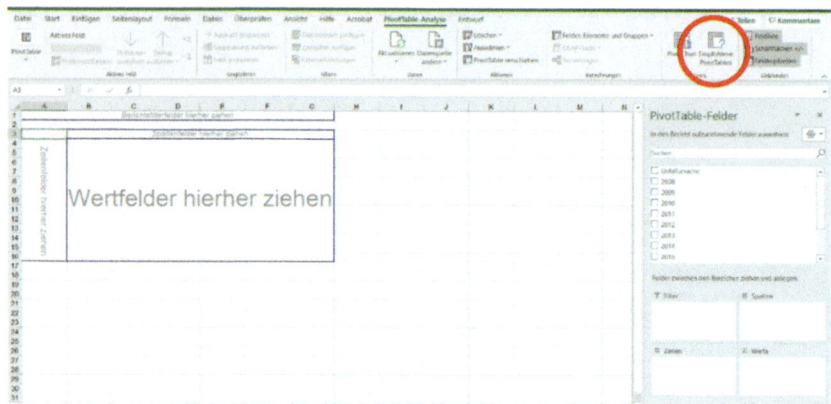

Abb. 11.15 PivotTable-Analyse in Excel. Oben rechts können „empfohlene PivotTables" angezeigt werden

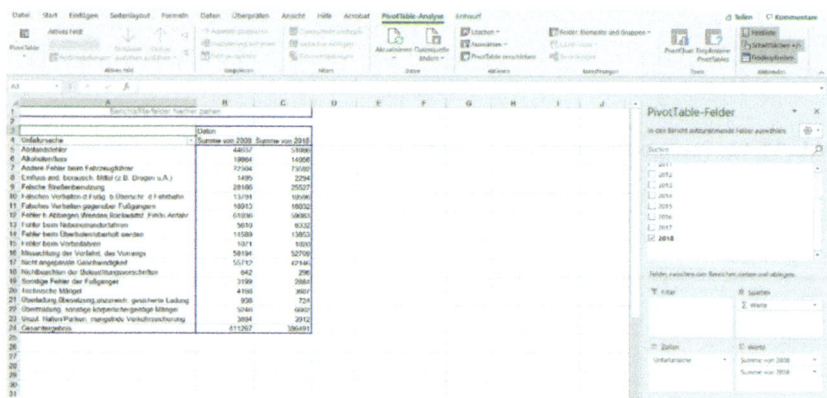

Abb. 11.16 Vergleich der Unfallursachen in 2008 und 2018

Das Programm hat nun erkannt, dass es die Unfallursachen zusammenrechnen und nach Jahreszahl auswerfen kann. Indem auf der rechten Seite Haken gesetzt werden, können beliebige Jahre miteinander verglichen werden (Abb. 11.16).

In den Spalten werden nun die absoluten Werte angezeigt. Sie können sich aber auch den prozentualen Anteil jeder Ursache an der Gesamtzahl der Unfälle eines Jahres anzeigen lassen. Mit einem Rechtsklick auf eine Zelle > „Werte anzeigen als" > „% des Gesamtergebnisses" (Abb. 11.17).

11.2 Analyse von Daten

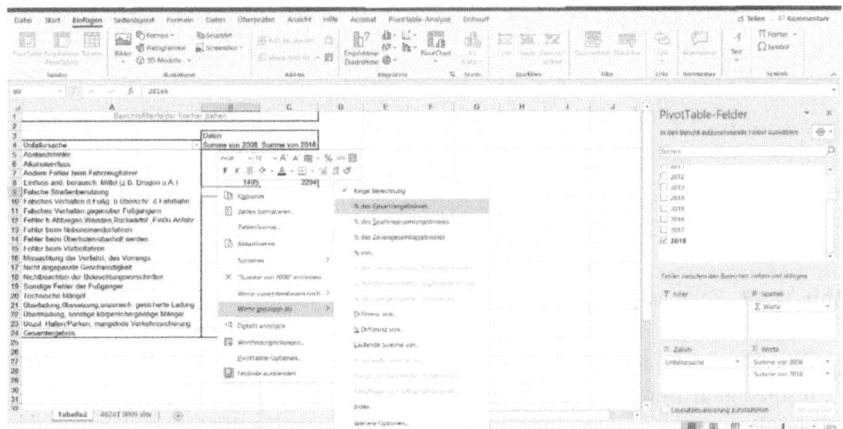

Abb. 11.17 Werte einer PivotTable anders anzeigen lassen

Weitere Tipps für Excel (Matzat 2016, S. 57–59):

- Formeln lassen sich mit einem „Griff" unten rechts an einer Zelle auf die danebenstehenden oder darunterliegenden Zellen per Ziehen übertragen, für ein automatisches Befüllen aller Zellen einer Spalte genügt ein Doppelklick auf das kleine Quadrat am rechten unteren Rand der Zelle. Das Programm passt dadurch die eingegebene Funktion an die anderen Zellen an. Steht in der ersten Zelle „=A2/B2", würde in der Zelle darunter A3/B3 berechnet. Wenn aber alle Zellen durch einen bestimmten Wert geteilt werden sollen, muss diese Zelle mit $-Zeichen fixiert werden („=A3/B3").
- Zellen und deren Inhalte lassen sich kopieren und in andere Felder einsetzen. Manchmal kommt es zu einer Fehlermeldung, weil beim Kopieren die Formeln nicht mehr funktionieren. Dies lässt sich mit einem Rechtsklick > „Werte einfügen" beheben.
- Zellinhalte lassen sich zusammenfügen und auch teilen, dies kann zum Beispiel für Adressen sinnvoll sein, die auf verschiedene Weisen eingegeben wurden (Abb. 11.18).
- Mit einer „bedingten Formatierung" lässt sich festlegen, dass eine Zelle eine festgelegte Hintergrundfarbe erhalten soll, wenn ihr Inhalt zum Beispiel negativ ist oder in einem auffälligen Bereich liegt. So lassen sich Ausreißer oder Besonderheiten leicht optisch hervorheben.

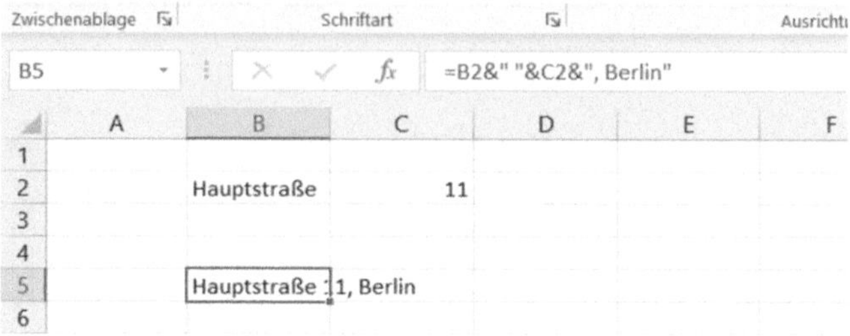

Abb. 11.18 Zellinhalte zusammenfügen

- Eine häufig genutzte Funktion ist der SVerweis. Damit durchsucht Excel einen festgelegten Bereich nach einem Suchbegriff und kann den Wert ausspielen, zum Beispiel den Preis eines Produkts in einer Preistabelle.

> *ÜBUNG: Beenden Sie die Analyse! Vergleichen Sie die Zahlen der Unfallursachen im Zeitverlauf und mit den Daten aus Wuppertal. Wo steckt eine Geschichte, die tiefer recherchiert werden könnte?*

11.3 Context & Combine

Jede Erkenntnis aus einem Datensatz sollte in einen Kontext gesetzt werden können. Das bedeutet zum Beispiel, zu wissen, wie die Daten zustande gekommen sind. Es bedeutet aber auch, den Datensatz richtig zu verstehen. Gibt es einen „Dictionary", der etwa Abkürzungen erklärt? Nach welchen Kriterien wurden Zahlen aufbereitet? Fragen Sie nach den Hintergründen der Dokumentation. Und zwar auch danach, welche Dinge nicht dokumentiert wurden (Doig 2012). Bradshaw (2018, S. 264) sagt: „One of the most important things to look for in your data is what isn't in it."

Ein Beispiel aus der Politik: Wöchentlich veröffentlichen ARD oder ZDF Umfragen zur Beliebtheit von Politiker*innen. Konkret geht es um „die zehn wichtigsten Politikerinnen und Politiker" des Landes (ZDF 2022). Natürlich ist es bei einer repräsentativen Umfrage eine recht valide Aussage, wenn die in diesem Ranking erstplatzierte Politikerin als beliebteste des Landes gilt. Andersherum kann der zehntplatzierte des Rankings nicht als unbeliebtester Politiker von allen gelten, weil eben nur zehn untersucht wurden.

Ein Beispiel aus dem Fußball: Die Deutsche Fußball-Liga (DFL) veröffentlicht jährlich die Finanzkennzahlen der Bundesliga-Klubs. Daraus geht hervor, dass der

Personalaufwand von Schalke 04 2021 bei knapp 88 Mio. Euro lag (DFL 2022). Damit wurden aber nicht nur Fußballprofis bezahlt, sondern alle knapp 500 festangestellten Mitarbeitenden des Vereins. Über den Spieleretat, der gerne als Vergleich für die Finanzkraft gegenüber anderen Klubs herangezogen wird, sagt die Zahl also nur bedingt etwas aus.

Oswald (2019, S. 75) weist darauf hin, dass die „korrekte Referenzklasse" genutzt wird, besonders bei Prozentangaben. Dies wurde zum Beispiel während der Corona-Krise immer wieder deutlich. Wenn ein bestimmter Anteil von Covid-19-Patient*innen gestorben ist, sagt das nicht aus, wie tödlich das Virus ist. Schließlich bemerkten einige Infizierte ihre Krankheit gar nicht oder mussten nie ins Krankenhaus, sie waren also nie Patient*innen.

Worauf bei der Datenanalyse außerdem geachtet werden sollte: Wie sind die Merkmale einer Studie definiert? Was sind zum Beispiel die in den Wuppertaler Unfallursachen aufgeführten „Mängel" (Abb. 11.19)?

Auch bei Schätzungen oder Hochrechnungen sollten Sie vorsichtig sein bei der Datenauswertung, genauso bei relativen Zahlen (Oswald 2019, S. 76). So ist in

Unfallursachen

Verhaltensbedingte Unfallursache	2018	2019	Veränderung		Mittelwert
			absolut	in %	2016-2018
Abbiegen/Wenden	1.065	925	-140	-13,1	1.047
Vorfahrt/Vorrang	270	261	-9	-3,3	285
Abstand	285	239	-46	-16,1	289
Fehler ggü. Fußgängern	201	215	14	7,0	233
Alkohol	190	198	8	4,2	193
Fehler von Fußgängern	132	165	33	25,0	152
Fahrstreifenwechsel	194	163	-31	-16,0	186
Geschwindigkeit	159	134	-25	-15,7	178
Fehlerhafte Straßenbenutzung	161	112	-49	-30,4	149
Überholen	84	83	-1	-1,2	74
Ruhender Verkehr	108	82	-26	-24,1	117
Rauschmittel	62	48	-14	-22,6	59
Mängel	46	35	-11	-23,9	50
Übermüdung	25	20	-5	-20,0	19
Vorbeifahren	16	13	-3	-18,8	17

Abb. 11.19 Unfallursachen in Wuppertal. (Quelle: Jahresverkehrsbericht 2019)

Wuppertal die Zahl der durch Übermüdung verursachten Unfälle 2019 im Vergleich zum Vorjahr um 20 Prozent gesunken. Super, sind die Wuppertaler also fitter und wacher geworden? Nein, statt 25 Unfällen in 2018 gab es ein Jahr später eben nur 20, der absolute Unterschied ist also gering. Der Vergleich mit dem Mittelwert der drei Jahre davor (rechte Spalte) zeigt zudem, dass 2018 eher als Ausreißer nach oben einzuschätzen war.

Unsicherheiten mit einem Datensatz sind okay, man sollte sie nur benennen (Blastland 2012). Die Zahlen sind schließlich auch nur eine Seite der Informationen, womöglich existieren sie aus einem bestimmten Grund. Oder es existieren weitere, gegensätzliche Daten. Dies fällt unter den Punkt des Kombinierens: Vergleichen Sie Ihre Datensätze mit anderen Zahlen, die dasselbe oder ein ähnliches Thema untersucht haben. Oder Sie ziehen einen ganz anderen Datensatz hinzu, der den Untersuchungsgegenstand besser erklären kann. Bei den Verkehrsunfällen wären dies zum Beispiel Einwohner*innenzahlen oder Daten zu Ampeln, Kreisverkehren und Fahrradwegen, die womöglich eine Korrelation zu der Zahl der Unfälle hergeben. Dabei sei aber wieder betont: Eine Korrelation ist noch keine Kausalität. Bradshaw (2018, S. 265): „So by all means report the facts […], but don't speculate on cause and effect unless you can back that up to statistician. And always seek to quote an expert who can provide some factual context."

Schließlich ist es mit der Auswertung von Daten nicht getan, mit den erhobenen Fakten müssen Sie Verantwortliche konfrontieren, Erklärungen suchen, Gegenmeinungen hören – journalistische Arbeit eben. „Daten stehen am Anfang einer journalistischen Arbeit, nicht am Ende" (Matzat 2016, S. 65). Dieser Aspekt fällt in diesem Teil zwar kurz aus, nimmt aber für eine tatsächliche datenjournalistische Arbeit eine sehr wichtige Rolle ein!

11.4 Aufbereitung von Daten

Wenn die Daten analysiert und die Geschichte dahinter recherchiert ist, kann die Story für die Nutzenden aufbereitet werden. „Communicate" nennt Bradshaw (2018, S. 254) dies und gliedert das letzte C auch gleich in sechs Unterpunkte auf:

- Visualise
    - Das größte Feld der Aufbereitung, siehe Abschn. 11.4.1: Visualisierung.
- Narrate
    - Die Geschichte hinter den Daten wird erzählt. Der Kontext erläutert, die abstrakten Zahlen auf konkrete Alltagsbeispiele für die Nutzenden heruntergebrochen. Für sie wären „25000 Verkehrsunfälle im vergangenen Jahr" we-

11.4 Aufbereitung von Daten

niger plastisch als etwa „Durchschnittlich 68 Verkehrsunfälle pro Tag", noch konkreter wäre eine Geschichte über die gefährlichste Kreuzung.
- Eine gute Datengeschichte braucht Zitate! Entweder von denjenigen, die durch die Zahlen in die Kritik geraten, oder durch Betroffene oder Expert*innen. Sie können die Zahlen „vermenschlichen", siehe auch „humanise".

- Socialise
  - Bradshaw meint damit, die Geschichte für die sozialen Medien teilbar zu machen. Am besten, indem sie individualisierbar ist (zum Beispiel wie in Abb. 11.20). Womöglich hilft die Community auch, den Datensatz zu vervollständigen oder zu verbessern. Beim „Straßennamen"-Beispiel der „Zeit" etwa können Nutzende ihre eigene Adresse eingeben, sehen, wie oft es diese Straße wo in Deutschland gibt und das Ergebnis einfach via Twitter oder Facebook mit anderen teilen.

Abb. 11.20 Datengeschichte der „Zeit" zu Straßennamen in Deutschland. Die Nutzenden können die Datenbank selbst durchsuchen und ihr Ergebnis via Twitter oder Facebook teilen. (Screenshot: https://www.zeit.de/interactive/)

- Humanise
  - Gibt es Betroffene, sollten diese auch im Fokus stehen – und die Daten erst danach folgen. Wenn möglich, leiten Video- oder Audio-Interviews die Geschichte ein und machen das Problem deutlich. Anschließend wird es mit der Datenanalyse für die Nutzenden wichtig gemacht.
- Personalise
  - Das Personalisieren der Geschichte. Nutzende können ihre eigenen Lebensumstände in Relation zu den Daten setzen, zum Beispiel durch eine Eingabe des Wohnortes, des Alters oder des Gehalts.
- Utilise
  - Die Datengeschichte wird für die Nutzenden durch eigene Tools „brauchbar" gemacht. Die Datenbank kann zum Beispiel selbst durchsucht, Informationen können personalisiert oder Karten eingegrenzt werden.

11.4.1 Visualisierung

Die Visualisierung ist an sich nochmal ein riesiges Feld, da kreative Designer*innen immer neue Ideen für Diagramme oder Infografiken entwickeln und zwar häufig gewissen Regeln folgen, diese aber ebenso bewusst brechen.

An dieser Stelle sollte erwähnt werden, dass die einzelnen im Kapitel gezeigten Arbeitsschritte nicht nacheinander abzuarbeiten sind, die Übergänge zwischen Recherche, Analyse und Visualisierung sind fließend. Datenjournalist*innen springen auch gerne hin und her, arbeiten zunächst nur mit einem Teil der Daten oder nutzen die Visualisierung als Analyse-Tool. Bradshaw (2018, S. 271) sagt, dass die Visualisierung von Daten aus zwei Gründen erfolgt: um eine Story zu erzählen – oder um sie zu finden (meistens passiert beides).

Mit Google Tabellen lässt sich zum Beispiel leicht erkennen, wo in einem Datensatz Auffälligkeiten zu finden sind. Über die „Erkunden"-Funktion bietet das Programm mögliche Formatierungen und Diagramme an, mit denen man einen guten ersten Blick in einen Datensatz erhält (Abb. 11.21).

Wenn wir zum Beispiel die einzelnen Unfallursachen durchgehen, wird schnell erkennbar, welche Ursachen im Laufe der Jahre zugenommen haben und welche nicht (Abb. 11.22).

Für den früheren New-York-Times-Grafiker Gregor Aisch (2012) gehört es zu jeder Datenrecherche dazu, den Datensatz umfangreich zu visualisieren, auch um neue Aspekte zu entdecken oder Fehlerquellen zu bemerken.

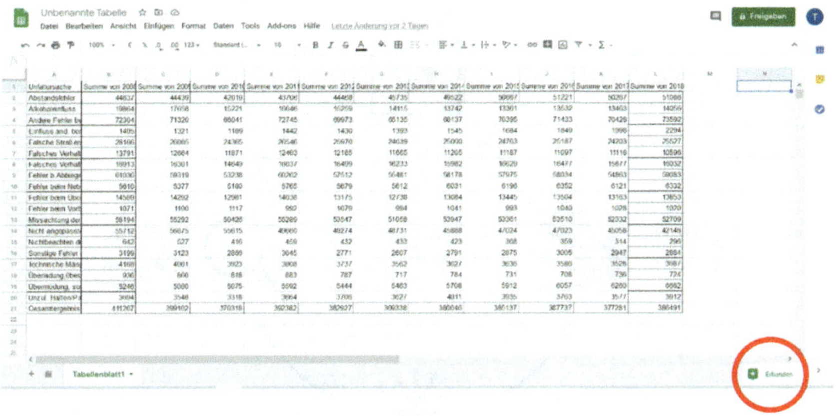

11.4 Aufbereitung von Daten

Abb. 11.21 „Erkunden" – Funktion in Google Tabellen

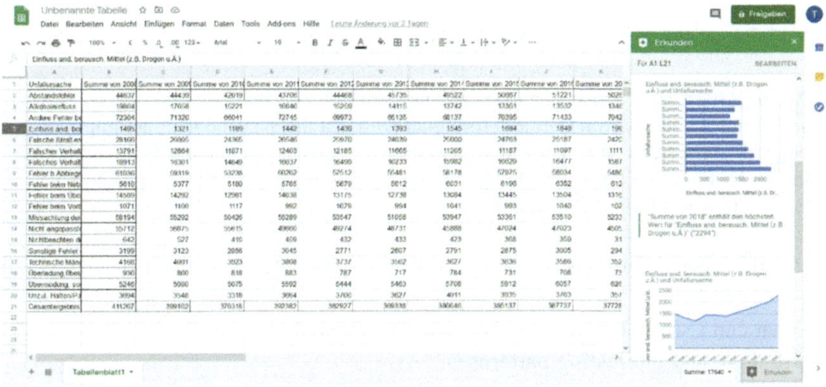

Abb. 11.22 Vorgeschlagene Diagramme beim Erkunden in Google Tabellen

„Every new visualization is likely to give us some insights into our data. Some of those insights might be already known (but perhaps not yet proven) while other insights might be completely new or even surprising to us. Some new insights might mean the beginning of a story, while others could just be the result of errors in the data, which are most likely to be found by visualizing the data". (Aisch 2012)

Für ihn ist die Visualisierung ein Teil des Kreislaufs, Erkenntnisse aus Daten zu gewinnen (Abb. 11.23).

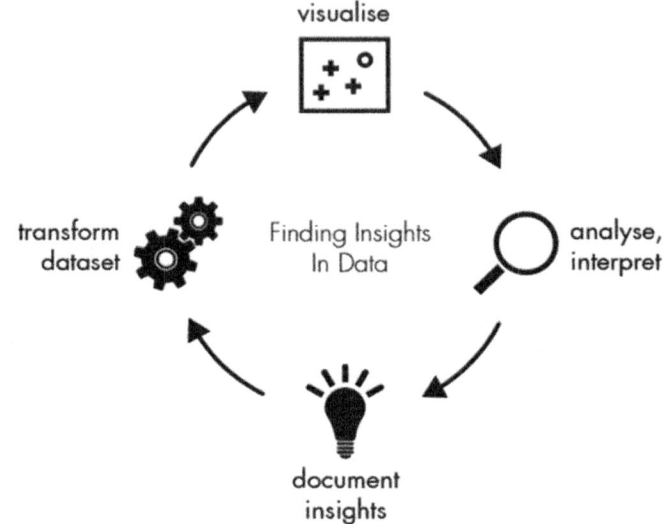

Abb. 11.23 „Finding Insights In Data", Kreislauf von Aisch (2012)

> Aisch: „Often, such a visual analysis of a new dataset feels like an exciting journey to an unknown country. You start as a foreigner with just the data and your assumptions, but with every step you make, with every chart you render, you get new insights about the topic. Based on those insights you make decisions for your next steps and what issues are worth further investigation."

Nach jeder Visualisierung solle man sich laut Aisch (2012) folgende Fragen stellen:

- What can I see in this image? Is it what I expected?
- Are there any interesting patterns?
- What does this mean in the context of the data?

11.4.2 Regeln für die Visualisierung

Auch wenn es in manch veralteter Hochschulpräsentation noch vorkommen mag: Verwenden Sie für Ihre Visualisierungen niemals 3D-Effekte (Matzat 2016, S. 70). Außerdem sollte bei einer Darstellung der Zeitraum nicht zu eng bemessen sein und Graphen auf der Nulllinie beginnen (Matzat 2016, S. 71–72). Ansonsten werden Größenverhältnisse oder Entwicklungen verzerrt oder gar falsch dargestellt.

11.4 Aufbereitung von Daten

Generell gilt: Grafiken sollten einfach zu verstehen, aber komplex genug sein, um interessante Informationen zu geben, die die Nutzenden tiefer blicken lassen möchten (Cohen 2012). Matzat (2016, S. 68–69) vergleicht dies mit einem geschriebenen Text, der durch die optische Aufbereitung (Typografie, Aufbau einer Seite) sowie die inhaltliche Präsentation (Sprachstil, „Redekunst") den Nutzer interessiert machen solle. Visualisierungen folgen demnach ebenfalls einer „Rhetorik", die Matzat (2016, S. 69) anhand von „User Interface" (UI), „User Experience" (UX) und Usability erklärt:

> „Als Faustregel mag gelten: Lässt sich etwas intuitiv bedienen, hat es eine gute Usability. Dabei können auch Standards helfen: Dass Türklinken als mechanisches Interface gut funktionieren, liegt auch daran, dass sie in der Regel auf der immergleichen Höhe angebracht sind und auf gleiche Weise funktionieren. Optional sind Klinken-Interfaces mit Hilfstexten ausgestattet (‚Drücken' oder ‚Ziehen'): So wird ein gutes Nutzungserlebnis (‚User Experience') ermöglicht: Die Tür öffnet sich reibungslos in die erwartete Richtung. Klemmt oder schleift sie, beeinträchtigt dies wiederum das Erlebnis."

Nach dem gleichen Prinzip müssen Datenvisualisierungen greifbar und im besten Fall intuitiv bedienbar gemacht werden, mit Hilfe von vorgegebenen Griffen oder Hilfestellungen. Schließlich sollen die Nutzenden ein interaktives Tool vorfinden, das sie im Rahmen der Vorgaben individuell konsumieren können (Matzat 2016, S. 72). In einer fertig aufbereiteten Geschichte über die Verkehrsunfälle in Wuppertal könnten die Nutzenden zum Beispiel die Daten nach ihrem Stadtteil oder sogar nach Straßen filtern und sehen, wo wie viele Unfälle geschehen sind.

Daten sollten so strukturiert und angeordnet werden, dass sie eine Bedeutung für die Nutzenden bekommen (Oswald 2015, S. 98). Deshalb ist es auch okay, nicht jedes Teil eines Datensatzes in der Story zu verwenden. „Sie müssen nicht um Erlaubnis fragen, präzise zu sein. Es sollte die Regel sein." (Suda 2012).

Laut David McCandless braucht eine erfolgreiche Visualisierung eine Datengrundlage, ein Konzept, eine Funktion/ein Ziel und eine (visuelle) Metapher (zit. nach Matzat 2016, S. 74–75). Wenn ein Produkt nur eine Datengrundlage in schönen visuellen Metaphern zeigt, aber kein Konzept besitzt und keine Funktion erfüllt, wird dies auch als „Eye Candy" oder „Data visualization porn" bezeichnet (Matzat 2016, S. 30; Oswald 2015, S. 98).

Arten von Visualisierungen (vgl. Cohen 2012; Oswald 2019, S. 77–80):

- Entwicklungen im Zeitverlauf anzeigen
    - Funktioniert am besten mit Liniendiagrammen
- Größen miteinander vergleichen
    - Zum Beispiel mit Balken- und Säulendiagrammen
- Verbindungen aufzeigen

- Zum Beispiel mit einem Slope-Chart.
- Verteilungen darstellen
  - Zum Beispiel mit einem Histogramm
- Aufteilungen und Zusammensetzungen
  - Zum Beispiel mit einem Tortendiagramm
- Korrelation zweier Variablen
  - Zum Beispiel mit einem Scatter Plot (auch „Streudiagramm", zeigt das Verhältnis zweier Variablen zueinander auf)
- Hierarchien erklären
  - Zum Beispiel mit einem Baumdiagramm
- Orte vergleichen
  - Zum Beispiel mit Choroplethenkarten (auch „Farbflächenkarten", dafür werden Kartenteile farblich entsprechend ihrer Ausprägungen im Datensatz markiert, werden zum Beispiel häufig verwendet, um Wahlergebnisse nach Wahlkreisen oder Bundesländern aufzuzeigen)

Die ersten beiden Punkte kommen im Datenjournalismus am häufigsten vor. Oder wie Suda (2012) sagt: „The bar chart and line graph are really the bread and butter of any data journalist." Erst wenn man sie beherrsche, könne man sich an „fancy data visualizations" wagen (Suda 2012). Schon bei diesen beiden Diagrammen werden allerdings häufig leichtsinnige Fehler gemacht. Nehmen wir als Beispiel den Vergleich zwischen Abb. 11.24 und 11.25. Die Diagramme geben die Daten

Abb. 11.24 Alkoholeinfluss als Unfallursache im Balkendiagramm, Datenquelle: Jahresverkehrsbericht Wuppertal 2019

11.4 Aufbereitung von Daten

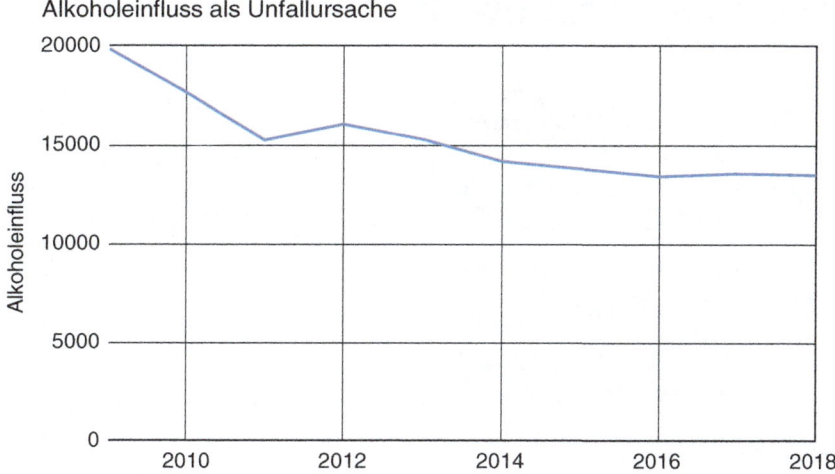

Abb. 11.25 Alkoholeinfluss als Ursache im Liniendiagramm, Datenquelle: Jahresverkehrsbericht Wuppertal 2019

wieder, wie häufig in den vergangenen Jahren bundesweit Alkohol als Ursache für einen Verkehrsunfall angegeben wurde.

Welches Diagramm eignet sich besser? Die einzig richtige Antwort: das Balkendiagramm (Abb. 11.24). Denn die Daten beschreiben zwar dieselbe Ausprägung, sind jedoch voneinander unabhängig. Eine Linie, die zum Beispiel zwischen 2011 und 2012 von 15221 auf 17658 Fälle ansteigt, würde suggerieren, dass es einen kontinuierlichen Anstieg der Zahlen gab und es Mitte 2011 etwa 16500 Fälle gab – das geben die Daten aber gar nicht her, sie beschreiben nur die Gesamtzahl am Ende eines Jahres.

Ein Liniendiagramm sollte bei Daten genutzt werden, die wirklich kontinuierlich bzw. jederzeit vorliegen – zum Beispiel die Temperatur oder der Börsenkurs einer Aktie.

Eine hilfreiche Übersicht über mögliche Diagramme bietet der Datavizcatalogue, der eine Suche nach Funktionsweise der Diagramme anbietet und sofort mögliche Programme zur Umsetzung vorschlägt (Abb. 11.26).

Erstellen können Sie die Diagramme natürlich schon in Excel oder Google Tabellen, umfangreicher (und auch benutzerfreundlicher) sind Tools wie „Datawrapper", „Infogram" oder „Flourish". Das Programm „Tableau Public" ist sowohl für die Datenanalyse als auch die -visualisierung praktisch. Die fertigen Diagramme

Abb. 11.26 Datavizcatalogue

lassen sich schließlich in andere Formate einbauen, als Teil einer multimedialen Story, als Serie von Diagrammen („Small Multiples"), als individualisierbares Recherchetool oder als Quiz (Matzat 2016, S. 76–80)

> Matzat (2016, S. 65): „Das Großartige an Datenvisualisierung und dem Blick aus Sicht der Daten auf einen Vorgang ist, dass dank Visualisierung und Interaktivität neue Perspektiven geboten werden können. Perspektiven, die kein anderes Genre bieten kann. Dennoch darf nicht vergessen werden: Die zentrale Aufgabe des Journalismus ist, relevante von irrelevanter Information zu trennen."

Zum Schluss, fünf Tipps für die Datenvisualisierung von David McCandless (zit. nach Bradshaw 2018, S. 272):

> **Übersicht**
> 1. Zwei-Quellen-Prinzip berücksichtigen, jeder Datensatz kann Fehler beinhalten
> 2. Informationen weglassen, Daten aufs für die Geschichte Wesentliche reduzieren
> 3. Abstrakte Einheiten vermeiden, niemand kann sich mit Hunderten Tonnen oder Billionen Euros identifizieren, besser sind Bezüge zum Alltag
> 4. Selbstständigkeit, die Visualisierung sollte problemlos zu verstehen sein
> 5. Transparent sein, Arbeitsschritte und Datensätze veröffentlichen

11.5 Dokumentation und Transparenz der Arbeit

Aisch (2012) glaubt, dass die Dokumentation der wichtigste Teil der Arbeit ist – und gleichzeitig derjenige, der am häufigsten weggelassen wird.

> „If you think of this process as a journey through the dataset, the documentation is your travel diary. It will tell you where you have traveled to, what you have seen there and how you made your decisions for your next steps. You can even start your documentation before taking your first look at the data."

Viele Datenjournalist*innen (darunter Aisch oder Matzat) raten, die Dokumentation der Arbeit mit dem fertigen Produkt zu veröffentlichen, um sie nachvollziehbar und erweiterbar zu machen. Diese Transparenz entspricht dem Open-Data-Gedanken und gehört zum guten Ton, sagt Oswald (2019, S. 82). „Zum einen, indem sie den zugrunde liegenden Datensatz ins Netz stellen, zum anderen, indem sie ihr Vorgehen bzw. die Methodik erläutern: Mit welchen Daten haben wir gearbeitet? Wie sind wir an diese Daten gekommen? Wie haben wir sie ausgewertet?"

Die Redaktionen stellen dafür ein eigenes Erklärstück sowie den Datensatz als Json oder CSV online.

11.6 Tools für Datenjournalist*innen

Die hier aufgeführten Tools sind oft in der Basisversion kostenlos, bieten dann aber nur begrenzte Arbeits- und Speicherkapazitäten oder sind nur für die nichtgewerbliche Nutzung vorgesehen. Dies sollte vorher geprüft werden.

Tool-Tipps, alphabetisch sortiert (vgl. Haarkötter 2019, S. 397–400; Matzat 2016, S. 85–88 oder Rogers 2012)

- Carto DB
  - Software zur Erstellung von Karten, die sich leicht woanders einbetten lassen.
- Colorbrewer
  - Bietet Farbpaletten an, die in Kontrasten aufeinander abgestimmt sind, zum Beispiel für Kartenvisualisierungen
- Dataproofer
  - Open-Source-Programm, das Datensätze auf Fehler und Konsistenz überprüft

- DataWrapper
  - Open-Source-Programm zur Visualisierung von Daten, entwickelt vom deutschen Datenjournalisten Mirko Lorenz, simpel bedienbar und praktisch für ein eigenes Blog oder eine eigene Website
- Google Tabellen
  - Gut fürs gemeinsame Arbeiten online, sensible Daten sollten hier aber eher nicht bearbeitet werden
- Libre Office Calc
  - Open-Source-Alternative zu Excel
- Microsoft Excel
  - Das klassische Rechenprogramm für Windows-PCs
- Nuix
  - Gut für die Erfassung wichtiger Faktoren aus riesigen Datensätzen, mit dem Programm arbeitete zum Beispiel das International Consortium of Investigativ Journalists (ICIJ) für ihre Recherche zu den „Offshore Leaks" 2013
- Open Refine
  - Open-Source-Programm zur Säuberung und Filterung von Daten
- Tableau
  - Software zur Datenanalyse und -visualisierung
- Tabula
  - Zum Scrapen von Tabellen aus PDF-Dateien

Quellen

Aisch, G. (2012). Using Visualization to Find Insights in Data. In: Bounegru, L.; Chambers, L.; Gray, J. (Hg.). The Data Journalism Handbook. Online: https://datajournalism.com/read/handbook/one/understanding-data/using-data-visua-lization-to-find-insights-in-data, zuletzt am 1. Mai 2022.

Bradshaw, P. (2018). The Online Journalism Handbook. Skills to Survive and Thrive in the Digital Age. Abingdon und New York: Routledge.

Blastland, M. (2012). Tips for Working with Numbers in the News. In: Bounegru, L.; Chambers, L.; Gray, J. (Hg.). The Data Journalism Handbook. Online: https://datajournalism.com/read/handbook/one/understanding-data/tips-for-working-with-numbers-in-the-news, zuletzt am 1. Mai 2022.

Cohen, S. (2012). Using Visualizations to Tell Stories. In: Bounegru, L.; Chambers, L.; Gray, J. (Hg.). The Data Journalism Handbook. Online: https://datajournalism.com/read/handbook/one/delivering-data/using-visualizations-to-tell-stories, zuletzt am 1. Mai 2022.

DESTATIS (2020, 25. Mai). März 2020: So wenig Straßenverkehrsunfälle wie noch nie seit der Wiedervereinigung. Online: https://www.destatis.de/DE/Presse/Pressemitteilungen/2020/05/PD20_182_46241.html, zuletzt am 15. Juli 2020.

Quellen

DFL (2022, 27. Mai). FINANZKENNZAHLEN: CLUBS DER BUNDESLIGA IN DER SAISON 2022–23. Online: https://media.dfl.de/sites/2/2022/05/Clubs-der-Bundesliga-2022-23-Geschaeftsjahresende-2021.pdf, zuletzt am 28. Mai 2022.

Doig, S. (2012). Basic Steps in Working with Data. In: Bounegru, L.; Chambers, L.; Gray, J. (Hg.). The Data Journalism Handbook. Online: https://datajournalism.com/read/handbook/one/understanding-data/basic-steps-in-working-with-data, zuletzt am 1. Mai 2022.

Haarkötter, H. (2019). Journalismus.Online. Das Handbuch zum Online-Journalismus. Köln: Herbert von Halem Verlag.

Matzat, L. (2016). Datenjournalismus. Methode einer digitalen Welt. Konstanz und München: UVK.

Oswald, B. (2015). Datenjournalismus. In: Kaiser, M. (Hg.). Innovation in den Medien. Crossmedia – Storywelten – Change Management (91–100). München: Medien-Netzwerk.

Oswald, B. (2019). Digitaler Journalismus. Ein Handbuch für Recherche, Produktion und Vermarktung. Zürich: Midas.

Rogers, S. (2012). Data visualization DIY: Our top Tools. In: Bounegru, L.; Chambers, L.; Gray, J. (Hg.). The Data Journalism Handbook. Online: https://datajournalism.com/read/handbook/one/delivering-data/data-visualization-diy-our-top-tools, zuletzt am 1. Mai 2022.

Rosenbaum, M. (2012). Data Stories. In: Bounegru, L.; Chambers, L.; Gray, J. (Hg.). The Data Journalism Handbook. Online: https://datajournalism.com/read/handbook/one/understanding-data/data-stories, zuletzt am 1. Mai 2022.

Suda, B. (2012). Different Charts Tell Different Tales. In: Bounegru, L.; Chambers, L.; Gray, J. (Hg.). The Data Journalism Handbook. Online: https://datajournalism.com/read/handbook/one/delivering-data/different-charts-tell-different-tales, zuletzt am 1. Mai 2022.

Weinacht, S.; Spiller, R. (2014). Datenjournalismus in Deutschland. Eine explorative Untersuchung zu Rollenbildern von Datenjournalisten. Publizistik, 59 (Nr. 4), 411–433.

Wörpel, S. (2019, 19. Dezember). Datenjournalismus für Lokalreporter. Online-Kurs mit YouTube-Videos: https://correctiv.org/bildung/ddj/datenjournalismus-fuer-lokalreporter/, zuletzt am 1. Mai 2022.

ZDF (2022, 20. Mai). Union und Grüne legen zu – SPD verliert. Online: https://www.zdf.de/nachrichten/politik/politbarometer-union-gruene-spd-ukraine-102.html, zuletzt am 21. Mai 2022.

Fazit und Beispiele 12

Datenjournalismus mag eine der jüngeren Disziplinen des Journalismus sein, anspruchsvoll ist er auch – und trotzdem mittlerweile fest etabliert. Man kann sogar sagen: Jede*r Journalist*in sollte dieses Handwerk kennen, um es als Recherche- und Arbeitstool nutzen zu können. Je digitalisierter die Welt wird, desto mehr Daten gibt es, und desto wichtiger wird der Datenjournalismus.

Dieser Teil hat einen ersten Einblick gegeben, ein*e fertige*r Datenjournalist*in sind Sie jetzt aber nicht. Um im Alltag auf einem hohen Niveau arbeiten zu können, braucht es mehr Detailkenntnisse und Erfahrung. Datenjournalist*innen müssen sich immer wieder neuen Umständen anpassen, sagt Aschoff (2017): „Alle Beteiligten müssen unglaublich viel zu lernen bereit sein, sich ständig weiterentwickeln." Deshalb: Toben Sie sich aus, sammeln und analysieren Sie Daten, üben Sie mit den verschiedenen Programmen. Vielleicht liegt Ihnen eines mehr als ein anderes, vielleicht stellt sich schon bald ein ganz eigener Workflow ein. Manche Datenjournalist*innen arbeiten streng einen Arbeitsschritt nach dem anderen ab, andere springen hin und her und rechnen testweise einen noch fehlerhaften Datensatz aus und visualisieren ihn, um sich so eine weitere Richtung zu erschließen. Das ist auch etwas Schönes am Datenjournalismus: Sie können ständig kleine Erfolge feiern, wenn eine kleine Visualisierung oder statistische Auffälligkeit gefunden wird und eine Geschichte andeutet. Nutzen Sie dies als Motivation, Angst vor Zahlen jedenfalls muss niemand haben.

Dieses Lehrbuch gibt Ihnen das Rüstzeug, um mit Datenjournalismus zu beginnen. Die nun aufgeführten Beispiele sind Ergebnisse von Profis, die weit mehr können, als in ein Buch passt. Denn klar ist auch: Dieser Buchteil ist ein Startschuss, eine Grundlage, für solch herausragende Projekte wie auf den nächsten

© Der/die Autor(en), exklusiv lizenziert an Springer Fachmedien
Wiesbaden GmbH, ein Teil von Springer Nature 2022
T. Osing, *Digitaler Journalismus in der Praxis*,
https://doi.org/10.1007/978-3-658-39105-8_12

Seiten braucht es noch mehr Expertise und Erfahrung. Das soll Sie nicht abschrecken, im Gegenteil: Hier sehen Sie nun, was im Datenjournalismus möglich ist. Die Beispiele sind alphabetisch nach ihrem Titel sortiert.

Die Millionen, die gingen
Redaktion: Zeit Online, veröffentlicht am 2. Mai 2019, Link: https://www.zeit.de/politik/deutschland/2019-05/ost-west-wanderung-abwanderung-ostdeutschland-umzug

Das Projekt: Mit Daten des Statistischen Bundesamtes über Zuzüge in allen Kommunen Deutschlands zwischen 1991 und 2017 hat die „Zeit" ausgewertet, wo und wie viele Menschen nach der Deutschen Einheit von Ost nach West gezogen sind und umgekehrt. Ein Vergleich der Daten mit Wahlergebnissen ergab zum Beispiel, dass die AfD besonders dort Erfolge erzielte, wo viele Menschen in den Westen gezogen waren.

Hier wurde die Wahl entschieden
Redaktion: Der Spiegel, veröffentlicht 2017, Link: https://interactive.spiegel.de/int/pub/nextgen_migration/politik/2017/BTW17_ddj_karte/v0/dev/index.html

Das Projekt: Das vielleicht bekannteste Beispiel für Choroplethenkarten sind die Visualisierungen von Wahlergebnissen. Der Spiegel zeigte nach der Bundestagswahl 2017 zum Beispiel, wie stark die Parteien in allen Wahlkreisen abgeschnitten hatten.

Hurricane Maria's Dead
Redaktion: Quartz, Puerto Ricos Center for Investigative Journalism und die Associated Press, veröffentlicht 2018, Link: https://hurricanemariasdead.com/

Das Projekt: Datenjournalismus muss sich nicht um Zahlen oder abstrakte Dinge drehen, es können auch Menschenleben im Mittelpunkt stehen. Im September 2017 traf ein Hurrikan die Karibikinsel Puerto Rico, viele Menschen starben. Wie viele? Die Regierung gab zunächst an, 64 Leichen identifiziert zu haben. Dabei gab es leider viel mehr. Die Journalisten sprachen mit Angehörigen von Opfern und analysierten den Verlauf der Katastrophe. Am Ende konnten sie zahlreiche Fehler der Regierung aufzeigen, fehlende Vorbeugung für kommende Katastrophen und, noch viel wichtiger: Sie errichteten eine digitale Gedenktafel für die Opfer und eine Suchmöglichkeit für Angehörige. Am Ende musste die Regierung ihre oberflächliche Analyse korrigieren, es waren fast 3000 Menschen durch den Hurrikan ums Leben gekommen.

12 Fazit und Beispiele

Panama Papers – Die Geheimnisse des schmutzigen Geldes
Redaktion: Süddeutsche Zeitung, International Consortium of Investigative Journalists (ICIJ), veröffentlicht am 3. April 2016, Link: https://panamapapers.sueddeutsche.de/

Das Projekt: 400 Journalist*innen, zwölf Monate Recherche, 2,4 Terabyte Daten – die Panama Papers waren nach eigener Aussage das größte Leak, mit dem Journalist*innen je gearbeitet haben. Die Dokumente der panamaischen Anwaltskanzlei Mossack Fonseca gaben Informationen über mehr als 200.000 Briefkastenfirmen in Steueroasen, die hochrangigen Politiker*innen, Drogenschmuggler*innen oder Terrorist*innen gehörten. Die Recherche hatte weltweite Folgen, das Team der Journalist*innen wurde 2017 mit dem Pulitzer-Preis ausgezeichnet, der weltweit wichtigsten Auszeichnung für Journalist*innen.

Radmesser
Redaktion: Tagesspiegel, veröffentlicht am 30. November 2018, Link: https://interaktiv.tagesspiegel.de/radmesser/

Das Projekt: 100 freiwillige Radfahrende fuhren zwei Monate lang mit Sensoren an ihren Rädern durch Berlin, um messen zu lassen, wie dicht Autofahrer beim Überholen an ihnen vorbeifahren. Dazu wertete die Redaktion alle Radwege in Berlin aus, zeigte die größten Gefahrenquellen sowie konkrete Verbesserungsmöglichkeiten.

Straßenbilder – Mozart, Marx und ein Diktator
Redaktion: Zeit Online, veröffentlicht am 25. Januar 2018, Link: https://www.zeit.de/feature/strassenverzeichnis-strassennamen-herkunft-deutschland-infografik

Das Projekt: Die „Zeit" hat sich aus Daten der Open Street Map, in der Freiwillige Informationen zu Straßen weltweit zusammentragen, vom Dienstleister „Geofabrik" eine durchsuchbare Datenbank erstellen lassen. Die Redaktion analysierte die Daten nach ihrer Hypothese, dass sich anhand von Straßennamen historisch und geographische regionale Unterschiede feststellen lassen. Heraus kam zum Beispiel, dass in Hamburg deutlich mehr Straßen nach Männern benannt wurden als nach Frauen, dass Konrad Adenauer vor allem im Westen und Karl Marx im Osten mit Straßennamen geehrt wurde oder dass die Amsel die häufigste Vogelart ist, die in den Namen vorkommt. Zudem recherchierte die „Zeit" historische Hintergründe und stellte eine interaktive Suchfunktion für ihre Nutzer ein.

Was den Bundestag umtreibt – #sprachemachtpolitik
Redaktion: Süddeutsche Zeitung, veröffentlicht am 5. März 2020, Link: https://www.sueddeutsche.de/politik/sprachemachtpolitik-bundestag-geschichte-1.4759732

Das Projekt: Mit einem eigens dafür kreierten Algorithmus hat die „SZ" alle Bundestagsreden seit 1949 analysiert – über 213 Millionen Wörter! Dafür wurden die Wörter in Zahlen übersetzt, der Algorithmus lernte anschließend, wie Wörter miteinander in Verbindung stehen, wie der Kontext ihnen Bedeutung gibt, er lernte quasi die deutsche Sprache. Ein kleines Beispiel: Das Wort „Umwelt" wurde in den 1950er-Jahren am häufigsten in der Nähe vom Wort „Mitmensch" gebraucht, bezeichnete also die Umgebungswelt. Mittlerweile steht es im Kontext von „Naturschutz", zum Beispiel in Reden über den Klimawandel. Der, so ergab die Analyse, wurde vom Bundestag lange kleingeredet. Eine andere Story beschäftigt sich mit der Veränderung der Sprache, seitdem die AfD im Parlament sitzt. Alle Beiträge sind gesammelt unter dem Hashtag #sprachemachtpolitik. Die „Zeit" veröffentlichte ein Jahr zuvor ein ähnliches Projekt, indem es die Häufigkeiten der gesprochenen Wörter auswertete, die Datenbank ist für jede*n nutzbar („Darüber spricht der Bundestag").

Wie lange arbeiten Sie für das Gehalt der anderen?
Redaktion: WAZ, veröffentlicht 19. März 2019, Link: https://interaktiv.waz.de/das-gehalt-der-anderen-gehaltsvergleich/

Das Projekt: Das Prinzip ist simpel und gerade deshalb so gut. Anhand von Daten der Bundesagentur für Arbeit oder „StepStone" ließ die WAZ ihre Nutzenden einen Gehaltsvergleich aufstellen: Ihr eigenes Gehalt in Relation zu einem Friseur, der Bundeskanzlerin oder Helene Fischer.

Quellen

Aschoff, D. (2017, 24. Januar). Datenjournalisten sind auch nur Reporter. Online: https://www.bild.de/corporate-site/blog/blog_bild/datenjournalisten-sind-auch-nur-reporter-49916594.bild.html, zuletzt am 1. Mai 2022.

Teil III
Onlinejournalismus

Einleitung

13

Was ist da eigentlich passiert? Warum fiel dem Journalismus der Start ins digitale Zeitalter so schwer? Das größte Problem ist das offensichtlichste: Geld. Abonnements wurden unnötiger, Auflagen sanken, Anzeigenkunden strichen ihre Werbung. Es ist aber noch mehr geschehen: Neuberger (2018, S. 11) diagnostiziert dem Journalismus im Internet einerseits eine ökonomische Krise, dazu aber auch eine „Qualitätskrise" („Lügenpresse"-Vorwürfe) und eine „Identitätskrise" („Entgrenzung" nach innen und außen). In diesem Teil soll es aber um Möglichkeiten und Perspektiven des Onlinejournalismus gehen, mit besonderem Fokus auf die Recherche im Internet.

Natürlich, Produktionsabläufe haben sich geändert, Nutzende schauen den Journalist*innen wie in Echtzeit auf die Finger oder recherchieren ihre Informationen einfach selbst. Die „Gatekeeper"-Funktion (siehe Kap. 1: Einleitung) hat der Journalismus in der Form nicht mehr. Aber: Das Internet ist keine Neuigkeit mehr, bei der man erstmal abwarten müsste, wie sie zu verwerten ist. Redaktionen haben die „neuen" Bedingungen angenommen – das Wort „neu" sollte im Zusammenhang mit dem Internet am besten gar nicht mehr genutzt werden.

Die Redaktionen sind kreativ geworden, schufen sich Alleinstellungsmerkmale durch besondere Formate, ansprechende Optiken oder innovatives Storytelling. Arbeitsprozesse wurden optimiert, Strukturen aufgebrochen, Start-Ups gründeten sich und brachten eigene Ideen ein. Ausbilder*innen sehen das Potenzial, das technisch affine Nachwuchsjournalist*innen mitbringen – für Sie ist es hoffentlich normal, online Nachrichten und kreative journalistische Formate zu konsumieren.

Das Feld des Onlinejournalismus ist also weit. Dieser Teil wird Ihnen grundlegend die Gegebenheiten vorstellen, mit denen moderne Journalist*innen im Internet umgehen müssen. Er soll Ihnen einen Überblick geben und Anstoß sein, sich selbst über die vielen Unterthemen zu informieren. Die Rahmenbedingungen stehen hier mehr im Vordergrund als journalistische Basics wie das Schreiben einer Nachricht oder Gesprächsführung eines Interviews.

Ein besonderer Fokus liegt auf den Möglichkeiten der Online-Recherche: Themen und Protagonist*innen finden, Datenbanken durchsuchen, Fakten prüfen – diese Dinge sollten automatisch erledigt werden können, da im redaktionellen Alltag Eile geboten ist.

Nach großen Startschwierigkeiten hat sich der Onlinejournalismus etabliert und erreicht immer mehr Erfolge. So konnte selbst die große Krise der Corona-Pandemie Lichtblicke hervorbringen: Die „New York Times" meldete Anfang August 2020, dass sie erstmals mit ihrem digitalen Angebot mehr US-Dollar eingenommen habe als mit ihrer gedruckten Zeitung (Tracy 2020). Redaktionen wissen, worauf es bei Überschriften, Erlösmodellen und Suchmaschinenoptimierung ankommt. Sie probieren neue Formate in den sozialen Medien, Podcasts oder im Austausch mit den Nutzenden. Journalismus ist online kein Problem mehr, sondern voller Chancen – es macht Spaß, sie zu nutzen!

Quellen

Neuberger, C. (2018). Journalismus in der Netzwerköffentlichkeit. Zum Verhältnis zwischen Profession, Partizipation und Technik. In Nuernbergk & Neuberger (Hg.). Journalismus im Internet (11–80). Wiesbaden: Springer VS.

Tracy, M. (2020, 5. August). Digital Revenue Exceeds Print for 1st Time for New York Times. Online: https://www.nytimes.com/2020/08/05/business/media/nyt-earnings-q2.html, zuletzt am 15. August 2020.

Definition & Geschichte 14

> **Zusammenfassung**
>
> Onlinejournalismus lässt sich zunächst über seine technischen Möglichkeiten definieren, die ihn klar von den „klassischen" Medien wie Zeitung, Fernsehen oder Radio abgrenzen. Journalistische Angebote sind dank des Internets immer und überall verfügbar, sie können aktualisiert und überarbeitet werden und deutlich ausführlicher sein als etwa ein geschriebener Text in der Zeitschrift.
>
> Eine Besonderheit der weltweiten Vernetzung ist aber auch, dass Journalist*innen nicht mehr den exklusiven Zugriff auf Quellen haben, Prominente oder Politiker*innen ihre Inhalte ohne den „Umweg" des journalistischen Kanals an ihr Publikum bringen können. Journalist*innen haben dadurch ihre Rolle als „Gatekeeper" etwas verloren.
>
> Dass der Journalismus mit diesen Änderungen lange kaum zurechtkam oder sich zu wenig auf sie einließ, lässt sich an der Historie des Onlinejournalismus gut ablesen: Zunächst wurden einfach dieselben Inhalte auf eine Website gestellt, erst später die tatsächlichen Potenziale des Internets bestmöglich genutzt. Multimediales Erzählen, Beteiligung der Zielgruppen oder innovative digitale Formate entwickelten sich erst mit der Zeit, Anfang der 2020er-Jahre sind aber zumindest alle Redaktionen mindestens in einem Wandlungsprozess hin zu einem modernen digitalen Medien-Angebot.

> **Schlüsselwörter**
>
> **Journalismus im Internet** · Alleinstellungsmerkmale · Gatekeeper · Gatewatcher · **Online First** · Mobile First

© Der/die Autor(en), exklusiv lizenziert an Springer Fachmedien Wiesbaden GmbH, ein Teil von Springer Nature 2022
T. Osing, *Digitaler Journalismus in der Praxis*,
https://doi.org/10.1007/978-3-658-39105-8_14

14.1 Definition

Journalismus ist zu definieren ist schon schwierig genug. Das mag Sinn der Sache sein bei einem Berufsfeld, das per Grundgesetz für jede*n zugänglich sein soll. Viele Kommunikationswissenschaftler*innen haben kluge Definitionen entwickelt, doch durch das Internet wurden zahlreiche Gedankenansätze hinfällig. Die Grenzen zwischen „professionellem" und „unprofessionellem" Journalismus (z. B. von Blogger*innen) verschwimmen, die Nutzenden können plötzlich teilhaben, es bilden sich Teilöffentlichkeiten und neue Berufe (vgl. Neuberger 2008, S. 21 ff.). „Onlinejournalismus" wird vage als „Berichterstattung für webbasierte Medienangebote" definiert, wie Kramp und Weichert (2018, S. 3) feststellen. Sie selbst bevorzugen es, von „Digitalem Journalismus" zu sprechen, den sie so definieren: „Unter Digitalem Journalismus wird entsprechend der Einsatz von digitalen Technologien zur Recherche, Produktion, Auslieferung, Analyse und Vermarktung von journalistischen Inhalten verstanden. Dabei stellt das Internet als Infrastruktur für die journalistische Recherche, als Produktionsumgebung und als Distributions- sowie Vermarktungskanal das primäre Medienökosystem des Digitalen Journalismus dar" (Kramp und Weichert 2018, S. 3).

Auch die Definition von Neuberger und Quandt (2019, S. 63) bleibt recht weit gefasst. Demnach lasse sich der „Internet-Journalismus" als der Teil des Journalismus eingrenzen, dessen

- „öffentliche bzw. öffentlichkeitswirksame,
- non-fiktionale Aussagen
- auf Basis aktueller Ereignisse
- im Sinne einer Fremdkommunikation bzw. Berichterstattung
- über das World Wide Web oder andere Online-Kanäle distribuiert werden". (Neuberger und Quandt 2019, S. 63)

Womöglich lässt sich der Digitale/Internet-/Onlinejournalismus eher darüber beschreiben, worin er sich vom „klassischen Journalismus" unterscheidet. Laut Sturm (2013, S. 5) ist der Digitale Journalismus im Wesentlichen durch sechs Eigenschaften geprägt: Globalität,[1] Multimedialität, Hypertextualität,[2] Interaktivität, Aktualität und unbegrenzte Speicherkapazität. Allesamt Eigenschaften, die bisherige Medien nicht im gleichen Umfang bieten können.

---

[1] Globalität meint die weltweite Vernetzung und Verfügbarkeit des Internets und damit des Onlinejournalismus.

[2] Hypertextualität meint, dass Beiträge online miteinander verknüpft, Hintergrundinformationen zum Beispiel verlinkt werden können. Mehr zum Hypertext in Abschn. 16.3.2.

Matzen (2014, S. 11) nennt sieben „Alleinstellungsmerkmale des Onlinejournalismus:

- anderes Leseverhalten als bei Printmedien,
- ständige Aktualisierbarkeit,
- Hypertextualität, die zu nicht linearem Erzählen führen kann,
- einfachere und deshalb stärkere Interaktivität als bei anderen Medien,
- Multimedialität,
- (theoretisch) unbeschränkter Umfang,
- Ubiquität, d. h. weltweit und mobil abrufbar".

Neuberger blickte in seiner Forschung besonders auf den Rollenwandel der Journalist*innen für die Öffentlichkeit.

> *„Bis Mitte der 1990er setzte der Journalismus ausschließlich die traditionellen Massenmedien Zeitung, Zeitschrift, Radio und Fernsehen ein. Der professionelle Journalismus besitzt in diesem Kontext die Rolle eines zentralen und daher machtvollen Gatekeepers, der alleine über den Zugang zur aktuellen Öffentlichkeit entscheidet. Auf der einen Seite hat er einen exklusiven, d. h. nichtöffentlichen Zugang zu seinen Quellen. Auf der anderen Seite verbreitet er Nachrichten an ein Publikum, das selbst kaum über Feedback-Möglichkeiten verfügt und dessen Mitglieder untereinander weitgehend isoliert sind (disperses Publikum)".* (Neuberger 2018, S. 15)

Das technische Potenzial des Internets übertreffe die „Vorgängermedien" nun in vier Dimensionen, so Neuberger (2018, S. 15):

1. Sozialdimension
    - Die Grenzen zwischen Massen- und Einzelkommunikation sowie zwischen Öffentlichkeit und Privatsphäre wurden verschoben. Außerdem können Nutzende nun am Produkt partizipieren, indem sie es kommentieren oder sogar eigenen Inhalt produzieren (siehe auch Abschn. 5.4: Dossiers), sie können interagieren und sich miteinander vernetzen. Die journalistische Arbeit kann zudem transparenter gemacht werden.
2. Zeichendimension
    - Freie Kombinationsmöglichkeit von Text, Foto, Video oder anderen Elementen (Multimedialität).
3. Zeitdimension
    - Informationen können schneller verbreitet, aber auch fast unbegrenzt gespeichert werden. Dies beschleunigt und entschleunigt gleichzeitig die Kommunikation.
4. Raumdimension
    - Informationen sind global und mobil zugänglich (Ubiquität).

Die resultierenden Veränderungen sind enorm. Die Rolle der „Gatekeeper" haben Journalist*innen nicht mehr exklusiv, zum Beispiel wird das Filtern und Bereitstellen von Nachrichten von Suchmaschinen wie Google übernommen. Viele Informationen können die Nutzenden auch einfach selbst recherchieren. Über Blogs und die sozialen Medien können sich alle Kommunikator*innen und Nutzenden selbst eine Community aufbauen und Informationen verbreiten, womöglich sind sie mit den multimedialen Möglichkeiten sogar anschaulicher oder tiefgründiger erklärt. Außerdem müssen Journalist*innen den direkten Gegenwind der Kommentator*innen aushalten. Oder wie Neuberger (2008, S. 23) es formuliert: „Auf der Einbahnstraße herrscht nun Gegenverkehr."

Wenn die Journalist*innen ihre Gatekeeper-Funktion verloren haben, werden sie dann irgendwann überflüssig? „Die Frage ist falsch gestellt", finden Schweiger und Quandt (2008, S. 12), „denn bekanntlich ist Journalismus in Deutschland seit jeher ein offenes Berufsfeld ohne Zugangsbeschränkung." So sieht es das Grundgesetz vor, das Internet ermögliche quasi die Realisierung dieses Ideals. Vielmehr gehe es nun darum, welche Funktion der Journalismus stattdessen einnehmen könne. Neben neuen Akteuren (z. B. Blogger*innen) und technischen Hilfen (z. B. Suchmaschinen) muss der Journalismus in diesem Verhältnis seine Position finden (vgl. auch Neuberger 2008, S. 25).

Statt als alleiniger „Gatekeeper" könnten Journalist*innen nun als „Gatewatcher" fungieren. Deren Aufgabe: „Beobachtung der Ausgangstore von externen Nachrichten- und anderen Quellen mit der Absicht, wichtiges Material zu identifizieren, sobald es verfügbar wird." (Bruns 2009, zit. nach Auer 2016, S. 494). Statt eine Flaschenpost in den Fluss zu werfen, sind Journalist*innen nun die Angler, die die wichtigsten und größten Fische aus dem Strom der Informationen ziehen.

Sehr praxisorientiert betrachtet Hooffacker (2020, S. 23) den Onlinejournalismus: „Für Online-Medien schreiben ist zuallererst: mehr als schreiben. Visuelles Denken ist Voraussetzung, aber auch akustisches und filmisches Planen und Gestalten, vor allem aber das Konzipieren von nichtlinearen Abläufen." Der Hauptunterschied zwischen Online- und anderen Medien läge aber bei den User*innen, die die „Befehlsgewalt" besäßen und frei durch das Angebot navigieren können, so Hooffacker. Deshalb ist Onlinejournalismus auch „non-linear", es gibt keine festgelegte Reihenfolge, nach der ein Produkt konsumiert werden muss. Anders als zum Beispiel eine Fernsehdokumentation, die von Anfang bis Ende geguckt wird und aufgrund ihres Konzepts auch nur so geguckt werden kann. Online-Journalist*innen konzipieren anders: „[Sie] müssen sich die User zu ihrem Werk mit dazu denken. Was wollen sie? Wen oder was suchen sie? Wie gehen sie dabei vor? Wie helfe ich am besten dabei, dass sie das finden, was sie brauchen?" (Hooffacker 2020, S. 24, Abschn. 16.3.2 beschäftigt sich ausführlicher mit dem Schreiben fürs Internet).

Haarkötter (2019, S. 34) geht so weit, zu sagen, dass Journalismus ohne online nicht mehr existiert. Schließlich nutzten auch Fernseh- oder Radiosender und Printredaktionen das Internet für ihre Arbeit sowie digitale Produktionswege. „Journalismus ist heute digital und online. Er ist es vollumfänglich, in allen Bereichen, Produktionsschritten und Ausspielwegen" (Haarkötter 2019, S. 34). Was nicht im Internet stattfinde, drohe überhaupt nicht mehr wahrgenommen zu werden.

14.2 Geschichte des Onlinejournalismus

Es war ironischerweise eine Lokalzeitung, die als erste den Schritt ins World Wide Web wagte: Die US-amerikanische „Palo Alto Weekly" ging am 19. Januar 1994 online (Neuberger und Quandt 2019, S. 62), lud aber lediglich die gedruckte Ausgabe online hoch (Haarkötter 2019, S. 53). Als Vorreiter für eine „echte" Nachrichtenwebseite gilt die „Nando Times" aus den USA, die im Juli 1994 online ging (Haarkötter 2019, S. 53). Die ersten deutschen Massenmedien, die folgten, waren der „Spiegel", die „Schweriner Volkszeitung" und die „Die Welt" (Neuberger und Quandt 2019, S. 62). Der „Spiegel" startete im Oktober 1994 mit zwei Online-Mitarbeitenden, mittlerweile sind es etwa 160 (Haarkötter 2019, S. 47).

Eines der erfolgreichsten ersten Formate online kam aber nicht von einem bestehenden Medium, sondern war eine ganz auf das Internet spezialisierte Publikation: Matt Drudge begann 1995, Rundmails zu schreiben mit Nachrichten vor allem aus dem Promi- und Gossip-Bereich („Drudge Report", Bradshaw 2018, S. 7). Seine Idee eines Email-Newsletters ist heute beliebt, meist unterzeichnet von dem*der Chefredakteur*in versenden Medien ihren Nutzenden eine Zusammenfassung der wichtigsten Nachrichten oder sogar exklusive Geschichten. Beispiele sind der „Checkpoint" des Berliner „Tagesspiegels" oder das „Morning Briefing" vom ehemaligen Handelsblatt-Chefredakteur Gabor Steingart.

Zurück zu Drudge: Er schaffte einen Scoop,[3] indem er 1998 die Affäre vom damaligen US-Präsidenten Bill Clinton mit der Praktikantin Monica Lewinsky enthüllte (Bradshaw 2018, S. 8; Neuberger und Quandt, 2019, S. 62) – es war auch für den Onlinejournalismus insgesamt ein Schlüsselerlebnis. Ein weiteres geschah am 11. September 2001. Die Terroranschläge auf das World Trade Center in New York City wurden zuerst über das Internet publik, „Spiegel Online" berichtete schon 13

---

[3] Meint im Journalismus eine außergewöhnliche Nachricht, die ein Medium alleine („exklusiv") recherchiert und veröffentlicht hat, die für viel Aufsehen sorgt.

Minuten nach dem Anschlag und brach unter der Last der Lesenden kurzzeitig zusammen (Haarkötter 2019, S. 54). An einem einzigen Tag griffen fast zehn Millionen User*innen auf die Website zu, in der Folge stellten „SpOn" und andere Medien auf einen 24-Stunden-Betrieb um (Haarkötter 2019, S. 54). Im selben Jahr begleitete der englische „Guardian" erstmals ein Sport-Event minütlich genau, es war die Erfindung des „Live-Tickers" (Bradshaw 2018, S. 21).

Dies widersprach der bis dahin gängigen Praxis, einfach Inhalte aus der gedruckten Zeitung ins Internet zu übertragen. Der Onlinejournalismus in Deutschland wurde laut Sturm (2013, S. 5) „in den ersten Jahren seiner Entstehung zunächst von vielen als eine Fortsetzung des Printjournalismus auf einer anderen technischen Plattform missverstanden."

Durch die Umstellung auf den 24-Stunden-Betrieb gab es keinen richtigen „Redaktionsschluss" mehr wie für gedruckte Produkte, die in der Folge zum Teil bereits am Erscheinungstag nicht mehr aktuell waren. Statt exklusive Nachrichten oder Interviews für die Zeitung oder die Zeitschrift zurückzuhalten, publizierten immer mehr Medien ihre Beiträge zuerst im Internet – das „Online-first"-Prinzip (Kaiser 2017). Dieses Denken ging in der Praxis mit einer anderen Organisation einher. Verlage bündelten ihre redaktionellen Kräfte in einem gemeinsamen „Newsroom", Vorreiter in Deutschland waren dafür wiederum „Spiegel Online" und „Die Welt" (mehr zu Newsrooms in Abschn. 16.2.1).

Die dem Springer-Verlag zugehörige Tageszeitung „Die Welt" war es auch, die 2013 das Prinzip zu „Online to Print" erweiterte: Das gedruckte Produkt war ab sofort nur mehr ein „Best-Of" der online erschienenen Artikel (Kaiser 2017). Im selben Zusammenhang wird oft auch das „Mobile-first"-Prinzip erwähnt. Es beschreibt aber nicht den Zeitpunkt einer Veröffentlichung, sondern die optische Aufbereitung eines Beitrags. 2013 stellte „CNN" erstmals fest, dass die Anzahl der Website-Besucher*innen über mobile Geräte die der Desktop-Nutzenden übertraf (Bradshaw 2018, S. 16). Mittlerweile sind die Smartphone- oder Tablet-Nutzenden deutlich in der Überzahl, auch in Deutschland. Im April 2022 erfolgten beim „Spiegel" oder bei „BILD" etwa 75 Prozent der Website-Besuche über die mobilen Seiten oder die Apps (IVW 2022). Deshalb wird von den Redaktionen zuerst Wert darauf gelegt, dass das Produkt mit dem Smartphone konsumiert werden kann. Konkret werden Bildschirmgrößen und -ausrichtungen (Hoch- oder Querformat) und die Internetbandbreiten von mobilen Datenverträgen beachtet (Bradshaw 2018, S. 16).

Großen Einfluss auf den Onlinejournalismus nahm auch das Bloggen. Dank einfachen Tools können seit der Jahrtausendwende alle Internetnutzenden eigene „Weblogs", quasi „Online-Tagebücher" erstellen, auch ohne HTML-Kenntnisse (Bradshaw 2018, S. 9). Plattformen wie „Wordpress" dienen als Content-Management-Systeme

14.2 Geschichte des Onlinejournalismus

(CMS).[4] Blog-Beiträge werden chronologisch aufgelistet, auch Listen von Links zu anderen interessanten Seiten sind ein wesentliches Merkmal. Blogger*innen befassen sich in der Regel intensiver mit einem spezifischen Thema, als dies Journalist*innen tun können – sogenannte „Watchblogs" beschäftigen sich mit den Medien selbst. Eines der bekanntesten Watchblogs in Deutschland ist „Bildblog", das regelmäßig auf Fehler der größten deutschen Tageszeitung hinweist (Welker 2008). Das Blogging-Prinzip, durch regelmäßige Beiträge eine eigene Community auf dem neuesten Stand zu halten, wurde von den sozialen Medien aufgegriffen, wie Bradshaw (2018, S. 9) schreibt. Er nennt Status-Updates auf Facebook als Beispiele oder „Microblogs" wie Twitter, die nur kurze Beiträge zulassen oder in mehrere Tweets aufgeteilte „Threads". Auch Instagram, Tumblr, YouTube oder Snapchat folgten laut Bradshaw der Idee eines Foto- oder Videoblogs.

> „Now ,blogging' is used routinely by celebrities, sportspeople and politicians as a way of communicating directy with audiences, a development which has had significant implications fort he journalists who previously acted as middlemen in that process". (Bradshaw 2018, S. 9)

Womöglich wird in einigen Jahren die Corona-Krise als ein weiteres Schlüsselereignis betrachtet, das Interesse an Onlinejournalismus stieg nach Ausbruch der Pandemie extrem. Die 20 meistbesuchten deutschen digitalen Nachrichtenangebote verzeichneten im März 2020, als in Deutschland die ersten Schulen geschlossen und Ausgangsbeschränkungen verhängt wurden, allesamt Zuwächse zwischen 30 und 195 Prozent im Vergleich zum Vormonat (Schröder 2020). Die Informationsgemeinschaft zur Feststellung der Verbreitung von Werbeträgern (IVW) wies für alle erfassten Online-Angebote 11,4 Mrd. Visits im März 2020 aus, im März 2019 waren es nur 8,4 Mrd. Visits, was auch dem monatlichen Durchschnitt von 2019 entsprach (IVW 2020).

Noch wichtiger als Informationsquelle war nach Ausbruch der Corona-Pandemie nur das Fernsehen, stellte das Reuters Institute in seinem „Digital News Report" (2020) fest (Abb. 14.1). Einer dort veröffentlichten repräsentativen Umfrage zufolge konsumierten im April 2020 72 Prozent der erwachsenen Onlinenutzenden in Deutschland über das Fernsehen Nachrichten, 69 Prozent online. Im Januar 2020 hatten TV und Online erstmals gleichauf bei 70 Prozent gelegen,

---

[4] Mit dem CMS ist die Software gemeint, mit der Medien ihre Beiträge für ihr Publikum aufbereiten und ihre Seite „steuern". Inhalte werden ins CMS eingefügt und von der Software wie gewünscht ausgespielt. Nutzende sehen später nur das Resultat, die eigentliche Website, das „Front-End", Journalist*innen oder Blogger*innen bearbeiten die Beiträge im für die Nutzenden unsichtbaren „Back-End".

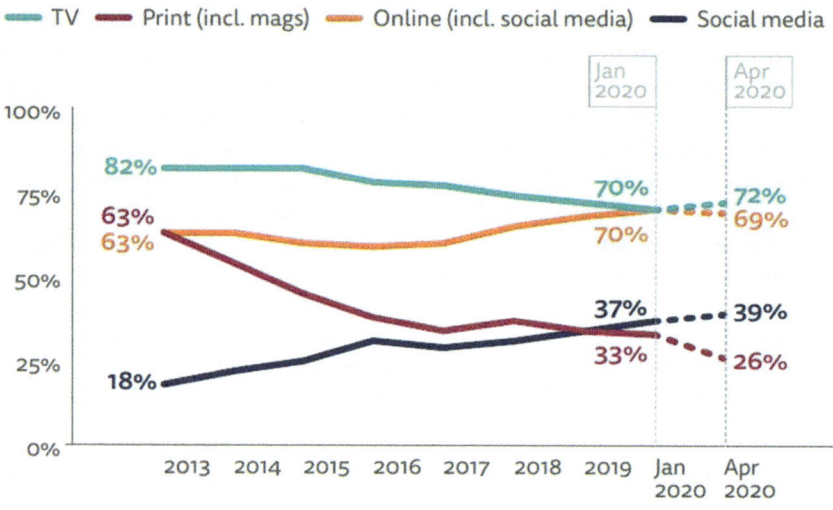

Abb. 14.1 Genutzte Medienarten der deutschen Internetnutzenden 2020

besonders wegen des großen Nachrichteninteresses in den sozialen Medien, die mittlerweile gefragter sind als Print (Hölig et al. 2022, S. 16). 2022 ist das Internet als Nachrichtenquelle sogar gefragter als das Fernsehen, lag laut Digital News Report mit 68 Prozent gegenüber 65 Prozent knapp vorn (Hölig et al. 2022, S. 16).

Mittlerweile bedeutet Journalismus im Internet längst nicht mehr nur, Inhalte für eine Website zu produzieren. Redaktionen machen sich die digitalen Möglichkeiten zu Nutze, statt vom Untergang des Journalismus durch das Internet zu reden.

> So wie Lars Haider, Chefredakteur vom „Hamburger Abendblatt": *„Mir sagen alle, seit ich Chefredakteur bin: Du bist in einer so schwierigen Branche. Und ich kann das gar nicht empfinden. Es ist total spannend. Vor zehn Jahren habe ich gesessen und Leitartikel geschrieben. Jetzt schreibe ich jeden Tag einen Newsletter, jetzt mache ich einen eigenen Podcast. Jetzt überlegen wir gerade, was wir für Alexa, für WhatsApp machen können als Sprachnachrichten. Ich finde das total spannend. Und deshalb wird es auch Medien wie das Abendblatt geben".* (Link 2019)

Nach großen Startschwierigkeiten hat sich der Onlinejournalismus etabliert und erreicht immer mehr Erfolge. So konnte selbst die große Krise der Corona-Pandemie Lichtblicke hervorbringen: Die „New York Times" meldete Anfang August 2020, dass sie erstmals mit Abonnements ihres digitalen Angebotes mehr US-Dollar eingenommen habe als mit ihrer gedruckten Zeitung (Tracy 2020).

Quellen

Auer, C. (2016). Internet und Journalismus. In Löffelholz, M. & Rothenberger, L. (Hg.). Handbuch Journalismustheorien (489–506). Wiesbaden: Springer VS.

Bradshaw, P. (2018). The Online Journalism Handbook. Skills to Survive and Thrive in the Digital Age. Abingdon und New York: Routledge.

Haarkötter, H. (2019). Journalismus.Online. Das Handbuch zum Onlinejournalismus. Köln: Herbert von Halem Verlag.

Hölig, S.; Behre, J. & Schulz, W. (2022). Reuters Institute Digital News Report 2022 – Ergebnisse für Deutschland. Hamburg: Verlag Hans-Bredow-Institut, Juni 2022 (Arbeitspapiere des Hans-Bredow-Instituts | Projektergebnisse Nr. 63)

Hölig, S.; Hasebrink, U. & Behre, J. (2021). Reuters Institute Digital News Report 2021 – Ergebnisse für Deutschland. Hamburg: Verlag Hans-Bredow-Institut, Juni 2021 (Arbeitspapiere des Hans-Bredow-Instituts | Projektergebnisse Nr. 58).

Hooffacker, G. (2020). Online-Journalismus. Texten und Konzipieren für das Internet. Ein Handbuch für Ausbildung und Praxis. Wiesbaden: Springer VS.

IVW (2020) (Hg.). Ausweisung der monatlichen Nutzungsdaten. Online: https://ausweisung.ivw-online.de/index.php?i=10&mz_szm=202003, zuletzt am 17. Juni 2020.

IVW (2022) (Hg.). Ausweisung der monatlichen Nutzungsdaten. Online: http://ausweisung.ivw-online.de/index.php?i=10&mz_szm=202204, zuletzt am 17. Mai 2022

Kaiser, M. (2017, 28. April). online first. Online: http://journalistikon.de/online-first/, zuletzt am 1. Mai 2022.

Kramp, L. & Weichert, S. (2018). Digitaler Journalismus. In Krone & Pellegrini (Hg.). Handbuch Medienökonomie. Wiesbaden: Springer Fachmedien.

Link, R. (2019, 7. Mai). Mit Strategie gegen die Zeitungskrise. Online: https://www.deutschlandfunkkultur.de/printmedien-und-digitalisierung-mit-strategie-gegen-die.976.de.html?dram:article_id=448109, zuletzt am 1. Mai 2022.

Matzen, N. (2014). Onlinejournalismus. Konstanz und München: UVK.

Neuberger, C. (2008). Internet und Journalismusforschung. Theoretische Neujustierung und Forschungsagenda. In Quandt & Schweiger (Hg.). Journalismus online – Partizipation oder Profession? (17–42). Wiesbaden: VS Verlag für Sozialwissenschaften.

Neuberger, C. (2018). Journalismus in der Netzwerköffentlichkeit. Zum Verhältnis zwischen Profession, Partizipation und Technik. In Nuernbergk & Neuberger (Hg.). Journalismus im Internet (11–80). Wiesbaden: Springer VS.

Neuberger, C. & Quandt, T. (2019). Internet-Journalismus. In Schweiger & Beck (Hg.). Handbuch Online-Kommunikation (59–80). Wiesbaden: Springer VS.

Schröder, J. (2020, 8. April). IVW-Zahlen im März: massive Zuwächse bei den Themen Wirtschaft und Finanzen, Verluste bei Sport und Wetter. Online: https://meedia.de/2020/04/08/ivw-zahlen-im-maerz-massive-zuwaechse-bei-den-themen-wirtschaft-und-finanzen-verluste-bei-sport-und-wetter/, zuletzt am 1. Mai 2022.

Schweiger, W. & Quandt, T. (2008). Journalismus online. Partizipation oder Profession. In Quandt & Schweiger (Hg.). Journalismus online – Partizipation oder Profession? (11–16). Wiesbaden: VS Verlag für Sozialwissenschaften.

Sturm, S. (2013). Digitales Storytelling. Eine Einführung in neue Formen des Qualitätsjournalismus. Wiesbaden: Springer VS.

Tracy, M. (2020, 5. August). Digital Revenue Exceeds Print for 1st Time for New York Times. Online: https://www.nytimes.com/2020/08/05/business/media/nyt-earnings-q2.html, zuletzt am 1. Mai 2022.

Welker, M. (2008). Journalisten als Blognutzer: Verderber journalistischer Standards? Eine Untersuchung zur Erklärung von Blognutzung und -wirkung im Journalismus. In Quandt & Schweiger (Hg.). Journalismus online – Partizipation oder Profession? (207–226). Wiesbaden: VS Verlag für Sozialwissenschaften.

Online-Recherche 15

Zusammenfassung

Durch das Internet haben Journalist*innen Recherchemöglichkeiten, die heute alltäglich sind: Die Suche nach Themen oder Protagonist*innen in den sozialen Medien, nach Dokumenten oder Bildmaterial in Datenbanken oder Suchmaschinen, das Überprüfen von Fakten und dem Wahrheitsgehalt einzelner Aussagen.

Grundlegende Techniken der Online-Recherche kennen Sie bestimmt schon, indem Sie Google vielleicht schon mal mit Hilfe von Operatoren oder dessen Bilder-Rückwärtssuche genutzt haben. Aber wussten Sie auch, dass Google eine eigene Datenbank für Patente hat oder Snapchat in Echtzeit Bild- und Video-Eindrücke aus der ganzen Welt liefert?

Sich alle Tools zu merken, ist angesichts immer neuer Anwendungen kaum möglich und auch gar nicht nötig. Stattdessen sollten Sie als Journalist*in die grundsätzlichen Möglichkeiten im Kopf haben und immer darüber nachdenken, welche Information auf welchem Wege zu finden sein könnte. Oftmals können dafür auch Anwendungen genutzt werden, die gar nicht für diese Art der Recherche gedacht wurden.

Natürlich müssen Grundsätze der Recherche wie etwa das Zwei-Quellen-Prinzip (Eine Information sollte von einer zweiten, unabhängigen Quelle bestätigt werden, bevor sie veröffentlicht wird (vgl. Kaiser. Recherchieren. Klassisch – online – crossmedial. Springer VS, Wiesbaden, 2015, S. 22)) gewahrt bleiben, auch wenn online Zeitdruck gegenüber der Konkurrenz herrschen sollte. Gerade da die Urheber*innen einer Information im Internet unklar sein können, ist besondere Vorsicht geboten. Die digitalen Anwendungen erleichtern die Recherche – die digitalen Möglichkeiten, Fälschungen zu produzieren, sind jedoch ebenso groß.

Schlüsselwörter

Recherche · Surface Web · Deep Web · Dark Net · Social-Media-Recherche · Google-Suchen · Google-Operatoren · Factchecking · Bilder-Rückwärtssuche · Themen finden

15.1 Probleme der Online-Recherche

Um sich die Probleme des Journalismus im Internet vor Augen zu führen, reicht ein Blick auf sein vielleicht wichtigstes Handwerk: die Recherche.

„Be first, but first be right" lautet ein Grundsatz der Recherche, unter dem Zeitdruck der Online-Konkurrenz geht der zweite Teil aber immer häufiger verloren. Nachrichten werden verbreitet, so schnell es geht, damit die ersten Klicks der Nutzenden auf der eigenen Seite landen und nicht woanders. Gleichzeitig informieren sich Nutzende selbst über zum Teil höchst fragwürdige Quellen, glauben falsche Informationen und werfen jenen Journalist*innen, die Rechercheergebnisse abwarten und zögern, Täuschung oder Vertuschung vor.

Besonders deutlich wird dies bei unklaren, weil noch laufenden Ereignissen, über die in Echtzeit berichtet wird. Die Nutzenden erwarten diese „Live-Berichterstattung", besonders öffentlich-rechtliche Fernsehsender werden laut kritisiert, wenn sie nicht unverzüglich eine Sondersendung starten, zum Beispiel bei den Terroranschlägen in Paris am 13. November 2015. Die ARD rechtfertigte sich, dass es zu wenig gesicherte Informationen gegeben habe, mit denen sie eine Sendung hätte füllen können (Raue 2015). Andersherum geriet die „BILD" in die Kritik, als ihre Reporter*innen kurz nach dem Anschlag in Hanau am 19. Februar 2020 Spekulationen verbreiteten, von denen viele falsch waren (Heimann 2020). Gleiches passierte 2018, als die „Rheinische Post" online schnell von einem „Anschlag in Münster" schrieb, der Täter sich aber nicht als Terrorist, sondern als psychisch Kranker herausstellte (Bouhs 2018).

Es gibt sicher noch mehr Beispiele, diese Probleme werden auch wieder vorkommen. Dagegen hilft aus journalistischer Sicht nur Geduld für mehr Informationen und die transparente Offenheit, dass man vieles einfach noch nicht weiß. Auch die Nutzung nur einer Quelle kann vertretbar sein, wenn es das öffentliche Interesse rechtfertigt. Dann ist aber mindestens ein Hinweis geboten, dass diese Information noch nicht von einer weiteren Quelle oder offizieller Seite bestätigt worden ist.

Letztlich sind diese Probleme durch das Internet verstärkt worden, sie sind aber keine Probleme der Internet-Recherche selbst. Falschmeldungen gab es auch in all den Jahren ohne Internetanschluss – nachfolgend soll es auch mehr um die zahlreichen Möglichkeiten der Internet-Recherche gehen.

15.2 Die Möglichkeiten der Internet-Recherche

Das grundsätzliche Handwerk der Recherche gilt natürlich auch online: Fakten sollten von zwei Quellen unabhängig voneinander bestätigt werden, auch wenn das schwierig werden kann, wenn die Identität eines Accounts fraglich bleibt oder unklar ist, welche Seite von einer anderen abgeschrieben hat. Man recherchiert von außen nach innen und hört alle Seiten und alle Aspekte an (ausführlich zum Beispiel bei Hooffacker und Meier 2017, S. 39 ff. oder Kaiser 2015). Die W-Fragen „Wer?", „Was?", „Wie?", „Warum?", „Wann?", „Wo?" und „Woher?" sollten beantwortet werden können (Oswald 2019, S. 24). Dafür versuchen Journalist*innen möglichst viele Personen aus dem Umfeld einer Geschichte ausfindig zu machen, „Feldforschung" nennen das Holzinger und Sturmer (2010, S. 78).

Das Internet, das ist der größte Vorteil, ist eine riesige Bibliothek, ein Nachschlagewerk, eine Plattform für Informationsquellen aller Art. Journalist*innen können und wollen nicht mehr darauf verzichten, das Internet ist für sie die meist genutzte Informationsquelle, noch vor dem Telefonat oder dem persönlichen Gespräch (Schüür-Langkau 2016; Sievert und Preppner 2017, S. 27). Fakten können überprüft werden, außerdem lassen sich Expert*innen für jedes noch so kleine Fachgebiet finden – und das weltweit. Dennoch an dieser Stelle bereits die Warnung: Verlassen Sie sich nicht darauf, jede Basisinformation im Internet zu finden, sondern fragen sie auch die grundlegenden Dinge wie etwa Jahreszahlen bei Ihren Protagonist*innen vor Ort ab. Außerdem können Sie sich nicht pauschal darauf verlassen, dass alle Informationen im Internet korrekt sind.

Von außen nach innen zu recherchieren, also wirklich in die Tiefe zu gehen und nicht in die Breite, ist bei so einer Fülle an Informationen und Möglichkeiten schwierig. Dickmann (2016, S. 141–142) empfiehlt, an die Online-Recherche gezielt heranzugehen und folgende Punkte zu klären:

> **Überlegungen vor der Recherche**
> - Thema: Was ist der konkrete Themenaspekt, zu dem Hintergrundinformationen gesucht werden?
> - Quellen: Wer könnte Informationen zu dem Thema besitzen und aus welchem Interesse? Wie neutral ist welche Quelle? Welche Absicht könnte dahinter stehen?
> - Recherchefragen: Welche Fragen sollen genau geklärt werden? Dies ist vor allem für die konkrete Anfrage bei einer Suchmaschine wichtig, aber dazu gleich mehr.
> - Technik: Mit welcher Technik und wo soll gesucht werden?

Um zielführend zu recherchieren, muss ein*e Journalist*in die wesentlichen vier Bereiche kennen, die online erschlossen werden können (Haller 2017, S. 171): das offene, über Suchmaschinen erreichbare Surface Web, die sozialen Medien, das Deep Web und das Darknet. Die verschiedenen Bereiche und Vorgehensweisen in der Recherche werden nun ausführlicher vorgestellt.

15.2.1 Recherche mit Suchmaschinen

Suchmaschinen sind das beliebteste Recherchetool, und Google ist mit über 90 Prozent der Nutzungsanteile die beliebteste Suchmaschine (Oswald 2019, S. 37). Deshalb beziehen sich die hier aufgeführten Hinweise – besonders zu Operatoren – auf Google, andere Suchmaschinen wie „Bing", „Yahoo" oder „DuckDuckGo" funktionieren aber grundsätzlich ähnlich.

Auch wenn es Milliarden Suchergebnisse bei Google gibt, lassen sich darüber nur etwa 20 Prozent der Internetseiten finden (Haarkötter 2019, S. 380). Eine Suchmaschine durchsucht nicht das gesamte Internet, sondern vereinfacht gesagt seinen eigenen Index, der durch sogenannte automatisierte „Crawler" zusammengestellt wurde. Crawler analysieren Seiten auf bestimmte Begriffe und erstellen eine Art großes Inhaltsverzeichnis, aus dem Google Vorschläge aufbereitet. Dies geschieht durch einen Algorithmus, den das Unternehmen geheim hält und der regelmäßig geändert wird – zum Leidwesen von Medienunternehmen, die über Suchmaschinen gefunden werden wollen. Die Suchergebnisse werden zum Beispiel davon beeinflusst, wie oft das gesuchte Wort enthalten ist oder an welcher Position es auf der Seite steht, außerdem vom Klickverhalten der anderen Nutzenden. Es hängt aber auch vom persönlichen Suchverlauf ab sowie vom Standort, in den USA erhalten Nutzende andere Ergebnisse für „Donald Trump" als Nutzende in Deutschland. Es kann also Unterschiede machen, seinen Suchverlauf regelmäßig zu löschen oder über die Einstellungen die Region einzustellen, in der die Ergebnisse veröffentlicht wurden (mehr zu den Kriterien und worauf Medien achten sollten im Abschn. 16.3.2 „Schreiben fürs Web").

> *ÜBUNG: Schauen Sie sich die möglichen Einstellungen und Such-Tools selbst an und überlegen Sie, was für eine Recherche hilfreich sein könnte.*

15.2 Die Möglichkeiten der Internet-Recherche

Bei der Eingabe in die Suchmaske muss bedacht werden, dass Google keine Antworten sucht, sondern möglichst gleiche Ergebnisse. Viele Nutzende stellen der Suchmaschine tatsächliche Fragen, zum Beispiel: „Wie hoch ist der Kölner Dom?" Googles Algorithmen haben gelernt, welche Antwort die wahrscheinlich gesuchte ist und liefert diese als erstes Ergebnis (157 Meter). Dies funktioniert auch immer besser, da der Algorithmus mit jeder Suche intelligenter wird. Auch Online-Medien platzieren als Überschriften gerne Fragen, die von Nutzenden häufiger gestellt werden, um über Google schneller gefunden zu werden. In weniger trivialen Fällen als beim Dom hilft diese Form der Suche aber nicht weiter. Statt Fragen zu stellen, sollte eher in Antworten und Schlüsselbegriffen des Themas gedacht werden, das ist auch oft kürzer. Eine Suchanfrage könnte etwa lauten: „Innenstadt ist * Hektar groß". Das Sternchen signalisiert Google, dass ein Wort fehlt oder unklar ist, die Suchmaschine spuckt damit Sätze aus, die diese Wörter sowie an der Stelle des Sternchens ein beliebiges Wort enthalten.

Das Sternchen ist einer der sogenannten Operatoren, sie machen die Suche noch effizienter. Damit sind Wörter und Zeichen gemeint, die Google als Suchbefehle versteht und die Suche danach verändert. Jede*r hat bestimmt schon einmal in Anführungszeichen nach dem eigenen Namen gegoogelt, um nur die exakten Ergebnisse zu erhalten. Weitere Operatoren lassen sich im Prinzip nach den W-Fragen einordnen (Bradshaw 2018, S. 59; Oswald 2019, S. 37–42).

- Wer hat die Information publiziert? Bei wem erwarte ich sie?
  - „site:" grenzt die Suche auf eine bestimmte Website ein, Google durchsucht also nur die vorgegebene Seite nach den Begriffen.
  - Beispiel: „Parteiprogramm site:spd-hamburg.de"
  - Das funktioniert auch, um Seiten nach Adressendungen einzugrenzen. Offizielle EU-Websites enden auf .eu, Seiten der US-amerikanischen Regierung auf .gov. Dafür würde der Operator „site:eu" oder „site:gov" lauten.
- Was für eine Art Dokument erwarte ich?
  - „filetype" grenzt die Suche auf festgelegte Dateiformate ein. Offizielle Ankündigungen werden gerne als PDF publiziert, Daten werden besser in einer XLS- oder CSV-Datei aufbereitet.
  - Beispiel: „Parteiprogramm CDU Berlin filetype:pdf"
- Wo erwarte ich die Begriffe?
  - „inurl" oder „intitle" suchen nach den Begriffen innerhalb der URL oder der Überschrift. Diese können zwar ähnlich sein, oft wird die URL aber auch automatisch aus einem Dateinamen heraus generiert. Deshalb lässt sich auch nach Stichworten wie „vertraulich" oder „final" suchen. Noch hilfreicher ist es, wenn man die intern genutzten Abkürzungen in Dateinamen kennt.
  - Beispiel: „Partei intitle:skandal"

- Wann wurde eine Information veröffentlicht?
  - Dazu lässt sich in den Tools die Zeit eingrenzen.
- Weitere Operatoren sind zum Beispiel „or", um quasi nach zwei Begriffen gleichzeitig zu suchen; „info:", um sofort die Selbstbeschreibung einer Seite zu sehen; oder „cache:", um eine ältere Version einer Seite finden zu können, falls jemand etwas Unangenehmes gelöscht hat. Noch mehr Operatoren sind hier zu finden: http://www.googleguide.com/advanced_operators_reference.html

Für alle Operatoren gilt: Zwischen dem Doppelpunkt und der angegebenen Vorgabe darf kein Leerzeichen stehen!

Wer sich nicht auf Google verlassen möchte, kann entweder auf eine andere Suchmaschine zurückgreifen – oder „Meta-Suchmaschinen" wie „MetaGer" ausprobieren. Sie fragt mehrere Suchmaschinen gleichzeitig ab, um vor Zensur zu schützen. Im Gegenteil gibt es auch andere Suchmaschinen, die sich auf ein Themengebiet beschränken, zum Beispiel „Skyscanner" für Flüge oder „SlideShare" für Präsentationen. Über „klug-suchen.de" erhalten Sie einen Überblick über spezialisierte Suchmaschinen.

15.2.2 Recherche in sozialen Medien

Die sozialen Medien sind in den vergangenen Jahren für die journalistische Recherche immer wichtiger geworden (Nuernbergk 2018, S. 111). Sievert und Preppner (2017, S. 27) haben die Wikipedia als das von Journalist*innen bei der Recherche meistgenutzte soziale Netzwerk ausgemacht, andere Expert*innen würden die Internet-Enzyklopädie wohl eher nicht als soziales Medium sehen. Unabhängig davon an dieser Stelle nochmals der Hinweis auf Wikipedias Fehleranfälligkeit, da es von Nutzenden gefüllt wird, deren Expertise und Absicht unklar ist (Holzinger und Sturmer 2010, S. 129).

Von den „typischen" sozialen Medien werden Facebook und Twitter am häufigsten von Journalist*innen genutzt (Nuernbergk 2018, S. 116). Sie dienen besonders der Themenfindung, der Beobachtung von Quellen oder als Ort der Interaktion mit Augenzeug*innen oder Expert*innen, die befragt und zitiert werden können. Bei verifizierten Accounts kann angenommen werden, dass auch tatsächlich die echten Personen hinter dem Profil stecken. Berufliche Netzwerke wie „LinkedIn" oder „Xing" können zudem helfen, eine*n passende*n Ansprechpartner*in für ein Thema zu finden.

Noch wenig im Alltag von deutschen Journalist*innen angekommen ist Snapchat, dabei können über die Plattform in Echtzeit Fotos und Videos aus der ganzen Welt aufgerufen werden – und das ohne jeden Account und Login. Über https://

15.2 Die Möglichkeiten der Internet-Recherche

map.snapchat.com/ können alle öffentlichen „Snaps" angesehen werden. Das sind Fotos oder Videos, die Snapchat-Nutzende in ihren „Storys" posten und mit einer Ortsangabe geteilt werden. Die Karte zeigt wie eine Heatmap an, an welchen Orten viel gepostet wird. Mit der Maus lässt sich aber auch jeder beliebige Standort anklicken, bei größeren Events oder Geschehnissen erhalten Journalist*innen damit womöglich erste Eindrücke von vor Ort. Storys sind nach 24 Stunden nicht mehr abrufbar, über die Entwickler-Tools der Internetbrowser können Sie die Fotos oder Videos aber sogar dauerhaft abspeichern. Von einer Veröffentlichung sollten Sie aber das Einverständnis der User*innen einholen und das Material nur verwenden, wenn das öffentliche Informationsinteresse groß genug ist.

ÜBUNG: Suchen Sie in der Snapchat-Karte nach Fotos und Videos aus Ihrem Wohnort oder aus einem Ort, der Sie interessiert. Versuchen Sie, wie oben beschrieben die Medien als einzelne Videos aufzurufen, um sie abspeichern zu können.

Kaiser (2015, S. 78 ff.) nennt drei Aspekte, für die soziale Medien bei der Recherche besonders wertvoll sind: Journalist*innen können dort erstens die Relevanz von Themen testen, zweitens Themen weiter recherchieren und drittens neue Themen finden.

Die sozialen Medien sammeln Posts, die mit demselben Hashtag (#) versehen sind, dies ermöglicht einen schnellen Überblick über verschiedene Meinungen oder Eindrücke zu einem Thema, besonders bei einer laufenden Nachrichtenlage eines aktuellen Ereignisses. In so einem Fall können Sie dort schnell Informationen sammeln, müssen aber mit der Verwertung sehr vorsichtig sein. Häufig werden ältere Fotos oder Videos mit falscher Bezeichnung geteilt oder kaum durchschaubare Profile teilen Unwahrheiten oder Verschwörungstheorien. Mehr zur Falsifizierung in Abschn. 15.4.

Es lohnt sich als Journalist*in zudem, Accounts, die regelmäßig für Sie wichtige Informationen posten und teilen, in einer Liste zu sammeln.

ÜBUNG: Sie sollen für Ihre Redaktion eine Serie über nachhaltige Kleidung erstellen. Welchen Accounts und Hashtags könnten Sie bei Instagram folgen? Welche Personen können Sie in einer Twitter-Liste zusammenstellen?

15.2.3 Recherche im Deep Web

Der unsichtbare Teil des Internets wird auch „Hidden Web" oder „Deep Web" genannt. Die damit gemeinten Seiten sind natürlich nicht komplett unsichtbar, sondern nur für Suchmaschinen, da sie dort nicht indexiert sind. Schätzungen gehen davon aus, dass die Datenmengen des Deep Web fast 500-mal so groß sind wie die des Surface Webs (Kaiser 2015, S. 75). Zum Deep Web zählen zum Beispiel passwortgeschützte Datenbanken oder Intranets von Unternehmen. Es kann zwischen folgenden Typen unterschieden werden (Kaiser 2015, S. 75):

1. **Undurchsichtiges Web:** Seiten, die zwar indexiert werden könnten, bei denen sich der hohe Aufwand für die geringe Nachfrage danach aber nicht lohnt.
2. **Privates Web:** Seiten, die aufgrund von Zulassungsbeschränkungen der Website nicht indexiert werden.
3. **Eigentümer-Web:** Seiten, die erst nach Anerkennung einer Nutzungsbedingung oder durch die Eingabe eines Passwortes zugänglich sind (kostenlos oder kostenpflichtig).
4. **Unsichtbares Web:** zum Beispiel Seiten von Datenbanken, die erst nach der Abfrage in einem Webformular generiert werden.
5. **Tatsächlich unsichtbares Web:** Seiten, die aus technischen Gründen (noch) nicht indexiert werden können, weil sie zum Beispiel aus komplexen Grafiken bestehen oder über Nicht-Standard-Software wie „Adobe Flash" dargestellt werden.

Es gibt für das Deep Web keinen „Haupteingang", es ist eben nicht so geordnet wie das sichtbare Web über eine Suchmaschine. Recherche-Trainer Albrecht Ude sagt: „Es gibt nicht das eine große Deep Web, sondern viele Deep Webs. Im Oberflächenweb würde ich die Dinge finden, wenn ich nur eine Maus hätte. Für das Deep Web brauche ich – vereinfacht dargestellt – die Tastatur, um eine Suchabfrage zu machen und zum Beispiel ein Passwort einzugeben" (zit. nach Kaiser 2015, S. 92). Deshalb sei es auch so wichtig, sich vor der Recherche Gedanken zu machen, wo man eine Information finden kann. Andersherum lohnt es sich, Verlinkungen zu folgen und immer tiefer ins Deep Web einzutauchen.

15.2.4 Recherche im Darknet

Den einfachsten Weg, ins Darknet zu kommen, bietet der Tor-Browser, der für Computer wie Smartphones heruntergeladen werden kann wie jede andere Software.

„TOR" ist eigentlich die Abkürzung für „The Onion Routing", so heißt die Technik, die vom Browser verwendet wird, um Anonymität zu erzeugen. Einfach gesagt leitet der Tor-Browser alle Anfragen an eine Website über mehrere Server um, sodass die IP-Adresse des Ursprungs nicht oder zumindest sehr schwer nachvollzogen werden kann. Ansonsten funktioniert Tor wie jeder andere Browser, also wie der Internet Explorer, Mozilla Firefox, Google Chrome oder Safari. Es können auch Seiten des „normalen" Internets erreicht werden. Wirkliche Anonymität über das Onion Routing wird nur auf Seiten erzeugt, deren Adressen aus Abfolgen von Zahlen und Buchstaben bestehen und eine „.onion"-Endung besitzen statt „.de" oder „.com".

In der breiten Öffentlichkeit wird das Darknet vor allem mit Kriminalität in Verbindung gebracht. Betreiber des Tor-Netzwerks vergleichen ihren Browser mit einem Werkzeug wie ein Hammer, der für einen guten Zweck gedacht ist, aber auch für Gewalt missbraucht werden kann (Dittert und Moßbrucker 2017). Das Darknet wird für illegalen Handel oder von Terrorist*innen genutzt, ja. Einer Studie zufolge sind 54,5 Prozent der Inhalte aber völlig legal oder stammen sogar von offiziellen Institutionen (Kaur und Randhawa 2020). Es ist auch nicht verboten, die Seiten des Darknets zu besuchen, solange kein illegales Geschäft vonstattengeht. Sie dürfen schließlich auch den Hinterhof des Bahnhofs betreten, auch wenn dort Drogen verkauft werden könnten.

Der Journalist Daniel Moßbrucker, der sich vor allem mit Datenschutz und Überwachung beschäftigt, sagt über das Darknet: „Die Terminologie suggeriert ein ‚dunkles Netz', damit verbinden wir die Drogenspots. Ich meine, man muss das Dark Net etwas offener sehen: als Technologie, um sich zu anonymisieren. Und die wird von verschiedenen Leuten ganz verschieden genutzt" (Moßbrucker 2017).

Aktivist*innen aus totalitären Regimen sind hier unterwegs, das US-Außenministerium, sogar Unternehmen wie Facebook – oder eben Journalist*innen (Kaur und Randhawa 2020). Whistleblower*innen und andere Informant*innen können im Darknet verschlüsselt Dokumente übermitteln und sich so vor Strafverfolgung schützen. Journalist*innen können auch versuchen, in geheime Foren aufgenommen zu werden, um darin mitlesen und Verbrechen aufdecken zu können.

15.3 Weitere Vorteile der Online-Recherche

Ob im sichtbaren Netz oder im Darknet – das Internet hat besonders die Kommunikation verändert. Weltweit können Journalist*innen nun Expert*innen für ein Thema finden, Informant*innen oder Augenzeug*innen. Das Internet hilft aber auch, um sich mit anderen Journalist*innen zusammenzutun. Eine weltweite Recherche wie bei den Panama Papers, bei der Reporter*innen des International Consortium of Investigative Journalists (ICIJ) über 11,5 Mio. Dokumente über Konten in Steueroasen digital auswerteten, wäre ohne die Möglichkeiten des Internets nicht denkbar gewesen.

So etwas funktioniert nur, da die Datenauswertung automatisiert erfolgen kann (siehe weitere Informationen im Teil „Datenjournalismus"). Genauso automatisch können Sie sich auch benachrichtigen lassen, wenn zu Ihrem Kernthema neue Informationen oder Artikel veröffentlicht werden.

Zum Beispiel mit einem RSS Feed: RSS steht für „Relatively Simple Syndication", diese Technik stellt Informationen aus einer Quelle in einem Feed zusammen (Bradshaw 2018, S. 53). Sie liest beispielsweise eine Nachrichtenwebsite aus und stellt Überschriften und Datum der Artikel in einer simplen Liste übersichtlich zusammen, ohne den ganzen Beitrag zu zeigen. So können Nutzende einen guten Überblick bekommen – und sich automatisch benachrichtigen lassen, wenn ein neuer Beitrag veröffentlicht wurde. Viele Medien bieten verschiedene RSS-Feeds an, zum Beispiel für einzelne Ressorts oder große Themen. Dies kann als Recherchetool für Journalist*innen nützlich sein, die auf ihrem Themenfeld immer informiert bleiben wollen. Als Wuppertaler Lokaljournalist*in könnte man sich zum Beispiel bei „Feedreader" einen Feed für die Schwebebahn einrichten und sich so über neue Nachrichten informieren. Damit hätten Sie etwa sofort mitbekommen, dass der englische „Guardian" die Wuppertaler Schwebebahn als eines der touristischen Highlights der Europäischen Union gewürdigt hatte (siehe Abb. 15.1).

Das gleiche funktioniert auch über „Google Alerts" oder Diensten wie „Talkmaster", „Netvibes" oder „Feedly", auf Smartphones und Tablets wird häufig „Flipboard" benutzt (Bradshaw 2018, S. 53).

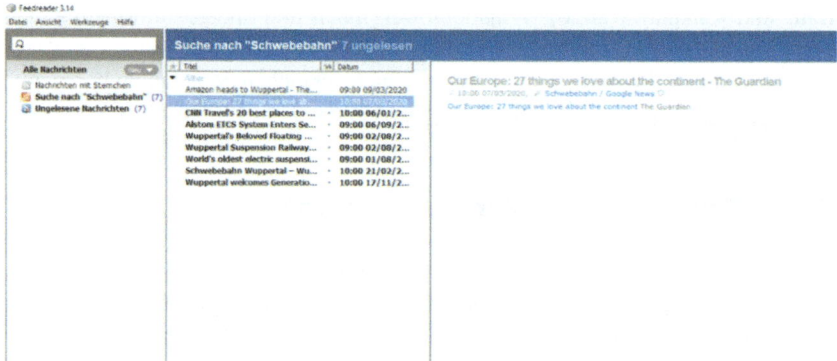

Abb. 15.1 RSS-Feed zur „Schwebebahn" in Feedreader (Screenshot: 3. August 2020)

> *ÜBUNG: Wenn Sie in den sozialen Medien erste Accounts zu nachhaltiger Kleidung gefunden haben, werden Sie Schlüsselbegriffe oder Institutionen gefunden haben, die sich regelmäßig mit dem Thema beschäftigen. Erstellen Sie sich mit diesen Informationen jeweils mindestens einen RSS-Feed sowie ein Google-Alert, um aktuelle Meldungen zu dem Thema automatisch erhalten zu können.*

Ein RSS-Feed und Alerts sind praktisch für die Themenfindung. Sie können online aber nicht nur auf Trends warten, sondern auch gezielt nach ihnen suchen. Besonders in den sozialen Medien: Twitter oder YouTube zeigen in extra Seitenbereichen, welche Hashtags oder Videos gerade häufig genutzt oder angeklickt werden.

Besonders spannend aus journalistischer Sicht sind die Google Trends – denn Google-Angebote nutzen viele Menschen, um sich zu informieren. Unter trends.google.de weist der Suchmaschinenbetreiber sowohl aktuell häufig gesuchte Begriffe nach bestimmten Regionen aus, als auch Statistiken für Suchwörter, die man selbst bestimmen kann. So können Sie feststellen, ob die Heuschnupfen-Saison bereits begonnen hat, dass häufiger nach „Asterix" gesucht wird als nach „Obelix" oder die Nachfrage nach „Nachrichten" zwischen 5 Uhr und 7 Uhr morgens stark ist und den Rest des Tages deutlich dahinter zurückbleibt.

Ähnliche Statistiken, allerdings für Wikipedia, liefert https://pageviews.toolforge.org/. Neben den Aufrufzahlen für einzelne Seiten, die auch miteinander verglichen werden können, listet das Tool die meistaufgerufenen Wikipedia-Artikel eines Tages, Monats oder Jahres auf.

15.4 Fakten prüfen

„Skepsis ist von Berufs wegen bei jeder Internetseite angebracht", sagt Kaiser (2015, S. 65), und hat damit sicher recht. Jede*r kann eine Website oder ein Profil in den sozialen Medien erstellen und Inhalte verbreiten, Wertvolles und Belangloses, Wahrheiten und Lügen. Wenn Journalist*innen nun mehr „Gatewatcher" als „Gatekeeper" sein sollen, müssen sie einschätzen können, wie glaubwürdig Quellen sind und Fakten verifizieren. Dies ist ohnehin eine Kernaufgabe des Journalismus, im Internet gibt es mehrere Wege und Tools dafür.

Soziale Netzwerke bieten Organisationen und Prominenten eine Verifizierung der Accounts an, hinter dem Namen ist dann ein weißer Haken auf blauem Grund zu erkennen. Die Abbildungen Abb. 15.2 und 15.3 zeigen zum Vergleich einen Twitter-Account namens „die_regierung", der sich als „Bundesregierung" ausgibt,

Abb. 15.2 Twitter-Screenshot @die_regierung, 10. März 2022

Abb. 15.3 Twitter-Screenshot @regsprecher, 10. März 2022

15.4 Fakten prüfen

und des tatsächlich offiziellen Accounts der Bundesregierung vom Sprecher von Kanzler Olaf Scholz, Steffen Hebestreit.

Letzterer ist verifiziert, eine eindeutige Kurzbeschreibung („Bio") und die Verlinkung zum Impressum der Website der Bundesregierung gibt es außerdem. Diese Dinge, also der Accountname, Profilbilder sowie Selbstbeschreibung sind wichtige Indizien, ob ein Account glaubwürdig ist (Oswald 2019, S. 52). All das kann natürlich auch scheinbar echt aussehen, dann sollten Sie nach weiteren Seiten und Profilen suchen. Websites von Unternehmen verlinken in der Regel ihre offiziellen Social-Media-Accounts.

Wer hinter einer Website steckt, lässt sich zum Beispiel über das Impressum herausfinden oder mit Abfragen auf Seiten wie „who.is", „denic.de" (für Seiten mit „.de"-Endung) oder „thenew.org" (für Seiten mit „.org"-Endung).

Aber selbst wenn eine Seite vertrauenswürdig ist oder sogar von offiziellen Institutionen betrieben wird, können sich dort Fehler einschleichen. Beispiel Amateurfußball: Auf der vom Deutschen Fußballbund (DFB) geführten Seite „fussball.de" tragen alle Schiedsrichter*innen die Ergebnisse und Torschütz*innen der etwa 80000 Spiele ein, die an einem Wochenende stattfinden. Auch wenn man sich auf die meisten Angaben verlassen kann, kommt es immer wieder zu Verwechslungen der Spieler*innen oder einer falschen Spielminute für ein Tor. Journalistisch korrekt wäre es, jede Angabe mit einer zweiten Quelle abzugleichen (z. B. mit beteiligten Trainer*innen). Aber lohnt sich dieser Aufwand in einer kleinen Lokalsportredaktion für drei Zeilen Statistik zu einem Spiel, das anschließend nur von den Beteiligten selbst gelesen wird? Die allermeisten Redaktionen verzichten aus Zeitgründen darauf, die Angaben nochmal zu überprüfen.

Etwas schwieriger, aber noch wichtiger ist die Überprüfung von Fotos und Videos. Bilder erzeugen Emotionen und liefern eine höhere Glaubwürdigkeit, sie sind quasi der „Beweis" für eine Tat. Immer wieder werden besonders in sozialen Medien aber alte Fotos oder Videos verbreitet, die nur scheinbar ein aktuelles Geschehen abbilden. Oder sie wurden manipuliert, wichtige Teile abgeschnitten oder wegretuschiert. Der AfD-Kreisverband Stade etwa veröffentlichte dieses Foto von jungen Demonstrierenden bei einer „Fridays-for-future"-Demo (Abb. 15.4).

In Wahrheit standen ganz andere Worte auf ihren Schildern, wie die Redaktion der Märkischen Allgemeinen Zeitung erkannte, die das Originalfoto aufgenommen hatte (Russezki und Schultz 2019, Abb. 15.5):

Wenn Sie Bilder im Internet finden, sollten Sie sich fünf Fragen stellen (Oswald 2019, S. 55):

Abb. 15.4 Facebook-Post der AfD Stade. (Quelle: Russezki und Schultz 2019)

Abb. 15.5 Originalfoto der Märkischen Allgemeinen Zeitung (Russezki und Schultz 2019)

15.4 Fakten prüfen

> **Übersicht**
> 1. Sehe ich das Original?
> 2. Wer hat das Foto/Video aufgenommen?
> 3. Wo wurde es aufgenommen?
> 4. Wann wurde es aufgenommen?
> 5. Warum wurde es aufgenommen?

Um sie zu verifizieren, bieten sich Rückwärtssuchen sowie ein Blick in die Metadaten der Bilder an. Über yandex.com, tineye.com oder auch über Google können Sie eine umgekehrte Bildersuche machen, indem Sie ein Foto hochladen oder die URL eines gefundenen Bildes einfügen. Die Suchen zeigen dann an, wann und wo das Bild erstmals auftauchte und ob es womöglich schon älter ist als gedacht. Videos können ebenfalls auf diese Weise geprüft werden, zum Beispiel beim YouTubeDataViewer oder über das Browser-Plugin InVid (Oswald 2019, S. 56).

Die Metadaten lassen sich zum Beispiel mit dem von der Deutschen Welle mitentwickelten „Image Verification Assistant" einsehen: http://reveal-mklab.iti.gr/reveal/. Das sind Daten, die automatisch generiert werden, wenn ein Foto oder ein Video aufgenommen wird, zum Beispiel die Uhrzeit, die Kameraeinstellungen oder die Geodaten. Sie können damit also idealerweise sehen, wo ein Bild entstanden ist. Prüfen lässt sich das etwa auch über Google Street View, da Hintergründe und Ortschaften eines Fotos oder Videos mit den Google-Bildern abgeglichen werden können. Selbst wenn das Programm Metadaten nicht erkennt, weil es sich nicht um ein Originalbild handelt, liefert der Image Verification Assistant mit seinen forensischen Bild-Analysen hilfreiche Hinweise, ob ein Foto manipuliert sein könnte.

Ein Beispiel für eine solche Analyse: Ein Leuchtturm im Sonnenuntergang, fotografiert vom Strand (Abb. 15.6). Von der Farbgebung lässt sich vielleicht erahnen, dass der Turm nicht ganz passend aussieht. Die forensische Analyse, hier mit dem Tool „Forensically" vom Schweizer Software-Entwickler Jonas Wagner, deckt den Fake auf: Das Bildrauschen des Leuchtturms hebt sich deutlich vom Rest ab, er wurde nur eingefügt (Abb. 15.7).

Häufig lassen sich auch Details eines Fotos mit Daten aus Online-Diensten abgleichen, die auf den ersten Blick nichts mit journalistischer Recherche zu tun haben. Ist auf dem Bild ein Schatten zu sehen? Dann könnte mit Hilfe von suncalc.org, das den Sonnenverlauf an einem bestimmten Datum und an einem beliebigen Ort anzeigen kann, die ungefähre Zeit ermittelt werden, wann das Foto geschossen wurde. Überprüfen lassen sich auch die Routen von Zügen, Flügen oder Schiffen.

Abb. 15.6 Leuchtturm im Sonnenuntergang (eigene Bilder)

Was bringt so etwas in der Praxis? Eine Luxusyacht half den Reporter*innen des „Spiegel", die Lobby-Arbeit vom CDU-Abgeordneten Philipp Amthor für das amerikanische IT-Unternehmen „Augustus Intelligence" aufzudecken. Amthor war auf einem Selfie zu sehen, gemeinsam mit dem Gründer und CEO des Start-Ups sowie einem Unternehmensberater, der für „Augustus Intelligence" gewonnen werden sollte. Durch die Metadaten des Bildes fanden die Reporter*innen das Datum, wann das Foto aufgenommen wurde.

Eine Yacht im Hintergrund der drei Männer konnte über eine Bilder-Rückwärtssuche identifiziert werden. Anhand der individuellen Kenn-Nummer, die jedes Schiff besitzt, konnte über die Tracking-Website „MarineTraffic" genau überprüft werden, wo sich die Yacht zu welchem Zeitpunkt befand. Am Morgen

Abb. 15.7 Error Level Analyse des Fotos in Forensically (29a.ch/photo-forensics)

des Tages, der in den Metadaten des Fotos angegeben war, fuhr die Yacht aus dem Hafen von Korsika ab, was über einen Abgleich des Bildhintergrundes mit Google Street View bestätigt werden konnte (Höfner 2020).

Lesenswert für (angehende) Journalist*innen ist das Erklärstück des „Spiegel" zur Recherche der „Xinjiang Police Files", mit der Informationen über Umerziehungslager im chinesischen Xinjiang bekannt wurden. Epp und Höfner (2022) zeigen anhand zahlreicher Beispiele, wie mit Bilder-Rückwärtssuchen, dem Abgleich von Satellitenaufnahmen mit zugespielten Fotos sowie forensischen Analysen die Bilder verifizierten wurden, die dem Rechercheteam zugespielt worden waren.

Noch ein Beispiel: Ein relativ deutlicher Fake ließ sich im August 2020 überführen, als auf der Straße des 17. Juni in Berlin die Demonstration „Versammlung der Freiheit" stattfand, bei der vor allem gegen die Corona-Maßnahmen protestiert wurde. Laut Polizei Berlin nahmen 20000 Menschen teil (Polizei Berlin 2020). Die Veranstalter*innen sprachen von 1,3 Mio. Teilnehmenden, die Information wurde mit falschen Fotos mehrfach in den sozialen Medien verbreitet. Journalist*innen der „taz" oder vom Blog „Volksverpetzer", der sich auf Faktenchecks spezialisiert hat, konnten mit der Rückwärtssuche schnell feststellen, dass etwa ein vielfach geteiltes Foto eigentlich aus 2018 stammte – und in Zürich aufgenommen wurde (Laschyk 2020a). Außerdem wurde mit Hilfe des Tools „Mapchecking" gezeigt, dass sich so viele Menschen aus Platzgründen gar nicht auf der Straße des 17. Juni aufhalten können (Asmuth 2020; Laschyk 2020b).

> ÜBUNG: *Rufen Sie Mapchecking über www.mapchecking.com auf und prüfen Sie für die größten Plätze in Ihrem Wohnort, wie viele Menschen sich dort aufhalten können. Dieses Hintergrundwissen ist wichtig, damit Sie bei einer möglichen Demonstration oder anderen Veranstaltung sofort einschätzen können, wie gut sie besucht war. Das Tool bedienen Sie, indem sie die Ecken eines Bereichs festlegen und außerdem einstellen, wie viele Menschen pro Quadratmeter sich in diesem Bereich aufhalten (Abb. 15.8). Über einen Klick auf „What does it look like?" sehen Sie, wie dicht gedrängt Menschen stehen, wenn sich eine Person/Quadratmeter oder fünf Personen/Quadratmeter aufhalten.*

Abb. 15.8 Abmessen der Größe des Pariser Platzes vor dem Brandenburger Tor in Berlin mit dem Tool „Mapchecking". (Screenshot: 1. Oktober 2021)

Das Internet bietet noch einige weitere Recherchemethoden, Datenjournalismus wurde zum Beispiel bewusst in einen extra Buchteil verlagert, vielleicht kennen Sie selbst bereits andere Techniken. Zwei Dinge sollten Sie sich merken: Erstens machen Suchmaschinen und soziale Medien das klassische Recherchehandwerk nicht überflüssig, sie ergänzen es nur. Zweitens bringen neue Technologien oder Plattformen im Internet auch immer eine Chance für Journalist*innen mit sich – Sie sollten sich deshalb auf dem Laufenden halten und ausprobieren, schließlich machen die Nutzenden das auch.

„Heute recherchieren Journalisten im Internet auch Material, das bereits publiziert und somit auch für das Publikum potenziell sichtbar und zugänglich ist. Insofern hat der Journalismus vielmehr auch die Aufgabe über das Richtige und Relevante im Internet zu orientieren. Von großer Bedeutung sind daher die Verifizierungspraktiken und die im Internet einsetzbaren Suchhilfen, durch die der Journalismus diese Leistung kompetent erbringen kann. Die Recherchekompetenz ist das Pfund, mit der sich der Journalismus seinen Vorsprung vor Amateuren und Algorithmen sichern kann". (Nuernbergk 2018, S. 130)

Quellen

Asmuth, G. (2020, 2. August). Die Polizei dürfte recht haben. Online: https://taz.de/Streit-um-Teilnehmerzahlen/!5705203/, zuletzt am 1. Mai 2022.

Bouhs, D. (2018, 8. April). Anschlag? Amoktat? Todesfahrt? Online: https://taz.de/Medien-ueber-Vorfall-in-Muenster/!5494575/, zuletzt am 1. Mai 2022.

Bradshaw, P. (2018). The Online Journalism Handbook. Skills to Survive and Thrive in the Digital Age. Abingdon und New York: Routledge.

Dickmann, B. (2016). Die Recherche – Grundlage journalistischer Arbeit. In Altendorfer & Hilmer (Hg.). Medienmanagement (127–147). Wiesbaden: Springer VS.

Dittert, A. & Moßbrucker, D. (2017). Das Darknet – Eine Reise in die digitale Unterwelt. Online: https://www.youtube.com/watch?v=qaJnMv6KMwM, zuletzt am 1. Mai 2022.

Epp, A. & Höfner, R. (2022, 24. Mai). So haben wir die Xinjiang Police Files überprüft. Online: https://www.spiegel.de/ausland/xinjiang-police-files-so-haben-wir-das-datenleck-ueberprueft-a-0dc1d2e6-2771-48ab-af72-ded4aae6970b, zuletzt am 28. Mai 2022.

Haarkötter, H. (2019). Journalismus.Online. Das Handbuch zum Onlinejournalismus. Köln: Herbert von Halem Verlag.

Haller, M. (2017). Methodisches Recherchieren. Konstanz und München: UVK.

Heimann, R. (2020, 21. Februar). Dokumente der breitbeinigen Ahnungslosigkeit. Online: https://www.mdr.de/altpapier/das-altpapier-1376.html, zuletzt am 1. Mai 2022.

Höfner, R. (2020, 16. Juni). Wo traf Amthor den Unternehmensberater Bouée? Online: https://www.spiegel.de/politik/deutschland/philipp-amthor-wo-traf-er-den-unternehmensberater-bouee-a-d8c83e42-2498-4a11-b002-99f1c65ff2b87, zuletzt am 1. Mai 2022.

Holzinger, T. & Sturmer, M. (2010). Die Online-Redaktion. Praxisbuch für den Internetjournalismus. Berlin & Heidelberg: Springer.

Hooffacker, G. & Meier, K. (2017). La Roches Einführung in den praktischen Journalismus. Wiesbaden: Springer VS.

Kaiser, M. (2015). Recherchieren. Klassisch – online – crossmedial. Wiesbaden: Springer VS.

Kaur, S. & Randhawa, S. (2020, 28. Januar). Dark Net: A Web of Crimes. Online: https://link.springer.com/article/10.1007/s11277-020-07143-2, zuletzt am 1. Mai 2022.

Laschyk, T. (2020b, 2. August). Faktencheck: Nur 17.000 – So lügen die Pandemie-Leugner über ihre Teilnehmerzahlen. Online: https://www.volksverpetzer.de/corona-faktencheck/teilnehmerzahlen-nur-17-000/, zuletzt am 1. Mai 2022.

Laschyk, T. (2020a, 3. August). Auch die AfD verbreitet Fake News über die Demo der Pandemie-Leugner. Online: https://www.volksverpetzer.de/analyse/pandemie-leugner-fake-afd/, zuletzt am 1. Mai 2022.

Moßbrucker, D. (2017, 8. Mai). re:publica 2017: Die gute Seite des Darknet - Daniel Moßbrucker. Online: https://www.youtube.com/watch?v=uC6nSD4m_vE, zuletzt am 1. Mai 2022.

Nuernbergk, C. (2018). Recherche im Internet. Social Media und Suchmaschinen als journalistische Suchhilfen. In Nuernbergk & Neuberger (Hg.). Journalismus im Internet. Partizipation – Partizipation – Technisierung (101–138). Wiesbaden: Springer VS.

Oswald, B. (2019). Digitaler Journalismus. Ein Handbuch für Recherche, Produktion und Vermarktung. Zürich: Midas.

Polizei Berlin (2020, 2. August). Demonstrationen im gesamten Stadtgebiet. Online: https://www.berlin.de/polizei/polizeimeldungen/pressemitteilung.968142.php, zuletzt am 1. Mai 2022.

Raue, P. (2015, 15. November). Terror in Paris, die ARD, Twitter und Journalismus: Be first, but first be right. Online: http://www.journalismus-handbuch.de/terror-in-paris-die-ard-und-journalismus-be-first-but-first-be-right-7343.html, zuletzt am 1. Mai 2022.

Russezki, J. & Schultz, M. (2019, 22. März). AfD verbreitet manipuliertes MAZ-Foto von Potsdamer Klimademo. Online: https://www.maz-online.de/Brandenburg/AfD-verbreitet-manipuliertes-MAZ-Foto-von-Fridays-for-Future-Demo-in-Potsdam, zuletzt am 1. Mai 2022.

Schüür-Langkau, A. (2016, 6. April). Wie Sie Ihre Onlinerecherche verbessern. Online: https://www.springerprofessional.de/en/journalismus/medienmanagement/wie-sie-ihre-onlinerecherche-verbessern-/9834872, zuletzt am 1. Mai 2022.

Sievert, H. & Preppner, K. (2017). Bessere oder schlechtere Recherche dank Technik? Aktuelle Befragungsstudie zum Einfluss technischer Innovationen auf Arbeitspraktiken von Journalisten im deutschsprachigen Raum. In Hooffacker & Wolf (Hg.). Technische Innovationen – Medieninnovationen? Herausforderungen für Kommunikatoren, Konzepte und Nutzerforschung (20–33). Wiesbaden: Springer VS.

Arbeitsweisen im Onlinejournalismus 16

Zusammenfassung

Den klassischen Redaktionsschluss gibt es nicht mehr: Von einer Website werden stetig Neuigkeiten erwartet, Texte können ergänzt oder überarbeitet werden. Trotzdem orientiert sich der Workflow einer Redaktion noch weitgehend an gewohnten Arbeitszeiten, was auch an den User*innen liegt: Sie besuchen Nachrichtenseiten am häufigsten morgens, außerdem in ihrer Mittagspause und nach Feierabend.

In den Redaktionsgebäuden haben sich „Newsdesks" etabliert, quasi ein Gruppentisch der wichtigsten Entscheidungsträger*innen. Sie besprechen die Themen des Tages, wählen Nachrichten aus oder „steuern" die Website, also entscheiden über Platzierung und eine ansprechende Darstellung der einzelnen Beiträge, etwa durch die Wahl des Fotos oder der Überschrift.

In diesem Kapitel soll es außerdem darum gehen, was Online-Journalist*innen können sollten. Einen wichtigen Punkt, die Recherche im Internet, haben Sie bereits kennengelernt. Nun geht es noch um produktionelle, kommunikative und auch rechtliche Kompetenzen. Zur Produktion gehört, wie eine gute Überschrift und ein Teaser aussehen, wie ein Text gut von Suchmaschinen gefunden werden kann und Links richtig gesetzt werden. Kommunikation bezieht sich hier auf das Verhältnis zu den Nutzenden, die in den sozialen Medien oder direkt auf der Website mitreden wollen und kommentieren. Als Online-Journalist*in sind Sie in der Regel auch Verkäufer*in und Moderator*in.

© Der/die Autor(en), exklusiv lizenziert an Springer Fachmedien Wiesbaden GmbH, ein Teil von Springer Nature 2022
T. Osing, *Digitaler Journalismus in der Praxis*,
https://doi.org/10.1007/978-3-658-39105-8_16

> **Schlüsselwörter**
>
> Newsdesk · Redaktion · Seitensteuerung · Klickzahlen · Überschriften · Teaser · Suchmaschinenoptimierung (SEO) · Community Management · Recht · Nutzungsbedingungen

16.1 Arbeitsfelder

Hooffacker (2020, S. 11) gliedert die Arbeitsfelder von Online-Journalist*innen in fünf Bereiche:

1. Online-Auftritte klassischer Medien
2. reine Online-Medien
3. Presse- und Öffentlichkeitsarbeit online
4. Mischformen von Werbung und Journalismus
5. Intranet-Redaktionen

Zwar wird bei allen fünf Bereichen journalistisches Handwerk angewandt, nur die ersten beiden sind aber im Sinne dieses Buches als tatsächlicher Journalismus zu sehen und werden hier genauer thematisiert.

Hooffacker (2020, S. 11) sagt, dass Online-Auftritte klassischer Medien das Bild des Onlinejournalismus geprägt hätten, da dort erfahrene Journalist*innen anderer Bereiche ihre Expertise eingebracht hätten. Auch Godulla und Wolf (2017, S. 25) stellen fest, dass digitale Langformen durch etablierte Print- und Rundfunk-Schemata geprägt seien. Onlinejournalismus unterscheidet sich von dem anderer Medien – auch der Einfluss neu gegründeter, reiner Online-Medien ist klar erkennbar – eine umfassende Transformation des Berufs blieb bislang aber aus (Neuberger und Quandt, 2019, S. 66).

Von einigen Unterschieden zwischen Online- und anderen Medien könnten Sie überrascht sein. Online-Artikel sind immer kürzer als in der gedruckten Version? Nein, nicht unbedingt. Quandt (2008, S. 151) stellte in einer vergleichenden Inhaltsanalyse fest, dass bei der „Süddeutschen Zeitung" (SZ) und der „Frankfurter Allgemeinen Zeitung" (FAZ) online die Beiträge im Schnitt deutlich länger waren als jene in den Print-Medien. Weitere erwähnenswerte Erkenntnisse der Studie:

- Während in den Print-Ausgaben auf der Titelseite fast nur (Kurz-)Nachrichten zu finden waren, führten die Online-Angebote häufiger auch Interviews, Kommentare oder Reportagen als Hauptbeiträge auf.

- Politische Nachrichten, Wirtschaft und Sport machten in Print und online jeweils den größten Anteil der Themen aus. In den Print-Ausgaben war allerdings Politik wichtiger, online Wirtschaft. Generell stellte Quandt online eine größere Themenvielfalt fest.
- Ähnlich sieht es bei den Akteur*innen aus: Bei Print-Artikeln stehen häufiger politische Akteur*innen im Fokus, online eher personale Akteur*innen („Normalbürger", Einzelpersonen) und institutionelle Akteur*innen.
- Die Tendenz der politischen Beiträge ist online deutlich negativer als bei Print-Artikeln.

Quandt (2008, S. 152) schlussfolgert, dass Online-Nachrichten nicht einfach ins Internet transferierte Zeitungen seien, sondern sich immer mehr abkapseln würden, indem sie ihre eigene Identität und Sprache finden.

Einfluss darauf hatten die reinen Online-Medien wie Web-Magazine, Blogs oder Wikis. Von ihnen gehen meist Innovationen für onlinejournalistische Darstellungsformen und Formate aus (Hooffacker 2016, S. 23). Zum Beispiel gab es zuerst in solchen Medien interaktive Formate wie Abstimmungen, kommunikative Formen wie Chats und Foren sowie Zusatz-Services wie Newsletter oder die Vernetzung mit anderen Nutzenden (Hooffacker 2016, S. 23).

	Klassischer Journalismus (Mainstream-Medien)	Bürgerjournalismus (Alternative Medien)
Produktion		
Finanzierung	Refinanzierung durch Werbe- und Publikumserlöse	Häufig keine Refinan-zierung oder Finanzie-rung durch politische Sympathisanten
Abhängigkeit von Publikum und Werbung	hoch	geringer
Redaktion	arbeitsteilig und hierarchisch organisiert	häufig Ein-Personen-Redaktion oder loser Zusammenschluss von Autoren
Journalistische Professionalität	Journalismus als Beruf; hohe Sach-/Fachkompetenz	häufig als Hobby; Sachkompetenz oft hoch, Fachkompetenz unterschiedlich
Qualitätssicherung	Qualitätssicherung in der Redaktion, durch ökonomischen Druck und die Überwachung unabhängiger Institutionen	keine bzw. nur externe Qualitätssicherung durch Publikumsfeedback

Schweiger (2017, S. 47) hat klassische und „alternative" Medien hinsichtlich Produktion, Nachrichtenangebot und Nachrichtenbeiträgen verglichen:

Nachrichtenangebot		
Eigener Anspruch	Neutralität und Objektivität (in faktenbetonten Darstellungsformen)	meist: Gegenöffentlichkeit, kritisch gegenüber Regierenden, Eliten und Mainstream-Medien
Periodizität	regelmäßige Erscheinungsweise als Gesamtangebot	häufig unregelmäßige Erscheinungsweise von Einzelbeiträgen (Blog)
Universalität	breite Themenpalette	häufig enges Themenspektrum, persönliche oder Fachthemen
Publizität	hohe Reichweiten und öffentliche Beachtung	häufig geringe Reichweiten
Nachrichtenbeitrag		
Politische Relevanz	hoch; dabei Orientierung an gesamter Bevölkerung	unterschiedlich; dabei häufig Orientierung an individueller Relevanz
Aktualität	hoch	unterschiedlich
Dominierende Darstellungsform	faktenbetont	meinungsbetont

Für Schweiger richtet sich „Bürgerjournalismus", wie das Publizieren von Einzelpersonen über Blogs oder andere eigene Seiten oft genannt wird, in der Regel gegen die etablierten Medien und möchte sich bewusst von ihnen abgrenzen, deshalb verwendet Schweiger „Bürgerjournalismus" und „alternative Medien" synonym. Diese Gleichsetzung sollte kritisch betrachtet werden, da der Ausdruck „alternative Medien" eher negativ behaftet ist und zur wertvollen Arbeit vieler unabhängiger Blogger*innen eine klare Differenzierung erfolgen sollte. Zudem weisen einige „alternative Medien" Merkmale der „klassischen" auf, was eine eindeutige Abgrenzung erschwert. Prochazka (2020, S. 22) nennt als Beispiel die Online-Plattform „Tichys Einblick", die sich als rechtskonservative Alternative gegenüber den etablierten Medien versteht und zumeist populistische Kommentare veröffentlicht. Dadurch, dass mehrere Autor*innen regelmäßig Beiträge veröffentlichen und zudem hauptberufliche Journalist*innen sind, weist die Plattform aber auch redaktionelle Strukturen eines „klassischen" Mediums auf (Prochazka 2020, S. 22). Mehr zum Bürger*innenjournalismus finden Sie in Abschn. 17.4.

16.2 Redaktionsorganisation

16.2.1 Newsroom & Workflow

Das Internet hat die Redaktionsräume der Journalist*innen kernsaniert. Das war in manchen Einzelbüros angesichts der vielen gerauchten Zigaretten sicher ohnehin irgendwann nötig – letztlich wurden aber die gesamten Arbeitsabläufe neu strukturiert. In den ersten Jahren der Online-Nachrichtenseiten machten noch alle ihr Ding, Print- und Online-Kolleg*innen sahen sich höchstens in der Mittagspause, im selben Haus angesiedelte Radioproduzent*innen und Fernsehmachende schienen fremde Sprachen zu sprechen. Online ist plötzlich alles multimedial, das Internet vereint alle Publikationsformen. Der logische Schritt: Die Redaktionen bündelten ihre Kompetenzen in einem einzigen Raum, dem „Newsroom".

Damit möchten sie dem ständig laufenden Nachrichtenstrom gerecht werden, der schnelles Handeln erfordert. Mathias Müller von Blumencron, ehemaliger Chef von SpOn oder FAZ Online: „Wir denken ja anders als die klassischen Printkollegen. Nicht in Redaktionsschlüssen, sondern wir denken in Ereignissträngen. Und ein Ereignisstrang muss bearbeitet werden" (zit. nach Haarkötter 2019, S. 106).

„The coolest Newsroom of the WELT", mit diesem Wortspiel betitelte die Zeitung „Die Welt" ihren mittlerweile ehemaligen Produktionsraum im alten Axel-Springer-Gebäude in Berlin. Die Redaktion zog Mitte 2020 in den Neubau des Verlages um, das Konzept nahmen sie mit. 2006 hatte der Verlag erstmals formuliert, Print und Online in einer Redaktion vereinen zu wollen. „Als erstes großes Zeitungshaus", wie die „Welt" schrieb. Tatsächlich gilt die Redaktion als eine der Vorreiter in Deutschland, das Modell des Newsrooms wurde vielfach kopiert.

Im Kern sieht es so aus: Alles in einem – und alles um eins. Ob Sportredaktion, Fotojournalist, Nachrichtenredakteurin oder Social-Media-Manager, alle sitzen im selben Großraumbüro. Im Mittelpunkt: das „Auge" (auch „Balken"), ein kreisförmiges Tischgestell, von wo aus die Inhalte veröffentlicht werden. Bei der „Welt" sitzen dort die Chefredakteur*innen des Online-Angebots sowie der gedruckten Zeitung, der*die Chef*in des Nachrichtenressorts, zwei Social-Media-Manager*innen, ein „Plus-Verantwortlicher" sowie ein „Pilot".

Um das Auge herum gehen sternförmig die „Desks" ab. Die einzelnen Ressorts und ihre Mitarbeitenden sitzen an eigenen Desks, die Nachrichtenredakteur*innen zum Beispiel am „Newsdesk". Sie produzieren die meisten Online-Inhalte, etwa ein Drittel der Beiträge auf welt.de. „Online-to-Print" lautet das Prinzip der „Welt", die Beiträge werden also zuerst im Internet veröffentlicht und anschließend für die Tageszeitung am nächsten Tag aufbereitet. Darum kümmert sich am Newsdesk der

"Printdienst", die Beiträge für die Website produziert („baut") jede*r Redakteur*in selbst. Hat ein*e Kolleg*in den Text zur Korrektur gelesen, wird er über das Content-Management-System (CMS) an den Balken geschickt.

Dort prüft der*die Nachrichtenchef*in den Artikel, auch die Chefredaktion hat vielleicht noch etwas anzumerken. Geht es um einen Text, für den Nutzende Geld bezahlen oder ein „Welt-Plus"-Abonnement besitzen müssen, prüft der*die Plus-Verantwortliche die „Verkaufe" des Textes. Er*Sie schaut also, ob Überschrift und Teaser genug Anreize für einen Kauf bieten und korrigiert dies gegebenenfalls. Die Entscheidung, wann der Text online geht und wo er auf der Seite platziert wird, trifft ein*e „Pilot*in". Er*sie „steuert" die Seite, verschiebt Artikel je nach Nachrichten- und Interessenslage der Nutzenden oder verhindert, dass zu viele Plus-Artikel oder Texte desselben Themas nebeneinander stehen. Haim (2019, S. 210) fand in seiner Studie zu Online-Medien heraus, dass eine Startseite im Schnitt alle sechs Minuten überarbeitet wird.

Die Position des*der Pilot*in ist rund um die Uhr besetzt. Tagsüber arbeiten zwei Redakteur*innen schichtweise, nachts übernimmt ein*e Kolleg*in in San Francisco. Die Pilot*innen haben meist eine sehr „moderne" Auffassung vom Journalismus. Inhaltlich wichtige Beiträge können schon mal unter den Tisch fallen oder weit unten „versteckt" werden, weil sie schlicht zu wenig Klicks bringen. Das ist in vielen Redaktionen so, es kann die Themenvielfalt und auch die Unabhängigkeit des Journalismus gefährden. Von vornherein werden in Online-Redaktionen manche Geschichten nur deshalb aufgeschrieben, weil man sich sicher ist, dass sie häufig angeklickt werden. Politisch oder gesellschaftlich relevantere Themen können dabei untergehen, aus medienkritischer Sicht ist dies ein echtes Dilemma.

Kontrolliert wird der „Traffic" der Seite mit Analyse-Programmen, die „Welt" nutzt „Taboola". Dort sind live alle Artikel der Site geranked, außerdem kann zu jedem Beitrag ein Farbsystem anzeigen, wie gut ein Text von den Nutzenden angenommen wird. Morgens, mittags sowie am frühen Abend kommen am meisten User*innen auf die Seite. Texte, die der Redaktion am Herzen liegen und bei denen man es sich zeitlich erlauben kann, werden eher zu diesen Tageszeiten veröffentlicht.

In der Redaktion der „Hamburger Morgenpost" wird ebenfalls ein Analyse-Tool verwendet, das die aktuellen Klick-Zahlen der einzelnen Artikel auflistet und sie abgleicht mit der Position, die der Text auf der Seite aktuell besetzt (Das Stück, das bei einem Seiten-Aufruf von mopo.de ganz oben ist, ist in dem Fall die 1, darunter die 2, usw.). Wird ein Artikel auf der 9 häufiger angeklickt als etwa der auf der 6, kann der*die Chef*in vom Dienst (CvD), der*die die Seite steuert, die Reihenfolge anpassen. Der MOPO-Redaktion ist aber wichtig, dass Hamburg-Themen Vorrang haben vor Geschichten aus Deutschland und der Welt, außerdem sollten selbst recherchierte Stücke prominenter platziert sein als etwa Agentur-Stoff. Und letztlich

16.2 Redaktionsorganisation

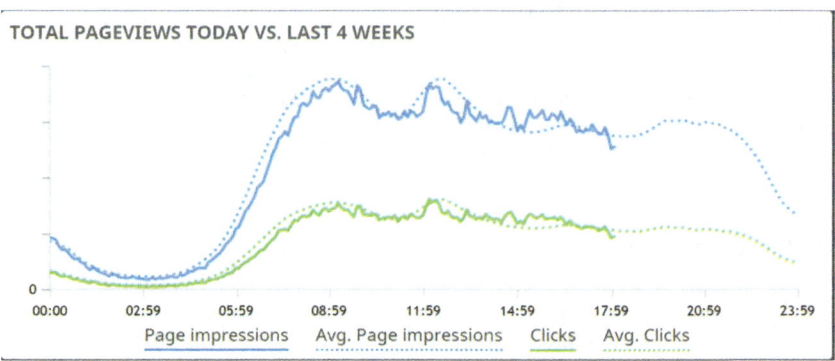

Abb. 16.1 Entwicklung der Klickzahlen von www.mopo.de im Tagesverlauf. Durchgezogene Linie: Anzahl Seitenaufrufe am aktuellen Tag. Gestrichelte Linie: Durchschnittliche Anzahl Seitenaufrufe am gleichen Wochentag der vergangenen vier Woche. (Screenshot Linkpulse am 14. Oktober 2021)

gehört es auch zur CvD-Aufgabe, einen Text, der schlechter geklickt wird als erwartet, mit einer anderen Überschrift oder anderen Bebilderung besser zu „verkaufen" (siehe dazu Abschn. 16.3.2: Schreiben fürs Web) (Abb. 16.1).

Eindeutig zu sehen: Die meisten Seiten-Zugriffe erfolgen zwischen acht und neun Uhr sowie zwischen zwölf und 13 Uhr. Die Mittagszeit wird innerhalb der Redaktion als „Prime" bezeichnet, dann sollen die besten Geschichten der aktuellen Print-Ausgabe – darunter meist die Schlagzeilen-Story – online gestellt werden.

Bei „Welt"-Lesenden ziehen übrigens die Kolumnen von „Don Alphonso" sowie von Henryk M. Broder besonders stark, außerdem Beiträge zu Migrations- und Flüchtlingsthemen, politische Texte und Ratgeberthemen aus Wirtschaft und Wissenschaft. Dies kann jede Redaktion durch seine Analysetools für sich nachvollziehen. Das „Hamburger Abendblatt" zum Beispiel hat festgestellt, dass ihre Nutzenden am häufigsten für Konzert- und Theaterkritiken Geld ausgeben, kurz danach kommen Artikel zum Hamburger SV.

Ja, auch Lokalredaktionen nutzen längst derartige Technologien, und auch ihre Redaktionen sind in Newsrooms mit verschiedenen Desks organisiert (Noske 2015, S. 154–156).

> *„Auf der Prozessebene existiert der wichtigste Unterschied zu einer analogen Redaktion darin, dass Inhalte von vornherein und integriert für mehrere Kanäle geplant und – oft in Teams aus Spezialisten mit unterschiedlichen Kompetenzen – realisiert werden. Hinsichtlich der Aufbauorganisation wird vor allem die hierarchische Gliederung in Ressorts aufgelöst oder abgeschwächt sowie ggf. die hausinterne Trennung*

von Sparten wie der Online-, TV- und Radio-Redaktion zugunsten kanalübergreifender Planer und Entscheider aufgehoben. Dies führt in der Regel dazu, dass die Position der Ressortchefs geschwächt wird. Adäquate Führungsmodelle setzen auf mehr Selbstverantwortung der zuständigen Journalisten am Desk. Die intensive Zusammenarbeit in einem Raum führt idealerweise auch zu neuen informellen Praktiken des Austauschs und der Zusammenarbeit zwischen Kanal- und Fachspezialisten". (Rinsdorf 2016)

16.2.2 Print vs. Online

Der Traum der Verlage, Print- und Onlineredakteur*innen als gleichberechtigte Akteur*innen arbeiten zu lassen, ist durch Newsrooms ein großes Stück realer geworden. Kritik an den großen Produktionsräumen gibt es aber auch. Von einer „Industrialisierung der Medien" und „Journalisten am Fließband" schrieb die „Neue Zürcher Zeitung" 2010 (Neininger-Schwarz 2010) und beklagte, Newsrooms dienten vor allem dem Stellenabbau. Außerdem stehen die Redakteur*innen vor einem ganz simplen Problem: Sie müssen im Großraumbüro mit Lärm klarkommen und mit wenig Rückzugsmöglichkeiten für Telefonate. Hinzu kommt, dass sich die Publikationsrhythmen bislang nicht in so einem Maße verändert haben, wie Müller von Blumencron es sich gewünscht hätte. Es gibt online sehr wohl Redaktionsschlüsse, wie Haim (2019, S. 220) feststellte. Demnach erfolgen Veröffentlichungen zu klassischen Werktagszeiten, also dann, wenn Journalist*innen arbeiten, und nicht dann, wenn etwas Berichtenswertes passiert. Das ist auch in der MOPO-Redaktion so: Wenn nichts Außergewöhnliches etwa in den USA geschieht, ist zwischen 22 Uhr und 6.30 Uhr das Newsdesk unbesetzt.

Der größte Streitpunkt bleibt aber der bestehende Unterschied zwischen Print- und Online-Redakteur*innen. Sie sind vielleicht unter einem Dach gleichgestellt, aber buchstäblich nicht auf dem Papier. Während viele Printredakteur*innen gut bezahlte, langjährige Verträge besitzen, werden neue Kolleg*innen für Bruchteile des Gehaltes eingestellt und anfangs meist auf ein Jahr befristet.

Dass das geht, hat mit den unterschiedlichen Organisationsformen zu tun. Verlage haben ihre Online-Redaktionen häufig in andere Gesellschaften ausgegliedert und müssen ihnen so nicht die tariflich ausgehandelten Konditionen zahlen. Dies sorgt regelmäßig für Konflikte, wie bei der SZ zum Beispiel im April 2020 wieder zu bemerken war. Der Verlag plante wegen fehlender Einnahmen in der Corona-Krise seine Redakteur*innen in Kurzarbeit zu schicken. Das Problem: Da Online- und Printkolleg*innen verschiedenen GmbHs angehören, mussten verschiedene Betriebsräte jeweils individuell mit der Geschäftsführung verhandeln. Die Online-Kolleg*innen, die sich während der Krise überlastet fühlten, sahen sich angesichts geringerer Gehälter ohne Tarifzahlung ungerecht behandelt (Welt 2020).

16.2 Redaktionsorganisation

Beim „Spiegel" gehören aus alter Tradition, die Gründer Rudolf Augstein eingeführt hatte, 50,5 Prozent der Geschäftsanteile der Mitarbeiter KG. Sie profitieren damit von Gewinnausschüttungen und haben ein Mitspracherecht – Online-Redakteur*innen hatten diese Rechte allerdings lange nicht, da sie in einer anderen Gesellschaft organisiert sind (Niemeier 2018). Erst langsam, seit 2019, werden die Verträge der Online-Redakteur*innen an die der Printkolleg*innen angepasst. Zuvor waren bereits mehrere Geschäftsführer und Chefredakteure, zum Beispiel Wolfgang Büchner oder Klaus Brinkbäumer, daran gescheitert, die Print- und die Online-Redaktionen enger zusammenzuführen (Niemeier 2018). Büchner sei den Heftredakteur*innen von Anfang an ein Dorn im Auge gewesen, unter anderem deshalb, weil er zuvor Spiegel Online geleitet hatte, also ein „Onliner" war, und selbst nicht den Ruf eines besonderen Schreibtalents hatte (Dreykluft 2014; Kohlmaier 2014).

So etwas reicht im Kopf von stolzen Schreiber*innen, um sich gegen einen Chefredakteur aufzulehnen. Die konservativen Traditionen sitzen eben mitsamt den langjährigen Verträgen der alteingesessenen Reporter*innen am Konferenztisch, von einigen Redakteur*innen werden Online-Kolleg*innen wohl nie als gleichwertige Mitglieder betrachtet werden.

Solche festgefahrenen Ansichten spielten auch bei einem anderen Streit in der SZ-Redaktion eine Rolle. Die damalige sz.de-Chefin Julia Bönisch wagte es im Frühling 2019, angesichts des digitalen Wandels eine neue Führungskultur etablieren zu wollen. Statt Schönschreiberei und „wuchtigen Texten" wollte sie lieber über Workflows und Arbeitsprozesse reden, Redaktionsleitende sollten sich mehr als „Manager" und „Produktchefs" verstehen. Eine strikte Trennung zwischen Redaktion und Verlag sei nicht mehr zeitgemäß (Niemeier 2019). Dies löste so viel Gegenwind innerhalb der Redaktion aus, dass Bönisch gehen musste. Die Grabenkämpfe zwischen Online und Print stellt Krischke (2020) auch im Juli 2020 noch fest. Er kritisiert das „Zehn-Punkte-Papier zur digitalen Transformation" der SZ als „Manifest aus Banalitäten" und „erschreckend uninspiriert."

Ein trauriges Zeichen: Selbst eine so innovative Onlineredaktion wie die der SZ, die zahlreiche großartige Formate produziert hat, musste 2020 noch immer um entsprechende Anerkennung in Verlag und bei Kolleg*innen kämpfen.

Die Unterschiede zwischen Online und Print werden die Redaktionen weiter beschäftigen. Das zeigt auch das Beispiel der „Zeit": Wie der Deutsche Journalisten-Verband Berlin (JVBB) im März 2022 mitteilte, werden die Gehälter der „Zeit Online"-Redaktion an die der Zeitungsredakteur*innen angepasst. Schrittweise, bis 2026 – also knapp 30 Jahre nach den ersten Zeitungen im Internet. Trotzdem ist dies ein wichtiger Fortschritt, denn der JVBB sagte auch: „Der Abschluss ist der erste seiner Art und hat hoffentlich Pilotcharakter für weitere Häuser" (Grimberg 2022).

16.3 Kompetenzen

In den vergangenen etwa 25 Jahren, in denen der Onlinejournalismus rasant gewachsen ist, haben sich einige Kompetenzen etabliert, die ein*e Online-Journalist*in mitbringen sollte. Lilienthal et al. (2015, S. 34) gliedern diese in drei Bereiche: kognitiv-rezeptive, produktionelle und kommunikative Kompetenzen. Der erste Bereich meint vor allem den Umgang mit Quellen und die Recherche, dies wurde in Kapitel 15 ausführlich thematisiert. In diesem Kapitel geht es um die anderen beiden Fertigkeiten.

16.3.1 Produktionelle Kompetenzen

Lilienthal et al. (2015, S. 34) zählen hierzu die Fähigkeit, cross- und multimediale Darstellungsformen aufbereiten zu können. „Formale Vielfältigkeit ist kennzeichnend für Digitalen Journalismus: Jedes seiner Themen kann er multimedial aufbereiten (muss es aber nicht)". Als konkrete Beispiele nennen sie multimediales Erzählen (siehe Buchteil „Digitales Storytelling"), Mobile Reporting (siehe Abschn. 17.2: Mobiler Journalismus) und Datenjournalismus (siehe gleichnamigen Buchteil), außerdem fordern sie von „Digitalen Journalisten" eine hohe Technikaffinität (Lilienthal et al. 2015, S. 35).

Dabei sollten die Basics aber nicht vergessen werden: Zu den produktionellen Kompetenzen zählen auch das Schreiben und Texten fürs Internet. „Im Normalfall ist das Leseverhalten im Internet flüchtiger als bei gedruckten Texten. […] Aber bei großem Interesse lesen User so intensiv wie Leser von Printprodukten" (Matzen 2014, S. 11). Online sollen Informationen schnell erfasst werden können, deshalb stellt zum Beispiel die SZ ihren Artikeln eine kurze Zusammenfassung voraus. Die wesentlichen Aussagen des Textes werden in einzelnen Sätzen stichpunktartig genannt, bevor der Fließtext beginnt. Dies sind meist Fakten, es können aber auch Zitate verwendet werden (Abb. 16.2).

Die Redaktion hat sich damit ein cleveres Alleinstellungsmerkmal geschaffen. Auch wenn andere Medien es ähnlich handhaben, wissen SZ.de-Nutzende, dass sie vor dem Haupttext eine Zusammenfassung erwarten können und klicken die Seite an. Darum geht es schließlich: um Klicks. Nutzende sollen die Inhalte konsumieren und idealerweise dafür Geld bezahlen, durch das einfache Anklicken einer Seite erhöhen sie aber schon die Werbeeinnahmen des Mediums. Entscheidend dafür ist die „Scanphase", in die die*der Nutzende tritt, sobald die Seite geladen ist: Sie*Er überfliegt Überschriften, Teaser und Bilder, macht sich einen Eindruck von der Themenlage gleicht dies mit der eigenen Interessenlage ab. Die Entschei-

16.3 Kompetenzen

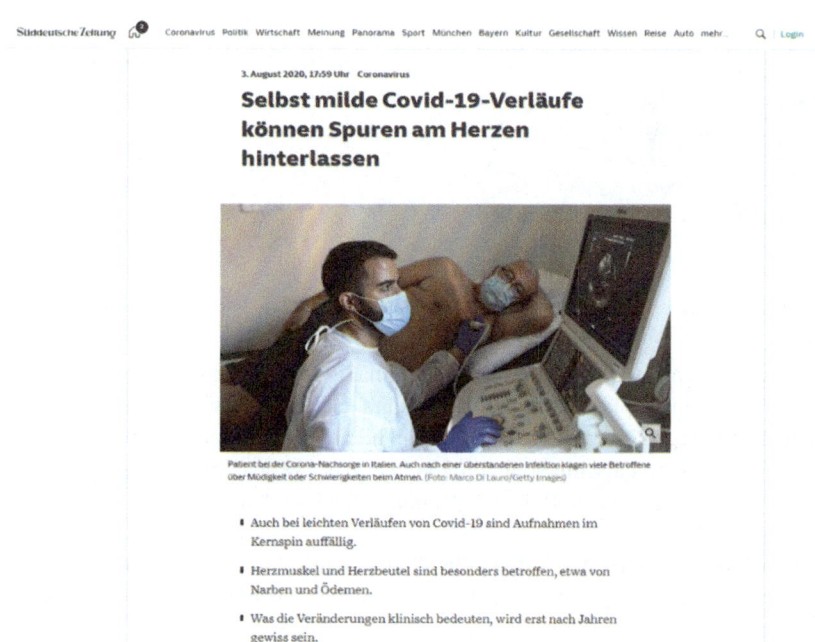

Abb. 16.2 Die „Süddeutsche Zeitung" fasst die Inhalte des Textes am Anfang in Stichpunkten zusammen, Screenshot: sz.de

dung, ob weitergelesen oder ein Artikel angeklickt wird, fällt innerhalb von 25 bis 60 Sekunden (Haarkötter 2019, S. 108). Weil die Beiträge schnell erfassbar und so interessant sein sollen, dass Nutzende sie anklicken, kommt den Überschriften und den Teasern eine besonders große Bedeutung zu. Eine Onlineredaktion sollte sich darauf konzentrieren, schreibt Matzen (2014, S. 14), denn das Internet sei „in erster Linie ein Text- und Lesemedium."

16.3.2 Schreiben fürs Web

Überschriften
Sie haben zwei Funktionen: Aufmerksamkeit für das Thema erzeugen und Neugierde wecken (Haarkötter 2019, S. 109). Bei harten Nachrichtenthemen sollte die Überschrift die wichtigste Neuigkeit überbringen, ihre Konsequenzen aufgreifen oder die Erklärung und Analyse des Ereignisses anreißen (Matzen 2014, S. 52). Bei einem

Abb. 16.3 Screenshot zeit.de, zuletzt am 28. Februar 2022

laufenden Ereignis wird die Überschrift regelmäßig mit den neuesten Erkenntnissen aktualisiert. Bei komplexen Sachverhalten kann auch ein wichtiger oder besonderer Aspekt herausgegriffen werden, zum Beispiel hier bei „Zeit Online" (Abb. 16.3): Die Redaktion entlarvte Falschmeldungen, die über das Coronavirus im Umlauf waren, und griff sich das prägnante Beispiel „Knoblauch schützt" heraus:

Überschriften sind selten vollständige Sätze, Artikel werden zum Beispiel weggelassen, Verben auch. Davon ist aber in den meisten Fällen abzuraten, Verben machen eine Überschrift dynamischer (Matzen 2014, S. 56).

Haarkötter (2019, S. 111–112):

- „Die Überschrift sollte den wesentlichen Inhalt des Textes enthalten, aber auch nicht mehr!
- Aktive Verben einsetzen!
- Ironie vermeiden: beim heterogenen Publikum des Massenmediums Internet zu missverständlich!
- Humor einbauen: witzige Wendungen, Stilfiguren und Sprachbilder
- Rhythmus durch Reihung und Reim
- Alle unnötigen Wörter streichen!
- Nicht die Fakten nennen, sondern ihre Auswirkungen (das verweist in die Zukunft und erzeugt Spannung)!"

Matzen (2014, S. 55) nennt weitere „Zutaten" für das „Salz in der Überschrift":

- Verfremdung oder Abwandlung bekannter Film-, Lied-, Buchtitel oder Werbespots
- Gegensätze
- Sprachwitz, zum Beispiel Doppeldeutigkeit
- Erwartungen brechen
- Provozierende Fragen stellen
- Absurde Assoziationen
- Gefühle ansprechen

16.3 Kompetenzen

Überschriften werden online zumeist mit Dachzeilen verknüpft. Die Überschrift „Stadt stellt 4 Mio. Euro zur Verfügung" ließe alleine viele Fragen offen, vor allem die „wofür?". Man müsste bei diesem fiktiven Beispiel mit einer Dachzeile hinzufügen, dass es um das Freibad der Stadt geht:

Freibad-Neubau
Stadt stellt 4 Mio. Euro zur Verfügung

Die Dachzeile ist meist kürzer und steht in kleinerer Schrift über der Überschrift und ordnet diese thematisch ein oder ergänzt sie um weitere Informationen. Manchmal wird auch nur das Ressort oder Themenfeld angegeben. Durch die Dachzeile erhält der*die Redakteur*in für die Überschrift etwas mehr Spielraum, da dort das eigentliche Thema nicht zwingend angesprochen werden muss (Haarkötter 2019, S. 116). Auf keinen Fall sollte sich in der Dachzeile ein Begriff der Überschrift wiederholen.

Dachzeilen werden manchmal auch als „Spitzmarken" bezeichnet, einige Redaktionen verwenden dieses Wort aber auch für vorangestellte Wörter in einer Überschrift (Beispiel: „Freibad: Stadt stellt 4 Mio. Euro zur Verfügung") (Haarkötter 2019, S. 118).

Ob eine Überschrift „funktioniert", werten Redaktionen danach aus, wie häufig sie angeklickt werden. „Die Welt" greift dafür gerne auf einen „A/B/C-Test" zurück, ihr System kann verschiedenen Nutzenden verschiedene Überschriften für denselben Artikel anzeigen lassen. Damit probiert die Redaktion quasi aus, welche Überschrift für mehr Klicks sorgt und wählt nach einer Testphase die beste Überschrift für alle Nutzenden aus. Ein gewisses Maß an „Clickbaiting" ist in Ordnung, solange der Text auch hält, was die Überschrift verspricht. Dafür können Sie etwa überlegen, welche Information in der Überschrift zunächst weggelassen werden könnte, die die Nutzenden mit einem Klick auf die Überschrift erfahren wollen. Fiktives Beispiel: Der Landtag beschließt, die Maskenpflicht an Schulen abzuschaffen. Eine „Clickbaiting"-Überschrift könnte lauten: „Landtag schafft weitere Corona-Regel ab". Dass es um die Maskenpflicht an Schulen geht, erfahren die Lesenden dann erst im Text. Übertriebene Dramatisierungen sollten aber vermieden werden, denn sie führen eher dazu, dass User*innen sich dauerhaft abwenden (siehe auch Abschn. 17.1: Darstellungsformen).

Matzen (2014, S. 56) hat aus ihren Erfahrungen eine Checkliste für Überschriften erstellt:

1. „Welche Aussage darf in der Überschrift nicht fehlen, welche W-Fragen (wer, was, wo, wann, wie, warum, welche Quelle) müssen beantwortet sein?

2. Was sind die richtigen Keywords?
3. Was unterscheidet meinen Text von anderen?
4. So kurz wie möglich, so lang wie nötig,
5. Fachwörter und wenig bekannte Wörter vermeiden.
6. nur sehr überlegt verwenden, was sich nicht sofort erschließt (Metaphern, Zitate),
7. prägnante und wirkungsvolle Reizwörter sind wichtig,
8. mit Unerwartetem locken, aber nichts versprechen, was der Text nicht hält."

Übung
Erstellen Sie mit Hilfe der Checkliste von Matzen Überschriften und Dachzeilen für die drei folgende, fiktiven Meldungen. Die Dachzeile darf nicht länger als 30 Zeichen sein, die Überschrift nicht länger als 60 Zeichen (beides inkl. Leerzeichen).

(1) Ein Hobby-Pilot aus Schleswig-Holstein hat sich bei einem Rundflug gehörig verirrt: Der 54-Jährige wollte von Eckernförde in Richtung Lüneburger Heide fliegen, landete aber stattdessen im belgischen Lüttich hinter der deutschen Grenze. „So etwas haben wir hier noch nie erlebt", sagte eine Sprecherin des Flughafens und stellte klar, dass der Irrflug gefährlich hätte ausgehen können.

Der Mann hätte kaum noch Tank gehabt und eine Notlandung durchgeführt, für die ihm das Flughafen-Personal nicht einmal die Erlaubnis erteilt hatte. Funksprüche und Warnleuchten ignorierte er offenbar.

Statt einer knappen halben Stunde war der Mann fast 90 Minuten unterwegs, dass er in die völlig falsche Richtung flog, habe er nach eigener Aussage nicht bemerkt. „Ich genoss die Aussicht, flog in Richtung Sonnenuntergang und dachte: Schön ist es hier oben."

(2) Die Polizei, dein Freund und Geburtshelfer: Im hessischen Dreysa wurde ein 24-jähriger Polizist spontan zur männlichen Hebamme und brachte das Kind einer 31-Jährigen in deren Auto zur Welt. Die Frau aus Schwalmstadt war auf dem Weg ins Krankenhaus, als sie wegen eines Unfalls auf der B454 in einen Stau geriet.

„Wir waren als Erste an der Unfallstelle und bemerkten recht schnell, dass eine Frau ihrerseits einen ‚Notfall' hatte – wenn auch einen sehr erfreulichen", sagte der 24-Jährige. Er unterstützte die Schwangere bei der Entbindung auf dem Rücksitz ihres Skodas.

> Beim Unfall zwischen einem Auto und einem Lkw gab es zum Glück nur einen Blechschaden, sodass sich auch die gerufenen Notärzte zügig um die 31-Jährige kümmern konnten. Nach etwa zwei Stunden erblickte die kleine Marla das Licht der Welt.
>
> (3) Mit einem kuriosen Rabatt-Angebot hat ein Betten-Geschäft im westfälischen Bünde auf sich aufmerksam gemacht. Für jede Liegestütze, die ein Kunde im Laden schafft, verringert sich der Preis des gewünschten Bettes um ein Prozent.
>
> Das Geschäft bewarb die Aktion unter dem Motto: „Lieg nicht nur faul rum – drück den Preis!" Möglich war ein Rabatt von maximal der Hälfte des eigentlichen Verkaufspreises. „Wir wollen damit auch ein Zeichen setzen gegen alle Sportmuffel und zeigen, dass es sich lohnt, fit zu sein", sagte die 42-jährige Inhaberin des Geschäftes.
>
> Gemeinsam mit ihrer Tochter hatte sie sich das Werbe-Event überlegt. Kunden erschienen zahlreich – und gleich dreimal wurde der Maximal-Rabatt ergattert. Zufrieden war die Inhaberin trotzdem: „Das machen wir nächstes Jahr nochmal. Wenn dann jemand 100 Liegestütze am Stück schafft, kann er oder sie das Bett auch umsonst haben!"

Teaser

Das Prinzip einer Schlagzeile und einem Vorspann kennen Sie aus gedruckten Zeitungen und Zeitschriften, es wurde online weitgehend übernommen. Der „Teaser" hat aber noch stärker als ein Vorspann die Aufgabe, die Nutzenden in den eigentlichen Text hineinzuziehen. Eine Zeitung kann einfach weitergelesen werden, im Internet müssen die User*innen zum Klicken animiert werden – auch aus finanzieller Hinsicht. Dafür ist der Teaser da, er bildet zusammen mit der Überschrift eine enge Einheit (Matzen 2014, S. 57). „Tease" bedeutet „necken" oder „ärgern", ist online vor allem als „reizen" zu verstehen. Haarkötter (2019, S. 118) schreibt: „Der Teasertext soll die wesentlichen Informationen des Online-Artikels enthalten, auf den er verweist. Gleichzeitig soll er so viel Informationslücken lassen, dass das Weiterlesen für die RezipientInnen interessant ist."

Wie reizt ein Teaser seine Lesenden? Er sollte zwar in sich geschlossen sein, muss aber nicht alle W-Fragen beantworten wie eine kurze Meldung. Stattdessen könnte der Teaser versprechen, weitere noch unbeantwortete Fragen im vollständigen Text zu beantworten. In Abb. 16.4 wird zum Beispiel in Überschrift und Teaser

Abb. 16.4 Teaser-Beispiel „Spiegel", Screenshot vom 1. März 2022

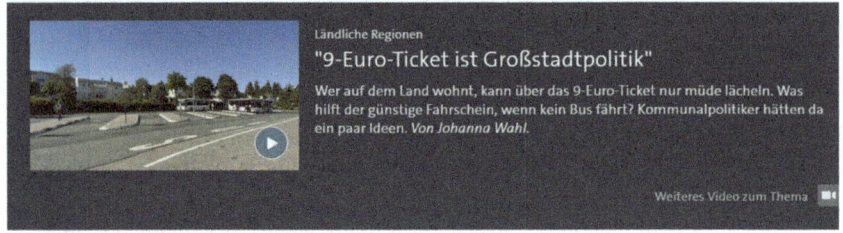

Abb. 16.5 Teaser-Beispiel „Tagesschau", Screenshot vom 10. Juli 2022

Abb. 16.6 Teaser-Beispiel „sz.de", Screenshot vom 10. August 2020

angekündigt, dass die große Frage nach „Was bedeutet es?" erst im Text beantwortet werden wird:

Typisch sind auch Andeutungen wie in Abb. 16.5. Die Lesenden erwarten, dass jene „Ideen", die Kommunalpolitiker haben sollen, im Text erklärt werden.

Ein solcher „Nutzwert" für die User*innen kann auch noch deutlicher formuliert sein, wie eine Art Ratgeber. In Abb. 16.6 verspricht die „Süddeutsche Zeitung", zu erklären, wie eine Freundschaft gelingt:

Neben einem Nutzwert können auch Überraschungen angeteasert werden – oder es wird mit Superlativen und affektiven Begriffen Intensität erzeugt (Haarkötter 2019, S. 121). Dies kann „bild.de" ganz gut: Änderungen bei der RTL-Sendung

Abb. 16.7 Teaser-Beispiel „bild.de", Screenshot vom 10. August 2020

Abb. 16.8 Teaser-Beispiel „Zeit Online", Screenshot vom 10. August 2020

„Ich bin ein Star – Holt mich hier raus!" werden als „TV-Hammer" angekündigt, „2021 könnte alles anders kommen" (Abb. 16.7).

„Zeit Online" setzt verstärkt auf eine eigene Art von Teasern: Sie kündigen am Ende eines Teasers an, dass dieser Text viele Lesende interessiert habe und reizt damit bei den Nutzenden das Gefühl, dazugehören zu wollen (Abb. 16.8).

Nach demselben Prinzip funktionieren übrigens Sammlungen der „meistgelesenen Artikel". Welche Texte dort auftauchen, können Redaktionen gezielt steuern. Wenn es viele interessiert, scheint es wichtig für mich zu sein, das auch zu lesen.

Badesee: Mann sonnt sich nackt – dann erlebt er die wohl irrste Situation seines Lebens

08.08.2020, 13:04

Abb. 16.9 Teaser-Beispiel „derwesten.de", 10. August 2020

Für alle Teaser-Varianten gilt: Wer sie anklickt, will belohnt werden! Wenn ein*e User*in keine Antworten auf Fragen erhält oder ein Versprechen nicht erfüllt wird, kann er*sie das Vertrauen ins Medium verlieren. Beim nächsten Mal klickt er*sie dieselbe Art von Teaser vielleicht nicht an – oder kehrt gar nicht erst auf die Seite zurück. Mit Cliffhangern sollte man also nicht übertreiben, die größten Auswüchse davon werden „Clickbaiting" bezeichnet. Wie in Abb. 16.9 im Beispiel vom Portal „derwesten.de", das ausschließlich darauf aus ist, Klicks einzusammeln:

Wie sieht ein guter Teaser aus? Matzen (2014, S. 72) hat dafür das „RUDI-Prinzip" formuliert. Ein Teaser soll relevant, unvollständig, direkt und interessant sein. Er muss den Kern des Themas in zwei bis drei Sätzen treffen, darf mit Andeutungen neugierig machen, sollte aktiv formuliert sein und starke Verben beinhalten sowie den Nutzwert des Artikels und der Informationen deutlich machen (Matzen 2014, S. 72).

Beim Schreiben eines Teasers sollten Sie außerdem bedenken, dass in den sozialen Medien oder Nachrichten-Aggregatoren wie Google News diese Sätze als Vorschau angezeigt werden können. Es gibt keine eindeutige Zeichenvorgabe, wie viel Google von einem Teaser zeigt, bevor er abgeschnitten wird. In der Regel darf er aber maximal 145 Zeichen (Meyer 2020) bzw. 160 Zeichen (Matzen 2014, S. 63) lang sein, die Überschrift sollte nicht länger als 60 Zeichen sein (Matzen 2014, S. 75; Meyer 2020). Diese Richtwerte sollten Sie im Hinterkopf haben, wahrscheinlich erwarten die Redaktionen dennoch etwas längere Teaser von 200 bis 250 Zeichen.

> *ÜBUNG: Schreiben Sie für die Meldungen der vorherigen Übung Teaser mit einer Länge von 200 Zeichen inkl. Leerzeichen.*

16.3 Kompetenzen

Der Online-Text

Hat ein*e User*in auf den Link zum Artikel geklickt, stellt er*sie sich meist eine Frage: Wie viel Text liegt vor mir? Anders als bei einer Zeitung oder Zeitschrift ist nicht sofort erkennbar, wie lang ein Artikel ist. Deshalb ist Übersichtlichkeit wichtig: Zum Beispiel mit einer konkreten Minutenangabe, wie lange das Lesen dauert, wie hier bei „Krautreporter" (Abb. 16.10).

Abb. 16.10 Zeitangabe fürs Lesen bei „Krautreporter", Screenshot vom 10. August 2020

Abb. 16.11 Übersicht über alle Teilseiten eines Beitrags bei „11freunde.de", Screenshot vom 10. August 2020

Häufiger noch wird bereits beim Einstieg angezeigt, aus wie vielen Seiten ein Text besteht, wie hier bei „11FREUNDE" (Abb. 16.11):

Eigene Überschriften für einzelne Seiten sollten treffend formuliert sein, genau wie Zwischenzeilen. Sind sie gut ausgewählt, strukturieren sie den Text und sorgen für einen thematischen Überblick. Der Inhalt wird online häppchenweise serviert, das funktioniert auch mit vielen Absätzen im Text. Britische und US-amerikanische Medien gehen sogar so weit, dass einzelne Sätze oft einen eigenen Absatz bilden. Dies ist in Deutschland allerdings kaum verbreitet.

Dennoch rät Matzen (2014, S. 82) grundsätzlich: „Ein Absatz – ein Gedanke." Jeder Absatz sei ein neuer Texteinstieg, da User gerne Absätze gänzlich überspringen, wenn sie merken, dass sie die Information eines Absatzes schon kennen. Jakob Nielsen, Experte für Benutzerfreundlichkeit im Internet und Ersteller der „90-9-1-Regel"[1] empfiehlt sogar, an den Anfang eines jeden Absatzes die wichtigs-

---

[1] Die „90-9-1-Regel" besagt, dass 90 Prozent der Nutzenden einer Online-Community nur still mitliest, neun Prozent wenigstens liken und gelegentlich kommentieren und nur ein Prozent eigene Inhalte ins Netz stellt. Die Regel wurde in den 1990er und 2000er Jahren entwickelt, gilt aber grundsätzlich weiterhin. Im „Digital News Report 2022" wurde festgestellt, dass sie für Nachrichtenbeiträge weitgehend stimmt: Zwölf Prozent der erwachsenen Internetnutzenden in Deutschland liken News-Beiträge in den sozialen Medien, neun Prozent teilen und sieben Prozent kommentieren sie dort (Hölig et al. 2022, S. 7; siehe auch Abschn. 18.1: Nutzungsforschung).

ten Wörter zu setzen, da Nutzende so besser über den Text fliegen können (Matzen 2014, S. 83). Solche Text-Strukturen machen auch Google froh: Kurze Absätze, Schlüsselwörter am Anfang der Absätze und Zwischenzeilen werden von Suchmaschinen als „gut lesbar" eingestuft, was zu einer besseren Platzierung unter den Suchergebnissen führt (weitere Hinweise zur Suchmaschinenoptimierung im Abschn. 16.3.3).

Die Website-Besucher*innen sind flüchtig unterwegs, das kennen Sie sicher aus Ihrem eigenen Nutzungsverhalten. Diese kurze Aufmerksamkeitsspanne ist aus Mediensicht eine Herausforderung. So, wie Bilder, Überschriften und Teaser Aufmerksamkeit erzeugen sollen, müssen die Haupttexte schnell zu erfassen sein. Matzen (2014, S. 85) nennt es das „EVA-Prinzip": Erwartungen erfüllen, verständlich formulieren, Aktualität liefern.

Das Gute an einem Online-Artikel ist: Sie können viele Aspekte der Geschichte weglassen oder sehr verkürzt formulieren. Denn: Hintergrundinformationen oder ältere Meldungen zum selben Thema werden einfach verlinkt. Wenn Sie einen Artikel über die neuesten Entwicklungen eines Streits um ein neues Schwimmbad für Ihre Stadt schreiben, können Sie sich in Ihrer Meldung auf das wirklich Neue beschränken – ältere Entwicklungen, die verschiedenen Meinungen der Parteien oder Umfrageergebnisse von Ihren Nutzenden können Sie als Link einbetten. So entsteht „Hypertext", ein Text mit einer dynamischen Struktur, der durch gesetzte Links nicht von Anfang bis Ende gelesen werden muss. Matzen (2014, S. 22): „Hypertext bildet die Grundstruktur des Veröffentlichens im Netz: Alles kann an jeder Stelle miteinander verknüpft werden, indem auf Begriffe oder Dokumente Links gesetzt werden. Dadurch entsteht eine netzartige, nicht lineare Struktur."

Die Nutzenden entscheiden, wann sie aus einem Text aus- und wieder einsteigen. Vielleicht möchten sie erst die Biografie eines*einer Protagonist*in studieren, Vorwissen durch ältere Artikel erhalten oder eine Chronologie der Ereignisse durchlesen. Natürlich können auch Bilderstrecken oder Fotos verlinkt werden für Nutzende, die lesefaul sind. Verlinkungen ermöglichen auch ein hohes Maß an Transparenz: Journalist*innen teilen ihre Quellen, verweisen auf die Originalveröffentlichung oder stellen Recherchematerial bereit.

Also einfach alles verlinken? Nein! Der Hannoveraner Journalistik-Professor Stefan Heijnk sagt: „Eingebettete Links sind Orientierungshilfe und Lesehürde zugleich" (zit. nach Haarkötter 2019, S. 79). Links sollten bedacht eingesetzt werden. Besonders sollten Sie darauf achten, welche Wörter als „Anker" dienen können, also mit einem Link hinterlegt werden. Sehen Sie sich diese drei Sätze an. Hinter jedem gefetteten Wort erwarten Sie einen Link (deshalb sollten übrigens auch keine anderen Wörter im Text zur Hervorhebung gefettet oder unterstrichen werden!).

1) **Bürgermeisterin Krone möchte bei Kommunalwahl 2022 erneut kandidieren.**
2) **Bürgermeisterin Krone** möchte bei Kommunalwahl 2022 erneut kandidieren.
3) Bürgermeisterin Krone möchte bei **Kommunalwahl 2022** erneut kandidieren.

Was könnte verlinkt sein? Beim ersten Satz erwartet man die ausführliche Meldung, dass die fiktive Bürgermeisterin wieder antreten möchte. Im zweiten Satz erwartet man Hintergründe zur Person, vielleicht ihre Biografie. Und im dritten Beispiel führt der Link wahrscheinlich zu weiteren Artikeln rund um die Kommunalwahl. Falsch gesetzte Links können die Nutzenden verwirren. Automatisch wird ihr Blick auf ein unterstrichenes Wort gelenkt, dies wird innerhalb des Satzes also betont. Heijnk sagt, es mache einen semantischen Unterschied, was verlinkt und dadurch hervorgehoben wird (zit. nach Haarkötter 2019, S. 76–77). Von nichtsprachlichen Elementen als Anker für Links sei zudem abzuraten.

16.3.3 Suchmaschinenoptimierung

Ein letzter wichtiger Aspekt beim Schreiben fürs Internet: die Suchmaschinenoptimierung („Search Engine Optimization", kurz SEO). Hier spielen erneut Links eine Rolle. Denn Seiten, die viele Links enthalten, werden besser von Suchmaschinen wie Google gefunden. Wichtiger ist aber noch, wie oft der jeweilige Text selbst verlinkt wurde. Der Text ist also nicht mit Links zu überfrachten, suchmaschinenoptimiertes Schreiben kann im Extremfall unleserlich werden. Ohnehin ist der Algorithmus, wonach Google Suchergebnisse ausspuckt, nicht durchschaubar. Mehr als 200 Faktoren beeinflussen das Ranking der Ergebnisse. Die Seite, die bei der Auswertung der Faktoren die höchste Punktzahl erzielt, wird auf Platz 1 angezeigt (Oswald 2019, S. 37).

Beim Schreiben sollten Sie darauf achten, gewisse Schlüsselwörter (oder „Keywords") an den richtigen Stellen zu platzieren. Fragen Sie sich einen Moment: Wonach könnten Nutzende suchen, um Informationen zu dem Thema zu bekommen? Gibt es Begriffe, die bei dem Thema regelmäßig auftauchen? Wiederkehrende Protagonist*innen? Verwenden Sie die Keywords regel-, aber nicht übermäßig, am besten in Überschriften, Zwischenzeilen oder im Teaser. Haarkötter (2019, S. 135) fand heraus: Bekannte Zeitungshäuser wie die SZ oder Zeit gewinnen im Schnitt etwa ein Viertel der Besucher*innen über die Internetsuche. Bei „Spiegel", „Bild" und auch bei der „Hamburger Morgenpost" ist der Wert etwas geringer. Die Wucht, die ein „Google-Treffer", also ein häufig über die Suchmaschine aufgerufener Text, entwickeln kann, ist aber enorm (siehe Abb. 16.12).

16.3 Kompetenzen

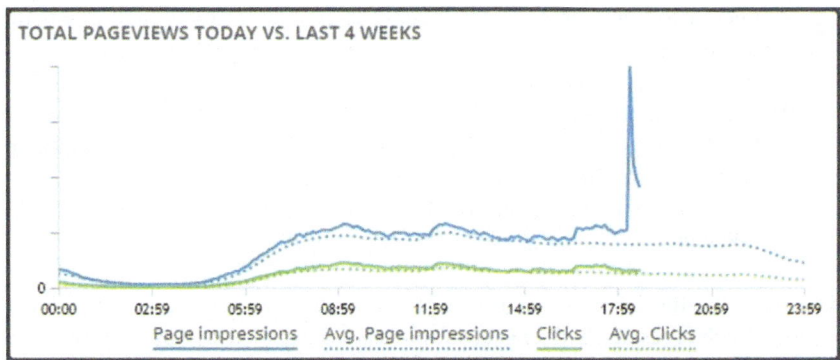

Abb. 16.12 Entwicklung der Klickzahlen von www.mopo.de im Tagesverlauf. Einen deutlichen Ausreißer gibt es gegen 18 Uhr, als ein Text plötzlich prominent in den Google-Suchergebnissen auftauchte und die Klickzahlen um das Sechsfache des Durchschnitts erhöht waren. Durchgezogene Linie: Anzahl Seitenaufrufe am aktuellen Tag. Gestrichelte Linie: Durchschnittliche Anzahl Seitenaufrufe am gleichen Wochentag der vergangenen vier Woche. (Screenshot Linkpulse am 28. Mai 2021)

Folgende Tipps helfen, damit ein Text bei Google erfolgreich wird:

- Beiträge sollten nicht zu kurz sein, sondern aus mindestens 300 Wörtern bestehen. Dann versteht Google besser, worum es in dem Text geht und kann ihn einstufen.
- Nutzen Sie Zwischenüberschriften.
- Leiten Sie neue Absätze mit einem ersten zusammenfassenden Satz ein und bauen sie dort Schlüsselwörter ein.
- Wenn möglich, formulieren Sie eine Keyphrase oder Keywords, die nicht zu sehen sind, aber der Suchmaschine als Einordnung dienen, worum es im Text geht.
- Formulieren Sie einen SEO-Titel, der bei den Google-Treffern als Überschrift angezeigt wird. Er kann von der tatsächlichen Überschrift abweichen, um etwa Schlüsselwörter im SEO-Titel unterzubringen, die auf der Website noch nicht verraten werden sollen. Fiktives Beispiel: Die Überschrift „In dieser Stadt ist der Nahverkehr jetzt kostenlos" soll zum klicken animieren, um herauszufinden, um welche Stadt es geht. Der SEO-Titel könnte dagegen lauten: „Warum in Hannover der Nahverkehr kostenlos wird". So wird der Text von Leuten, die nach „Hannover" suchen oder sich dort befinden, häufiger angezeigt, gleichzeitig wird zum klicken angeregt.

- Formulieren Sie eine Meta-Beschreibung. Dies ist der kurze Text, der beim Google-Eintrag unter dem SEO-Titel gezeigt wird. Alternativ werden Text-Ausschnitte der Seite angezeigt.
- Schreiben Sie in Fotos einen beschreibenden Text hinein („Alternativtext"), der etwa Blinden vorgelesen werden kann und der auch der Suchmaschine hilft, zu verstehen, was auf dem Foto zu sehen ist.
- Setzen Sie sowohl interne Links auf die eigene Seite als auch externe Links auf andere Seiten.

„Die Welt" hat für die Suchmaschinenoptimierung extra zwei Expert*innen einer Springer-Tochtergesellschaft engagiert, die abwechselnd den laufenden Betrieb unterstützen. Sie teilen häufig gesuchte Begriffe mit, prüfen, wie gut Artikel „geranked" sind oder behalten Trends in den Suchanfragen im Auge, um kein Thema zu verpassen. Dies kann auch für ältere Texte wichtig sein, besonders bei Ratgeberthemen. Jedes Jahr haben Menschen Heuschnupfen. Oft lohnt es sich für eine Redaktion, einen alten Text dazu noch einmal aufzufrischen und so zu optimieren, dass er bei den Google-Ergebnissen weit oben auftaucht.

> Bedenken Sie aber immer: **„This does not mean that we are ‚writing for search engines': we are writing for people"** (Bradshaw 2018, S. 85).

16.3.4 Kommunikative Kompetenzen

Die dritte Kompetenz, über die digitale Journalist*innen verfügen sollten, ist die Kommunikation mit dem Publikum. „Aus früherer Einbahnstraßenkommunikation ist eine permanente Dialogisierung geworden, die für Journalisten vielerlei bedeutet: mehr Kundenorientierung auf der einen, auf der anderen Seite aber auch das neue Gefühl, bei der Arbeit beobachtet zu werden und beständig Leistung bringen zu müssen" (Lilienthal et al. 2015, S. 35).

Zur Kommunikation zählen zum Beispiel Newsletter oder das „Autorengespräch" der SZ, bei dem regelmäßig über ein Thema mit angemeldeten User*innen diskutiert wird.

Die wichtigsten Orte der Kommunikation zwischen Journalist*innen und Nutzenden sind aber die Kommentarspalten der Website und die sozialen Medien. Hier ist von Seiten der Journalist*innen eine inhaltliche und technische Moderation erforderlich, besonders auf der eigenen Website. Dort gilt nämlich für alle Inhalte das Medienrecht, juristisch sind die Betreibenden der Seite für ihre Inhalte verantwort-

16.3 Kompetenzen

lich. Wenn sie zum Beispiel strafrechtlich relevante Kommentare bemerken, sind sie in der Pflicht, diese zu entfernen (Hooffacker 2020, S. 166). In der Regel nutzen Redaktionen für Kommentarspalten – auch bei Facebook oder Instagram – Management-Programme, die unerwünschte Kommentare filtern und zu prüfende Kommentare gesondert anzeigen.

Meist nicht juristisch angreifbar, aber extrem nervig sind sogenannte „Trolle". Damit sind User*innen gemeint, die nicht sachlich diskutieren, sondern einfach nur provozieren möchten (Oswald 2019, S. 192). Sie machen nur einen kleinen Teil der Community aus, sind aber besonders laut und auffällig, während die Mehrheit stumm und unsichtbar bleibt. Vor allem jene Menschen, die sich politischen Rändern zuordnen, beteiligen sich in Kommentarspalten (Hölig et al. 2022, S. 7; siehe auch Abschn. 18.1: Nutzungsforschung).

Problematisch ist, dass die Algorithmen der sozialen Netzwerke dafür sorgen, dass Kommentare mit vielen Likes deutlich leichter zu finden sind, ganze Armeen von Trollen mit ihren Likes aber die Ergebnisse verfälschen. Philip Kreißel, der sich als IT-Experte besonders mit Hass-Kommentaren beschäftigt, fand heraus, dass im Januar 2019 gerade einmal fünf Prozent der Accounts für 50 Prozent der Likes bei Hass-Kommentaren verantwortlich waren (Eckert und Gensing 2019). Diese werden also krass überrepräsentiert, wovon sich Journalist*innen auch bei Recherchen in sozialen Medien nicht täuschen lassen dürfen.

Wie umgehen mit Trollen? Hass-Kommentare sind in den meisten Fällen zu löschen. Trolle machen es einer Redaktion jedoch schwerer. Sie versuchen mit pseudo-aufrichtigen Intentionen Zugang zu virtuellen Gemeinschaften zu erlangen und wollen darin Konflikte auslösen und andere Nutzende täuschen – einfach nur zum Spaß (Heinbach 2019). Oft wird empfohlen, diese Nutzenden einfach zu ignorieren („Don't feed the troll"). Dies bringt aber nichts, wenn andere Nutzende auf die Kommentare eingehen und ihnen damit Aufmerksamkeit verschaffen. Auch ironische Antworten der Redaktion und provokative Moderation sind zu vermeiden, sie können der Glaubwürdigkeit und der Nachrichtenqualität des Mediums schaden (Heinbach 2019). Stattdessen rät Heinbach (2019): „Empathische, sachliche und vergemeinschaftende Moderation wirkt sich positiv auf die Wahrnehmung der Nutzenden und die Folgediskussion aus, während Konfrontation und Erziehungsmaßnahmen das Gegenteil bewirken können." Am besten sei es, andere Nutzende einzubinden, die eine Gegenrede („Counter Speech") formulieren und „gute" Wortmeldungen schreiben. Und nicht zuletzt hilft es der Redaktion auch, wenn ein Beitrag zahlreich kommentiert wird: Er wird dadurch mehr Nutzenden angezeigt, es ergeben sich mehr Klicks auf den Artikel und zur Website.

Idealerweise wird in den Kommentarspalten der Artikel oder in den sozialen Medien eine eigene Community aufgebaut, die in der Regel aus registrierten Nutzenden und einer geschlossenen Gruppe besteht (Hooffacker 2020, S. 168). Dies macht es

Trollen schwerer, sie müssen sich zunächst ein Profil erstellen. Auch computergenerierte Werbung wird so weitgehend verhindert. Vier Stufen führen laut Hagel und Armstrong (zit. nach Hooffacker, S. 169–170) zum Erfolg einer Community:

1. Mitgliederstamm aufbauen, zum Beispiel durch kostenfreie hochwertige Inhalte und Marketing-Aktionen, um die Community der Zielgruppe vorzustellen
2. Beteiligung fördern, User*innen zum Beisteuern von Inhalten anregen
3. Loyalität aufbauen, durch gezielte Moderation und Engagement des Betreibers
4. Geschäftliche Nutzung beginnen, Einnahmen durch Werbung oder Teilnahmegebühren, Marktplätze und Shops für exklusive Angebote

Das klingt womöglich etwas abstrakt, letztlich kennen Journalist*innen dieses Prinzip aber längst. Ob sich die*der Nutzende online für einen Newsletter anmeldet und dafür bezahlt oder als „Premium"-Nutzende*r Zugriff auf exklusive Inhalte und Diskussionsforen hat – genau wie im Printgeschäft geht es um Abonnent*innen, die kontinuierlich für die journalistischen Inhalte bezahlen. Nun wird das Abo eben online geschlossen, Leser*innenbriefe sind in die Kommentarspalten gewandert. Entscheidender Unterschied ist eben die Kommunikation, die nun direkt erfolgen muss.

Was macht ein*e Online-Moderator*in? Drei wesentliche Funktionen lassen sich laut Hooffacker (2020, S. 173) unterscheiden: Er*Sie kann ein Thema initiieren, eine laufende Diskussion lenken oder Teilnehmende integrieren. Dies lässt sich für Inhalte nutzen. Nutzende geben eigene Meinungen oder Erfahrungen mit einem spezifischen Thema wieder oder weisen auf interessante Gesichtspunkte hin.

Journalist*innen, die die Community aufbauen und führen, werden in den Redaktionen „Community Manager" genannt. Bradshaw (2018, S. 326) sieht zwei große Vorteile des Community Managements: Es hilft bei der Bindung des Publikums ans Medium und gibt den Journalist*innen außerdem ein besseres Verständnis für ihre Nutzenden und die Themen, die sie interessieren.

Zusammengefasst: Trolle und anstößige Äußerungen machen den Dialog anstrengend, außerdem drohen Journalist*innen angesichts dieser zusätzlichen Aufgabe zu überlasten. Es überwiegen aber die Vorteile: Communities an Stammuser*innen sichern Klicks, Nutzende können beim „Crowdsourcing" als Recherchehilfe dienen und erhöhen mit ihrem Feedback die Qualität des Produktes.

16.3.5 Rechtliches

Lilienthal et al. führen dies zwar nicht mit auf, rechtliche Kompetenzen sollten Online-Journalist*innen aber ebenfalls besitzen. Zumindest in Grundzügen, für

16.3 Kompetenzen

komplizierte Sachverhalte sollte ein*e auf Internetrecht spezialisierte*r Anwältin*Anwalt hinzugezogen werden. Allgemein gelten online die Pressegesetze der „klassischen" Medien, auch der Pressekodex bezieht sich auf Journalismus im Internet. Nachfolgend sind deshalb nur einige Fälle aufgeführt, die Ihnen im Beruf häufiger begegnen könnten:

- Betreibende einer geschäftsmäßigen Website müssen „allgemeinen Informationspflichten" nachkommen, die in einem Impressum aufgeführt werden (Hooffacker 2020. S. 180). Dazu gehören zum Beispiel Anschrift und Rechtsform der Firma und die Namen der Vertretungsberechtigten.
    – Das gilt auch für Seiten der Medien in den sozialen Netzwerken. Solmecke (2019): „Wie auch bei Webseiten müssen die Pflichtangaben der Anbieterkennzeichnung in dem sozialen Netzwerk leicht erkennbar, unmittelbar erreichbar und ständig verfügbar gehalten werden."
- Links sind erlaubt, aber nicht zu strafbaren Inhalten. Gründliche Redaktionen müssen daher auch in älteren Texten überprüfen, ob Links noch zu den vorgesehenen Inhalten führen.
- Werbung und Redaktion müssen voneinander getrennt werden. Dazu gehört auch, einen Link zu einer Unternehmens-Site entsprechend zu kennzeichnen oder vorher anzukündigen (Hooffacker 2020, S. 178).
- Alle Texte, Fotos oder Videos unterliegen einem Urheberrecht, für deren Nutzung muss eine Lizenz der Rechteinhaber*innen erworben werden. Dabei ist wichtig, sich auch die Verwendung in den sozialen Medien erlauben zu lassen, da die sozialen Netzwerke sich ihrerseits in den Allgemeinen Geschäftsbedingungen umfangreiche Nutzungsrechte am hochgeladenen Content zusichern lassen (Solmecke 2019).
- Was gerade bei aktuellen Ereignissen vorkommt: Augenzeug*innen stellen Fotos oder Videos in die sozialen Medien, Journalist*innen möchten das Material verwenden. Um es selbst auf der Website hochzuladen, benötigen sie das Einverständnis der Urheber*innen. Dies umgehen Redaktionen gerne, indem sie einfach die Posts auf Facebook oder Instagram „einbetten", also als gesamten Post auf der eigenen Website darstellen. Ob dies eine Verletzung des Urheberrechts darstellt, ist eine rechtliche Grauzone. In Europa gilt ein EuGH-Urteil aus dem Jahre 2014, demzufolge „das Einbetten von Videos und Fotos nicht grundlegend illegal ist" (Bartels 2020). Allerdings gab es in anderen Ländern bereits andere Urteile – und als Journalist*in können Sie nicht sicher sein, ob das hochgeladene Video oder Foto tatsächlich von der*dem Nutzenden des Profils erstellt wurde oder ob bereits eine Verletzung des Urheberrechts vorliegt.

- Im Internet gibt es viele Fotos, Videos oder Musikstücke, die kostenfrei verwendet werden dürfen – in sogenannten „Stock"-Archiven. Häufig geben diese Datenbanken aber ebenfalls vor, unter welchen Bedingungen die Inhalte genutzt werden dürfen, zum Beispiel nur unbearbeitet oder nur mit Nennung der jeweiligen Autor*innen.
- Die Organisation „Creative Commons" hat mehrere Lizenzen zur freien Nutzung von Inhalten im Internet entwickelt. Nicht jede CC-Lizenz bietet kommerziell nutzbare Inhalte, am häufigsten werden aber die „CC BY"- oder die „CC BY-SA"-Lizenzen verwendet. Bei ersterer ist nur die Namensnennung der Autor*innen nötig, bei der anderen muss die Weitergabe der Inhalte unter gleichen Bedingungen erfolgen. Was aus den Inhalten erstellt wird, muss also von anderen Nutzenden ebenfalls verwendet werden dürfen. Außerdem ist in der Regel ein Link zur Lizenz erforderlich (Bradshaw 2018, S. 193–194). Die CC-Lizenzen werden zum Beispiel von „Wikipedia" verwendet, die „Open Street Map" nutzt eine ähnliche Lizenz von „Open Data Commons".

Quellen

Bartels, C. (2020, 8. Juni). Gepflogenheiten in Grauzonen. Online: https://www.mdr.de/altpapier/das-altpapier-1520.html, zuletzt am 1. Mai 2022.

Bradshaw, P. (2018). The Online Journalism Handbook. Skills to Survive and Thrive in the Digital Age. Abingdon and New York: Routledge.

Dreykluft, J. (2014, 5. Dezember). Streit zwischen Print und Online beim „Spiegel" eskaliert. Online: https://www.shz.de/regionales/hamburg/meldungen/streit-zwischen-print-und-online-beim-spiegel-eskaliert-id8377321.html, zuletzt am 1. Mai 2022.

Eckert, S. & Gensing, P. (2019, 8. Mai). Lautstarke Minderheit. Online: https://www.tagesschau.de/faktenfinder/inland/hasskommentare-analyse-101.html, zuletzt am 1. Mai 2022.

Godulla, A. & Wolf, C. (2017). Digitale Langformen im Journalismus und Corporate Publishing. Scrolltelling – Webdokumentationen – Multimediastorys. Wiesbaden: Springer VS.

Grimberg, S. (2022, 18. März). Guter Tarifvertrag bei ZEIT ONLINE – Schließung der Ev. Journalistenschule. Online: https://www.djv-berlin.de/startseite/info/news/aktuelles/details/news-guter-tarifvertrag-bei-zeit-online-schliessung-der-ev-journalistenschule, zuletzt am 1. Mai 2022.

Haarkötter, H. (2019). Journalismus.Online. Das Handbuch zum Onlinejournalismus. Köln: Herbert von Halem Verlag.

Haim, M. (2019). Die Orientierung von Online-Journalismus an seinen Publika. Anforderung, Antizipation, Anspruch. Wiesbaden: Springer VS.

Heinbach, D. (2019, 14. September). Who let the Trolls out? Empirische Befunde zur Qualität, Wirkung und Gestaltung von Online-Diskussionen. Präsentation der DJV-Fachtagung Besser Online 2019. Online: https://www.djv.de/fileadmin/user_upload/Pr%C3%A4sentation_Besser_Online_Heinbach.pdf, zuletzt 1. Mai 2022.

Hölig, S.; Behre, J. & Schulz, W. (2022). Reuters Institute Digital News Report 2022 – Ergebnisse für Deutschland. Hamburg: Verlag Hans-Bredow-Institut, Juni 2022 (Arbeitspapiere des Hans-Bredow-Instituts | Projektergebnisse Nr. 63)

Hooffacker, G. (2016). Onlinejournalismus. Texten und Konzipieren für das Internet. Ein Handbuch für Ausbildung und Praxis. Wiesbaden: Springer VS.

Hooffacker, G. (2020). Online-Journalismus. Texten und Konzipieren für das Internet. Ein Handbuch für Ausbildung und Praxis. Wiesbaden: Springer VS.

Kohlmaier, M. (2014, 4. Dezember). Streit, Streit und noch mehr Streit. Online: https://www.sueddeutsche.de/medien/der-spiegel-unter-wolfgang-buechner-streit-streit-und-nochmehr-streit-1.2140673, zuletzt am 1. Mai 2022.

Krischke, B. (2020, 19. Juli). Das Zehn-Punkte-Papier der „SZ" ist ein Manifest aus Banalitäten. Online: https://meedia.de/2020/07/19/das-zehn-punkte-papier-der-sz-ist-ein-manifest-aus-banalitaeten/, zuletzt am 1. Mai 2022.

Lilienthal, V.; Weichert, S.; Reineck, D.; Sehl, A.; Worm, S. (2015). Digitaler Journalismus: Dynamisierung, Technisierung, Dialogisierung. Media Perspektiven, 2015 (Nr. 1), 30–40.

Matzen, N. (2014). Onlinejournalismus. Konstanz und München: UVK.

Meyer, F. (2020, 5. April). Wie lang dürfen Titles und Descriptions wirklich sein? Online: https://www.seokratie.de/title-description-laenge/, zuletzt, am 1. Mai 2022.

Neininger-Schwarz, N. (2010, 5. Januar). Der Journalist am Fliessband. Online: https://www.nzz.ch/der_journalist_am_fliessband-1.4439042, zuletzt am 1. Mai 2022.

Neuberger, C. & Quandt, T. (2019). Internet-Journalismus. In Schweiger & Beck (Hg.). Handbuch Online-Kommunikation (59-80). Wiesbaden: Springer VS.

Niemeier, T. (2018, 6. September). „SpOn"-Mitarbeiter sollen von KG-Vorteilen profitieren. Online: https://www.dwdl.de/nachrichten/68612/sponmitarbeiter_sollen_von_kgvorteilen_profitieren/, zuletzt am 1. Mai 2022.

Niemeier, T. (2019, 28. Oktober). Machtkampf entschieden: Julia Bönisch verlässt die „SZ". Online: https://www.dwdl.de/nachrichten/74697/machtkampf_entschieden_julia_boenisch_verlaesst_die_sz/, zuletzt am 1. Mai 2022.

Noske, H. (2015). Online-Journalismus. Was man wissen und können muss. Essen: Klartext Verlag.

Oswald, B. (2019). Digitaler Journalismus. Ein Handbuch für Recherche, Produktion und Vermarktung. Zürich: Midas.

Prochazka, F. (2020). Vertrauen in Journalismus unter Online-Bedingungen. Zum Einfluss von Personenmerkmalen, Qualitätswahrnehmungen und Nachrichtennutzung. Wiesbaden: Springer VS.

Quandt, T. (2008). Neues Medium, alter Journalismus? Eine vergleichende Inhaltsanalyse tagesaktueller Print- und Online-Nachrichtenangebote. In Quandt & Schweiger (Hg.). Journalismus online – Partizipation oder Profession? (131–156). Wiesbaden: VS Verlag für Sozialwissenschaften.

Rinsdorf, L. (2016, 31. August). Newsroom. Online: http://journalistikon.de/newsroom/, zuletzt am 1. Mai 2022.

Schweiger, W. (2017). Der (des)informierte Bürger im Netz. Wie soziale Medien die Meinungsbildung verändern. Wiesbaden: Springer VS.

Solmecke, C. (2019, 11. April). Rechtssicher in den sozialen Medien unterwegs – worauf Journalisten achten sollten. Online: https://www.fachjournalist.de/rechtssicher-in-den-sozialen-medien-unterwegs-worauf-journalisten-achten-sollten/, zuletzt am 1. Mai 2022.

Welt-Redaktion (2020, 13. April). Corona-Krise entfacht neuen Streit bei der „Süddeutschen Zeitung". Online: https://www.welt.de/wirtschaft/article207208293/Corona-Krise-sorgt-fuer-Streit-bei-Sueddeutscher-Zeitung.html, zuletzt am 1. Mai 2022.

Arten des Onlinejournalismus

17

Zusammenfassung

Zahlreiche Darstellungsformen aus dem Print- oder Rundfunk-Journalismus wurden ins Internet übertragen: Nachrichten, Analysen, Interviews. Online haben sich aber auch weitere Formen etabliert, etwa Live-Ticker oder kuratierte Geschichten, Web-Dossiers ermöglichen non-lineares Erzählen.

Besonders die Darbietung der Inhalte hat sich gewandelt: Artikel werden so angeteasert, dass sie von den Nutzenden angeklickt werden. Texte und Medien werden speziell für mobile Endgeräte angepasst, zum Teil wird der Journalismus selbst durch Smartphones und passendem Zubehör produziert.

Außerdem machen sich Redaktionen das technische Kommunikationspotenzial des Internets zunutze und greifen auf Inhalte von Bürger*innen zurück oder lassen die Computer selbst Formulierungen erstellen. Besonders bei standardisierten Texten wie in der Sportberichterstattung ist sogenannter „Roboterjournalismus" präsent, die Möglichkeiten scheinen hier noch längst nicht ausgeschöpft.

Idealerweise können sich Journalist*innen auf das konzentrieren, was keine Maschine und kein Laie ihnen abnehmen kann: Gründliche Recherchen, Gespräche, außergewöhnliches Geschichten-erzählen.

Schlüsselwörter

Listicles · Live-Ticker · Kuratieren · Dossiers · Bilderstrecken · Mobiler Journalismus · Mobile Reporting · Automatisierter Journalismus · Bürger*innenjournalismus

---

© Der/die Autor(en), exklusiv lizenziert an Springer Fachmedien Wiesbaden GmbH, ein Teil von Springer Nature 2022
T. Osing, *Digitaler Journalismus in der Praxis*,
https://doi.org/10.1007/978-3-658-39105-8_17

17.1 Darstellungsformen

Bekannte journalistische Darstellungsformen funktionieren auch online: Eine Nachricht schreibt sich fürs Internet wie für die Zeitung, ein Analyse-Video aus dem Fernsehen kann eins-zu-eins auch in der Mediathek funktionieren. Reportagen sind durch multimediale Elemente vielleicht noch besser geworden, Grafiken durch Interaktivität ebenfalls. Dazu gibt es sehr online-spezifische Darstellungsformen, die hier nicht alle erklärt, aber zumindest genannt werden sollen. Dazu zählen zum Beispiel:

- Listicles
  - „7 Gründe, warum die Stadt einen neuen Hauptbahnhof braucht" oder ähnliche Texte sind besonders durch die US-amerikanische Seite „Buzzfeed" erfolgreich geworden (Haarkötter 2019, S. 139). Sie suggerieren Übersichtlichkeit und Abgeschlossenheit, was online schwieriger zu erreichen ist als in einer Zeitung oder einer Zeitschrift, wo die Länge von vornherein einsehbar ist.
- Clickbait-Artikel
  - „Du glaubst nicht, was dieses süße Löwenbaby im Zoo getan hat!" könnte eine Clickbait-Schlagzeile lauten. Meist sind die Nachrichten dahinter kaum relevant, aus Redaktionssicht geht es einfach nur um möglichst viele Klicks, damit Werbeeinnahmen erzielt werden.
    In gewissem Maße wird Clickbaiting von vielen Redaktionen als legitim angesehen. Und zwar dann, wenn der Text tatsächlich einen Mehrwert für die Nutzenden enthält und das erfüllt, was eine Clickbait-Überschrift verspricht. Beispiel: „Dieser Top-Star wechselt zu Borussia Dortmund", „Beliebte Bar öffnet nach Corona-Pause wieder".
- Live-Ticker
  - Im Sport groß geworden, werden Nachrichtenticker, die ein aktuelles Geschehen in Echtzeit begleiten und regelmäßig aktualisiert werden, auch für politische oder gesellschaftliche Themen verwendet (Haarkötter 2019, S. 143). Ein Wahlsonntag, die Oscar-Verleihung oder ein Hochwasser werden genauso „getickert" wie das Finale der Champions League oder der Super Bowl.
- Kuratierte Geschichten
  - Hier werden Meldungen oder Posts aus den sozialen Medien gesammelt und gefiltert vorgestellt. Der*Die Journalist*in ist hier ein*e News-Aggregator*in, genau wie „Google News" stellt er*sie die wichtigsten Beiträge zusammen (Haarkötter 2019, S. 154–155).

- Dossiers
  - Themenpakete zu einem großen Gebiet, die unter Stichworten gesammelt werden und miteinander verlinkt sind. Es kann von Anfang an als Dossier angelegt sein oder sich erst mit der Zeit entwickeln und ergänzt werden (Matzen 2014, S. 107).
- Bilderstrecken
- Zeitleisten & Rückblicke
- Umfragen

Dies alles sind keine völlig neuen Darstellungsformen, sie sind angelehnt an Beiträge klassischer Medien oder haben sich daraus entwickelt. Wirklich „neu" entstandene Formen sind das digitale Storytelling oder Datenjournalismus, mit denen sich die anderen Teile dieses Buches intensiv beschäftigen. Es gibt jedoch noch weitere Formen, die den Journalismus und seine Arbeitsweise besonders verändert haben. Drei von ihnen werden in diesem Teil ausführlicher betrachtet: **Mobiler Journalismus, automatisierter Journalismus und Bürger*innenjournalismus.** Ein Zusatz vorweg: Riesigen Einfluss auf die Arbeit von Online-Journalist*innen haben natürlich die sozialen Medien. Sie können für alle journalistischen Bereiche genutzt werden, von der Recherche über die Verbreitung bis zum Storytelling. Deshalb erhalten sie in diesem Kapitel auch keinen eigenen Text, sondern tauchen immer wieder auch in anderen Kapiteln auf.

17.2 Mobiler Journalismus

Unter diesem Oberbegriff sind zwei Felder gemeint: der Journalismus für mobile Geräte und der Journalismus mit mobilen Geräten („Mobile Reporting"). Denn einerseits erzielen Nachrichtenseiten ihren größten Traffic durch Nutzende von mobilen Endgeräten, bei „BILD" oder „Spiegel" machen sie knapp drei Viertel aus (IVW 2022). Und andererseits haben Journalist*innen ihr multimediales Equipment ständig bei sich und können hochqualitative Fotos, Videos oder Audios aufnehmen.

Wolf (2018, S. 167) gliedert die Potenziale vom mobilen Journalismus in drei Bereiche (siehe ausführlicher im Teil „Digitales Storytelling"):

1. Internetspezifika (Aktualität, Additivität, Multimedialität, Selektivität, Interaktivität und Partizipation)
2. Mobilspezifika (Kontextsensitivität, ständige Konnektivität und Ubiquität)
3. Endgerätespezifika (Playfulness und intuitive Bedienbarkeit)

Die von vielen Redaktionen selbst auferlegte Strategie „Online First", dass also journalistische Inhalte zuerst im Internet veröffentlicht werden (vgl. Kaiser 2018, S. 126 oder Hooffacker 2020, S. 219), kann heutzutage eigentlich als „Mobile First" bezeichnet werden (Bradshaw 2018, S. 16; Bilton 2015). Das bedeutet, dass die Beiträge ans Smartphone angepasst werden. Wie die Seite aufgebaut und zu bedienen ist, orientiert sich am Tippen der Nutzenden. Fotos und Videos werden für die Ansicht auf dem Smartphone formatiert und dürfen außerdem nicht zu groß sein, da die User*innen womöglich nur begrenzte Datenmengen herunterladen können.

Mobile Reporting kommt vor allem dann zum Einsatz, wenn möglichst schnell und live von vor Ort berichtet werden soll (Bradshaw 2018, S. 146). Die Nutzenden erwarten (Bewegt-)Bilder und Informationen, das kann mit modernen Smartphones problemlos in hoher Qualität geliefert werden.

Bradshaw (2018, S. 147) hat einige Tipps für das Mobile Reporting parat:

Tipps fürs Mobile Reporting
- Beim Filmen der Szenen oder von Interviews den Flugmodus einschalten, damit die Aufnahme nicht unterbrochen wird.
- Eine der Stärken ist, Fotos, Videos und Audiodateien schnell aufzeichnen zu können. Das müssen Sie aber nicht die ganze Zeit tun – versuchen Sie auch, Gespräche zu führen und Informationen zu sammeln, über die berichtet werden kann, anstatt einfach nur die Kamera draufzuhalten.
- Gehen Sie beim Aufzeichnen von Videos und Audios nah ans Objekt, damit das Mikrofon vernünftige Aufnahmen machen kann. Versuchen Sie Hintergrundgeräusche zu vermeiden, suchen Sie einen ruhigen Ort.
- Denken Sie beim Filmen an den Ausspielkanal: Drehen Sie fürs Fernsehen, sollte das Smartphone quer gehalten werden. In den sozialen Medien ist ein Hochkant-Video okay.
- Nutzen Sie idealerweise die Hauptkamera des Smartphones, auch für eigene Aufsager.[1] Die Selfie-Kamera filmt in schlechterer Qualität.

Haarkötter (2019, S. 365) erinnert an das technische Equipment, das dabei sein sollte: Ladegeräte, Stative oder ein LED-Aufsatzlicht. Theoretisch kann das Smartphone mit vielen Extras ausgestattet werden, externen Mikrofonen oder außergewöhnlichen Kamera-Objektiven. Das klingt vielleicht nach viel Aufwand, letztlich

---

[1] Ein Begriff aus dem Fernsehen für einen Beitrag, den ein*e Moderator*in direkt in die Kamera spricht.

ist dieser aber immer noch deutlich geringer, als wenn die Redaktion ein ganzes Filmteam plus Tontechniker*in losschicken muss. „Insbesondere Reportern auf Reisen bieten sich durch den mobilen Journalismus neue Möglichkeiten. Er ist auch nicht zuletzt eine kostengünstige Möglichkeit, aus fernen Ländern zu berichten und sich auf diese Weise etwas unabhängiger sowohl von Redaktionen als auch von PR-Agenturen zu machen" (Haarkötter 2019, S. 365).

Mobile Reporting ist eine Erweiterung der journalistischen Möglichkeiten. Für ausführliche Infos zum mobilen Journalismus ist Björn Staschens (2017) gleichnamiges Buch zu empfehlen. Er sagt: „Es geht darum, dieses neue Produktionsmittel in unsere Produktionsprozesse einzugliedern und herauszufinden, an welchen Stellen sie uns nutzen, und an welchen nicht."

17.3 Automatisierter Journalismus

„Eine Begegnung auf Augenhöhe? Mitnichten! Im Duell zweier vermeintlich ebenbürtiger Teams holte Berlin den maximalen Ertrag." So wird auf der Website der „Welt" der Spielbericht zum Bundesliga-Spiel zwischen Hertha BSC und Union Berlin eingeleitet, das Hertha mit 4:0 gewann. Ein etwas holpriger Einstieg, mögen Sie denken, besonders, da ja Berlin gegen Berlin spielte. Der Hintergrund: Diese ersten Sätze, der ganze Spielbericht, wurden von einer Software formuliert.

Automatisierter Journalismus heißt dieses Gebiet, häufiger wird es als „Roboterjournalismus" bezeichnet. Das könnte irreführend klingen, da letztlich kein Roboter an einer Tastatur sitzt. Die Texte werden von Software geschrieben, die auf Basis von Algorithmen aus Informationen ganze Sätze schreibt. „Dabei wird aus strukturiert vorliegenden Daten menschliche Sprache erzeugt, die schließlich als journalistischer Beitrag publiziert wird. Aktuell tritt diese Form des Journalismus nur textuell und im Rahmen verhältnismäßig kurzer Nachrichten in Erscheinung" (Haim und Graefe 2018, S. 139).

Müssen sich Journalist*innen in Acht nehmen? Raue (2019): „Wer Pressemitteilungen redigiert, Börsenkurse analysiert oder Reden zusammenfasst, dürfte dasselbe Schicksal erleiden wie Buchhalter und Makler: der Roboter kann es schneller, billiger und nahezu fehlerfrei."

Das ist der entscheidende Punkt: Die Computersoftware übernimmt (bislang) nur kurze und simple Aufgaben, die Texte basieren auf simplen Statistiken. Aus der Information, dass es in Hamburg morgen acht Sonnenstunden gibt, formuliert die Software: „Morgen scheint in Hamburg den ganzen Tag die Sonne." Diese Formulierung haben ihr zuvor Menschen beigebracht. Neben der Information braucht die Software also eine „Phrasendatenbank", wie Matzat (2014) sagt. „Natural Language Generation" heißt dieser Prozess, der eine natürliche Sprache imitiert.

Forschende haben bereits festgestellt, dass den meisten Lesenden nicht auffällt, wenn ein Text von einem Computer geschrieben wurde (Graff 2018). In einer Studie der Ludwig-Maximilians-Universität München bevorzugten die Proband*innen zwar von Menschen geschriebene Texte, die automatisch generierten wurden aber als glaubwürdiger eingestuft (LMU 2016).

Wie werden automatisierte Texte bereits eingesetzt? Beispielsweise am Wahlabend, wenn es für Redaktionen kaum möglich ist, hunderte Wahlkreise gleichzeitig zu überblicken. Der MDR schrieb deshalb 2021 ein Programm, das die Ergebnisse der Landtagswahl in Sachsen-Anhalt automatisch auswertete und mit vorgefertigten Satzbausteinen in Sekundenschnelle in Textform goss (Paul und Widmann, 2021).

Auch Sportveranstaltungen sind prädestiniert dafür, von Computern begleitet zu werden. Es gibt zahlreiche Statistiken, und die wichtigste ist extrem einfach und funktioniert binär: Tor oder kein Tor. Die vom Deutschen Fußballbund (DFB) betriebene Website „fussball.de" begann im Sommer 2019 damit, Spielberichte selbst für Amateurspiele automatisch generieren zu lassen. So kann nun jede*r nachlesen, dass der FC Förderkader Rene Schneider eine „herbe Schlappe" gegen den Penzliner SV hinnehmen musste (Abb. 17.1). Der Computer nutzte sogar Floskeln wie „legte los wie die Feuerwehr".

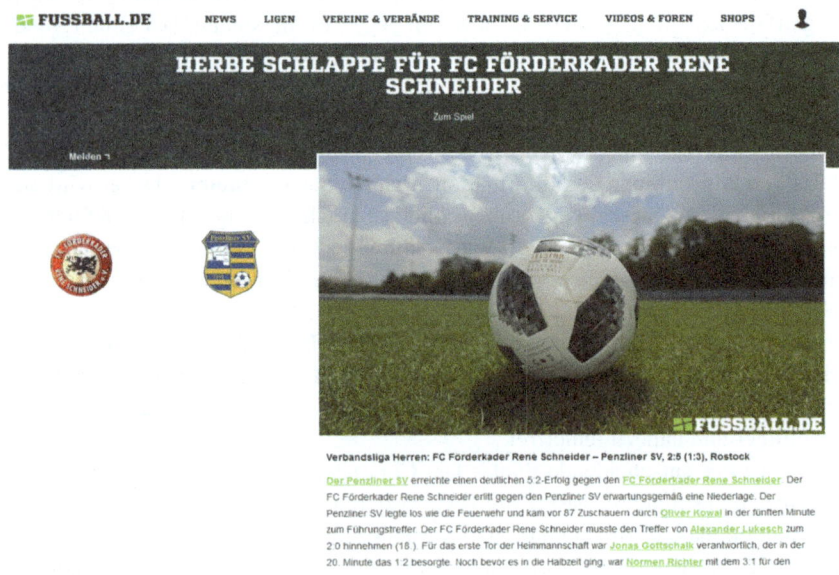

Abb. 17.1 Automatisch generierter Spielbericht auf „fussball.de", Screenshot vom 10. August 2020

17.3 Automatisierter Journalismus

Matzat (2014) nennt solche Spiele „Mikro-Veranstaltungen", „wo es sich nie lohnen würde, einen Menschen dorthin zu schicken. Aber der Maschine ist egal, ob sie einen Text schreibt oder eine Million, das ist nur eine Frage der Serverkapazität."
Außerdem könne künstliche Intelligenz dabei helfen, Routinearbeiten durchzuführen, Fakten automatisch im Internet abgleichen oder anhand von Suchergebnissen sogar inhaltlich assistieren. Wenn Sie zum Beispiel einen Text über ein Unternehmen Ihres Wohnorts schreiben, sucht die Software parallel nach dem Namen des*der Geschäftsführers*in oder nach anderen Nachrichten dazu.

Noch bessere Software steht auch schon bereit: Die Entwickler*innen von „OpenAI", diese Firma wird von Tesla-Gründer Elon Musk sowie Microsoft finanziert, veröffentlichten im Frühjahr 2020 die neueste Version ihres Textgenerators, der auf künstlicher Intelligenz basiert. Die ersten Eindrücke des „GPT-3" wurden als „bahnbrechend" bezeichnet (Pietras 2020). Das Programm wird dafür mit den Themen sowie einer Stilvorgabe gefüttert und schreibt darauf aufbauend den Text fertig. Spezielle KI-Modelle können auch das Storytelling übernehmen und Handlungsstränge entwerfen, selbst visuelle Welten etwa für Computer-Spiele werden mit Hilfe von Software erstellt.

Automatisierter Journalismus muss sich nicht auf Texte beschränken. Für den US-amerikanischen Film „Morgan" über künstliche Intelligenz ließen die Produzenten einen Trailer anfertigen – ausgesucht und zusammengestellt wurde das Material von künstlicher Intelligenz (Rondinella 2016). Dasselbe Programm wurde auch bei den US Open dafür benutzt, Highlight-Clips der Tennis-Matches zu erstellen. Anhand von Jubelgesten oder lauten Publikumsgeräuschen konnte die Software erkennen, wenn ein Punkt besonders wichtig oder außergewöhnlich gewesen sein musste (Horizont 2017). Vielleicht werden in einigen Jahren schon keine Regisseure mehr für Live-Übertragungen gebraucht, weil die Technologie die Wiederholungen selbst zusammenschneidet.

Das alles kann für Journalist*innen existenzbedrohend klingen, künstliche Intelligenz stößt aber immer wieder an ihre Grenzen, da sie nur Texte mit einem hohen Grad an Standardisierung formulieren kann (Neuberger 2018, S. 54), etwa Dialoge zwischen zwei Protagonist*innen. Dann weiß die Maschine, welche Antwort auf welche Frage zu geben ist.

Weitere Beispiele aus der Sport-Berichterstattung: Im März 2020 wollte der automatisch generierte Vorbericht Lust auf die anstehenden Fußballspiele machen – es hatte dem Computer aber niemand mitgeteilt, dass alle Spiele aufgrund der Corona-Pandemie abgesagt wurden (Kruse 2020).

Noch kurioser liest sich der Live-Ticker des Spiels TSG Hoffenheim gegen FC Bayern München im Februar 2020 (Abb. 17.2). Die Spieler hatten in der 78. Minute beim Stand von 0:6 entschieden, aufgrund einiger Schmähungen aus den Fan-

Abb. 17.2 Automatisch generierter Live-Ticker von „Flashscore", Screenshot vom 2. März 2020

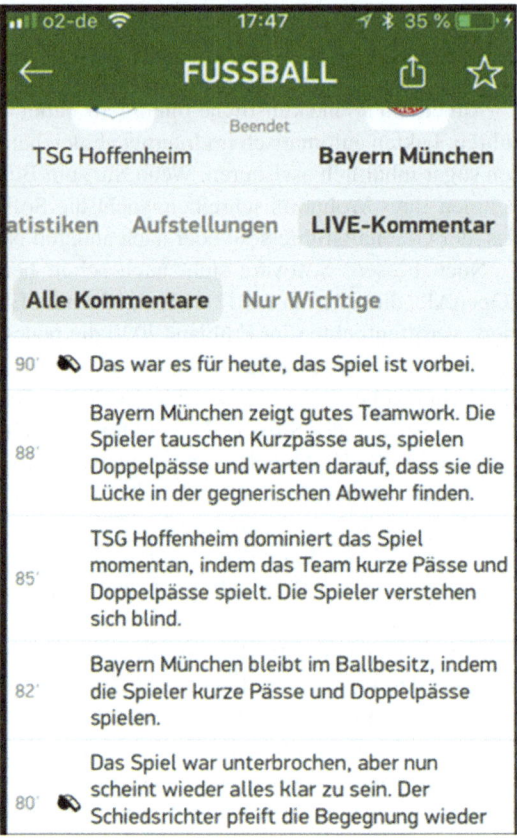

blöcken das Fußballspielen einzustellen und schoben sich den Ball bis zum Abpfiff nur noch hin und her. Der automatisierte Liveticker der beliebten App „Flashscore" schien begeistert vom „guten Teamwork".

Eine Hoffnung der Befürworter*innen vom Roboterjournalismus ist, dass mehr Zeit für solche Arbeit bleibt, die Computer nicht übernehmen können: Recherchen, Gespräche, außergewöhnliche Geschichten. Der medienkritische Blog „Uebermedien" ist skeptisch: „Klingt toll: Kollege Roboter übernimmt die Drecksarbeit, und der Journalist kann sich voller Eifer einer tiefgehenden Recherche nach der anderen widmen. Fraglich nur, ob Medienhäuser das in Zeiten hohen wirtschaftlichen Drucks wirklich zur Qualitätssteigerung nutzen – oder ob sie nicht doch die Möglichkeit nutzen, durch die hinzugewonnene Arbeitskraft menschliche Arbeitskräfte einzusparen" (von Eisenhart Rothe 2017). Womöglich muss das jedoch gar kein Entweder-Oder sein: Tech-affine Journalist*innen, die künstliche Intelligenz zu nutzen wissen, dürften in Zukunft ähnlich gesucht werden wie Datenjournalist*innen.

Zumal künstliche Intelligenz nicht nur den Journalist*innen Arbeit abnehmen kann, sondern auch den Nutzenden hilft. Bereits jetzt machen in vielen Redaktionen Algorithmen Vorschläge, welche Beiträge in den sozialen Medien gepostet werden sollten und wann. Denkbar ist dies auch für die Homepage oder die App, möglich ist sogar ein individuell ausgespieltes Produkt für jede*n einzelne*n Nutzende*n. Ähnlich wie im Facebook-, Twitter- oder Instagram-Feed bekämen die User*innen jene Beiträge prominent angezeigt, die der Algorithmus ihnen ans Herz legt. Der Vorteil: Redaktionen können trotzdem aufpassen, dass keine Fake News verbreitet werden – und sich Nutzende in ihren Bubbles verlieren.

17.4 Bürger*innenjournalismus

Sagt Ihnen die 1414 etwas? Diese Nummer hat sich die „Bild" eingerichtet, um per SMS und MMS über aktuelle Geschehnisse informiert werden zu können oder – noch wichtiger – um sich Fotos zusenden zu lassen. „Machen auch Sie mit! Haben Sie einen Bären im Wald gesehen? Hat ein Prominenter in Ihrer Gegenwart in der Nase gebohrt? Blitzte für Sekunden der Busen eines prominenten Stars unter der Bluse hervor? Wurden Sie Zeuge eines Großbrandes oder eines Unfalls?" Das Themenspektrum der „Leserreporter" war also eindeutig, die Redaktion lobte für die besten Fotos bis zu 250 Euro aus (BILD 2012). 2017 stellte die Redaktion „5 Regeln für BILD-Leser-Reporter" auf und sagte unter anderem, dass Gaffen am Tatort strafbar sein könnte und Hobby-Fotograf*innen die Privat- und Intimsphäre der abgelichteten Personen wahren sollten (BILD 2017).

Lesende beteiligen sich am Produkt und beliefern die Redaktion mit Inhalten. Dieser „Bürger*innenjournalismus" wird oft „user-generated content" genannt und fand durch das Internet umfangreiche Partizipationsmöglichkeiten – neu ist die Idee indes nicht. Bereits im 19. Jahrhundert kamen Bürger*innen als Reporter*innen zum Einsatz. Damals gab es eine rege Beteiligung und lebhafte Diskussionen, die eingesandten Beiträge wurden prominent in den Zeitungen platziert (Kopp und Schönhagen 2008, S. 79).

Durch die elektronischen Übertragungswege können sich Nutzende noch viel einfacher einbringen: Sie senden Fotos und Videos per E-Mail, schreiben in Foren und den sozialen Medien oder laden Beiträge auf dafür vorgesehenen Plattformen hoch – SMS und MMS sind selbst bei der „Bild" aus der Mode gekommen. Auch Blogger*innen werden in der Kommunikationswissenschaft oft zum „Bürger*innenjournalismus" gezählt (siehe Schweigers Vergleich im Abschn. 16.1: Arbeitsfelder).

Mitte der 2000er-Jahre riefen diverse Medien dazu auf, Fotos oder Informationen zu senden. Damals gingen einige Expert*innen sogar davon aus, dass die Nachrichten im Jahr 2021 „zur Hälfte von Bürgerjournalisten und zur Hälfte von Profis produziert würden" (Kopp und Schönhagen 2008, S. 80). Was andere Expert*innen sofort in Sorge um die journalistische Qualität versetzte: „Die Entprofessionalisierung von innen hat Tür und Tor geöffnet für das schlechte Bild, das fade Video, den unqualifizierten Beitrag" (Holzinger und Sturmer 2010, S. 65).

Mehr als zehn Jahre später haben sich beide Prognosen nicht bewahrheitet, wie Neuberger (2018, S. 54) feststellt: „Nach den bisherigen Befunden ist nicht mit einer erheblichen Konkurrenz durch Laienkommunikatoren (citizen journalism) zu rechnen. Aus der bloßen technischen Möglichkeit der kommunikativen Beteiligung den Schluss zu ziehen, „everyone is a journalist" (Neuberger 2018, S. 41), greift eindeutig zu kurz und unterschätzt die Leistung des professionellen Journalismus."

Erstens sind professionelle Journalist*innen thematisch auf anderen Gebieten unterwegs. Bürger*innenjournalismus beschäftigt sich zumeist eher mit kulturellen und unterhaltenden Themen, weniger mit Nachrichtengeschehen oder Politik und Sport, die Beiträge sind also weniger von der Aktualität geprägt und zeitloser (Welz et al. 2017, S. 147). Die Studie von Kopp und Schönhagen (2008, S. 87) stützt das, in ihrer Stichprobe erfolgte die Themenauswahl vom Bürger*innenjournalismus vorrangig nach subjektiven und nicht nach klassischen journalistischen Kriterien. Sie geben eigene Erfahrungen wieder oder beschäftigen sich mit kaum beachteten Aspekten, denen Journalist*innen wegen fehlender Relevanz keine Bedeutung beimessen.

Welz et al. (2017, S. 129) haben in einer Studie mit Bürger*innen im Lokaljournalismus deren Motivationen herausgestellt: Die Wiedergabe der eigenen Meinung, Kreativität, das Sammeln von Erfahrungen und der Kontakt zu anderen ist den Reporter*innen besonders wichtig, auch die Möglichkeit der Eigenwerbung spielt eine größere Rolle. Finanzielle Entlohnung erwarten sie dagegen so gut wie gar nicht.

User-generated content ist dennoch wertvoll. Besonders regionale und Lokalzeitungen sollten ihn nutzen, findet der ehemalige „Bild"-Chefredakteur Kai Diekmann: „Die Chance des Lokaljournalismus liegt im Lokalen und sonst nirgends, da kennt er sich aus, da ist er zu Hause. Aber wer kennt sich da noch besser aus? Die Leute, die dort wohnen. Könnte es gelingen, unter denen ein System von Kontributoren aufzubauen, die Beiträge für ein journalistisch kuratiertes Lokalangebot schreiben? Schließlich gibt es zu jedem Thema Experten, die sich dazu besser auskennen als Journalisten, die dem Wesen nach ja Generalisten sind" (Freitag 2020).

Die Bünder Lokalredaktion der „Neuen Westfälischen" schaffte es zum Beispiel 2012 mit einer Facebook-Gruppe, ihre Lesenden einzubinden. Unter „Du lebst schon lange in Bünde, wenn …" konnten Nutzende Erinnerungen und alte

Fotos teilen. Daraus entstanden in der gedruckten Zeitung viele Geschichten, von Veränderungen im Stadtbild bis zu legendären Partys.

Die Inhalte der Nutzenden wurden also nicht ungefiltert veröffentlicht, sondern in Diekmanns Sinne journalistisch kuratiert. Der Erfolg einer solchen Gruppe hängt laut Bradshaw (2018, S. 338) davon ab, wie Sie als Journalist*innen mit den Nutzenden interagieren. Eine Gruppe braucht klare Regeln, welchem Zweck sie dient – dies erleichtert es auch neuen User*innen, sich zu beteiligen. Die Redaktion selbst darf eine Gruppe nicht einfach gründen und zusehen, sondern muss sich beteiligen: (Konkrete) Fragen stellen, Fotos kommentieren und neue Mitglieder rekrutieren. Sie sollte positive Beiträge lobend hervorheben, selbst wenn sie es am Ende nicht ins Medium schaffen. Matzen (2014, S. 114) nennt das „die Leser aktivieren".

Am Ende kann eine festere Bindung zu den Stammlesenden entstehen und die eigene Marke online gestärkt werden.

Quellen

Bild-Redaktion (2012, 10. September). Die tollen Fotos unserer Leser. Online: https://www.bild.de/news/2006/leserreporter/bild-handy-reporter-629062.bild.html, zuletzt am 1. Mai 2022.

Bild-Redaktion (2017, 7. Juni). Regeln für BILD-Leser-Reporter. Online: https://www.bild.de/news/leserreporter/leserreporter/ 5regelnfuerbild-leser-reporter-52084892.bild.html, zuletzt am 1. Mai 2022.

Bilton, R. (2015, 16. Juni). How publishers try to build mobilefirst cultures. Online: https://digiday.com/media/publishers-mobile-first-cultures/,zuletzt am 1. Mai 2022.

Bradshaw, P. (2018). The Online Journalism Handbook. Skills to Survive and Thrive in the Digital Age. Abingdon und New York: Routledge.

Eisenhart Rothe, Y. (2017, 19. August). Die Automatisierung des Journalismus. Online: https://uebermedien.de/19051/die-automatisierung-des-journalismus/, zuletzt am 1. Mai 2022.

Freitag, J. (2020). „Ach, was wahrhaftig ist, ist ja auch immer subjektiv". Journalist, Jahrgang 70 (Nr. 1+2), 18-26.

Graff, B. (2018, 29. März). Robo-Journalismus. Online: https://www.sueddeutsche.de/kultur/kuenstliche-intelligenz-robo-journalismus-1.3921660, zuletzt am 1. Mai 2022.

Haarkötter, H. (2019). Journalismus.Online. Das Handbuch zum Onlinejournalismus. Köln: Herbert von Halem Verlag.

Haim, M. & Graefe, A. (2018). Automatisierter Journalismus. Anwendungsbereiche, Formen und Qualität. In Nuernbergk & Neuberger (Hg.). Journalismus im Internet. Profession – Partizipation – Technisierung (139–160). Wiesbaden: Springer VS.

Holzinger, T. & Sturmer, M. (2010). Die Online-Redaktion. Praxisbuch für den Internetjournalismus. Berlin & Heidelberg: Springer.

Hooffacker, G. (2020). Online-Journalismus. Texten und Konzipieren für das Internet. Ein Handbuch für Ausbildung und Praxis. Wiesbaden: Springer VS.

Horizont (2017, 8. Oktober). So verändern Watson & Co den Sportkonsum. Online: https://www.horizont.net/tech/nachrichten/Kuenstliche-Intelligenz-So-veraendern-Watson-und-Co-den-Sportkonsum-161574, zuletzt am 1. Mai 2022.

IVW (2022) (Hg.). Ausweisung der monatlichen Nutzungsdaten. Online: http://ausweisung.ivw-online.de/index.php?i=10&mz_szm=202204, zuletzt am 17. Mai 2022

Kaiser, M. (2018). Newsroom und Newsdesk im Journalismus und in der Unternehmenskommunikation. In Otto & Köhler (Hg.). Crossmedialität im Journalismus und in der Unternehmenskommunikation (121–132). Wiesbaden: Springer VS.

Kopp, M. & Schönhagen, P. (2008). Die Laien kommen! Wirklich? Eine Untersuchung zum Rollenselbstbild sogenannter Bürgerjournalistinnen und Bürgerjournalisten. In Quandt & Schweiger (Hg.). Journalismus online – Partizipation oder Profession? (79–94). Wiesbaden: VS Verlag für Sozialwissenschaften.

Kruse, J. (2020, 19. März). „Welt" und „t-online" bereiten sich auf heißes Fußball-Wochenende vor. Online: https://uebermedien.de/ 47350/welt-und-t-online-bereiten-sich-auf-heisses-fussball-wochenende-vor/, zuletzt am 1. Mai 2022.

LMU (2016, 28. April). Wenn Algorithmen schreiben. Online: https://www.lmu.de/de/newsroom/newsuebersicht/news/wenn-algorithmen-schreiben.html, zuletzt am 1. Mai 2022.

Matzat, L. (2014, 10. Mai). re:publica 2014 - Lorenz Matzat: Roboterjournalismus: Wenn Algorithmen Nachrichten machen. Online: https://www.youtube.com/watch?v=HEP2Okic_WQ, zuletzt am 1. Mai 2022.

Matzen, N. (2014). Onlinejournalismus. Konstanz und München: UVK.

Neuberger, C. (2018). Journalismus in der Netzwerköffentlichkeit. Zum Verhältnis zwischen Profession, Partizipation und Technik. In Nuernbergk & Neuberger (Hg.). Journalismus im Internet (11–80). Wiesbaden: Springer VS.

Paul, M. & Widmann, N. (2016, 16. Juli). Automatisierte Wahlberichte: Warum wir den Code veröffentlichen. Online: https://www.mdr.de/nachrichten/sachsen-anhalt/landtagswahl/was-wir-gerlernt-haben-code-veroeffentlicht-automatisierte-berichte-zur-landtagswahl-100.html, zuletzt am 1. Juli 2022.

Pietras, J. (2020, 24. Juli). KI: Neuer OpenAI-Textgenerator kann komplexe Texte verfassen. Online: https://t3n.de/news/ki-neuer-openai-textgenerator-1301677/, zuletzt am 1. Mai 2022.

Raue, P. (2019, 7. Januar). Journalisten zählen zu den Gewinnern der Digitalisierung. Aber nicht alle. Online: https://kress.de/mail/news/detail/beitrag/141853-journalisten-zaehlen-zu-den-gewinnern-der-digitalisierung-aber-nicht-alle.html, zuletzt am 1. Mai 2022.

Rondinella, G. (2016, 2. September). KI „Watson" entwickelt für „Morgan" den perfekten Filmtrailer. Online: https://www.horizont.net/marketing/nachrichten/IBM-KI-Watson-entwickelt-fuer-Morgan-den-perfekten-Filmtrailer-142476, zuletzt am 1. Mai 2022.

Staschen, B. (2017). Mobiler Journalismus. Wiesbaden: Springer VS.

Welz, R.; Hooffacker, G.; Kulisch, U.; Datko, J.; Thiergen, T. (2017). Partizipativer Lokaljournalismus im TV-Bereich. Entwicklung eines Schichtenmodells und Untersuchung der Motive für die Beteiligung an lokaljournalistischen Plattformen. In Hooffacker & Wolf (Hg.). Technische Innovationen – Medieninnovationen? Herausforderungen für Kommunikatoren, Konzepte und Nutzerforschung. Wiesbaden: Springer VS.

Wolf, C. (2018). Mobiler Journalismus. In Nuernbergk, C. & Neuberger, C. (Hg.). Journalismus im Internet. Profession – Partizipation – Technisierung (161–83). Wiesbaden: Springer VS.

Perspektiven des Onlinejournalismus 18

Zusammenfassung

Das Internet hat dem Journalismus nicht nur Probleme bereitet, sondern auch Chancen aufgetan: Medien können über diverse Kanäle und ein breites Angebot ein größeres Publikum erreichen als je zuvor. Über kein Medium informieren sich heutzutage mehr Menschen in Deutschland, für viele sind sogar die sozialen Medien die einzige Plattform, auf der sie mit Nachrichten in Berührung kommen.

Der Journalismus befindet sich in einem Wettkampf um Aufmerksamkeit und bestreitet diesen längst nicht mehr nur mit der Konkurrenz anderer Medien. Es gilt, die richtige Balance zu finden zwischen gesellschaftlich relevanten Recherchen und Klicks-bringenden Boulevardthemen. Barbara Hans, ehemalige Chefredakteurin von „Spiegel Online", sagte zu diesem Thema auf der re:publica 2018: „Wer Aufmerksamkeit um jeden Preis will, verliert am Ende seine Glaubwürdigkeit" (Jacobsen. Spiegel Online-Chefin Barbara Hans: „Journalismus macht sich überflüssig, wenn er nur über das berichtet, was dem Nutzer gefällt". Online: https://meedia.de/2018/05/03/spiegel-online-chefin-barbara-hans-journalismus-macht-sich-ueberfluessig-wenn-er-nur-ueber-das-berichtet-was-dem-nutzer-gefaellt/, zuletzt am 1. Mai 2022, 2018, 3. Mai). Denn: „Wenn Journalismus die Leute anschreit, wenden sie sich ab – genau wie im normalen Leben".

Die leichteren, „bunten" Themen sind auch eher selten jene, die dem Medium zahlende Kund*innen bringen. Redaktionen sollten eher, so die Ansicht von Expert*innen der Branche, auf außergewöhnliche Geschichten setzen, die Alleinstellungsmerkmale schaffen. Außerdem könnte dem Lokaljournalismus – auch in Zusammenarbeit mit den Lesenden – eine größere Bedeutung zukommen.

Die Bereitschaft, für nachrichtliche Inhalte im Internet Geld auszugeben, wächst zumindest etwas – das sollte Hoffnung machen.

> **Schlüsselwörter**
>
> Nutzungsforschung · Vertrauen in Medien · Wandlung der Öffentlichkeit durchs Internet · Zahlungsbereitschaft · Finanzierungs- und Erlösmodelle · Bezahlschranke · Native Advertising · Google News Showcase

18.1 Nutzungsforschung

Das Internet ist vor dem Fernsehen die Nachrichtenquelle mit der größten Reichweite in Deutschland. Dem „Reuters Institute Digital News Report 2022" zufolge nutzen 68 Prozent der erwachsenen Deutschen das Internet wöchentlich als Nachrichtenquelle, das TV kommt auf 65 Prozent (Hölig et al. 2022, S. 16). Für junge Menschen zwischen 18 und 24 Jahren ist das Internet die mit Abstand meistgenutzte Nachrichtenquelle (79 Prozent) (Abb. 18.1).

Dass Printprodukte immer unbeliebter werden, ist Ihnen längst bekannt. 2022 sind sogar die sozialen Medien wichtiger als Print. 32 Prozent der erwachsenen Deutschen geben an, sie als Nachrichtenquelle zu nutzen, nur jede*r Vierte nutzt Print (im Vorjahr noch jede*r Dritte). Von den 18- bis 24-Jährigen nutzen 55 Prozent die sozialen Medien als Nachrichtenquelle, für 39 Prozent der Altersgruppe sind sie sogar die wichtigste Quelle im Internet (Hölig et al. 2022, S. 17–21).

Weitere wichtige Erkenntnisse des Digital News Reports (Hölig et al. 2022, S. 5–7):

- 92 Prozent der erwachsenen Internetnutzenden in Deutschland lesen, hören oder schauen 2022 mindestens einmal pro Woche Nachrichten. Das Interesse ist aber langfristig betrachtet eher rückläufig, nur 57 Prozent sind sehr oder überaus an Nachrichten interessiert (2021: 67 Prozent)
- Am größten ist das Interesse an lokalen Nachrichten. 68 Prozent der erwachsenen Internetnutzenden möchten Infos aus der Stadt oder Region bekommen, erst danach folgen internationale (61 Prozent) und politische Nachrichten (58 Prozent).
- Videos? Podcasts? Radio? Nein, die beliebteste Medienart ist der Text, 58 Prozent der erwachsenen Internetnutzenden bevorzugen diese Form. Ihr Hauptargument: Die Informationen können schneller aufgenommen werden. Jede*r Zehnte bevorzugt Videos.

18.1 Nutzungsforschung

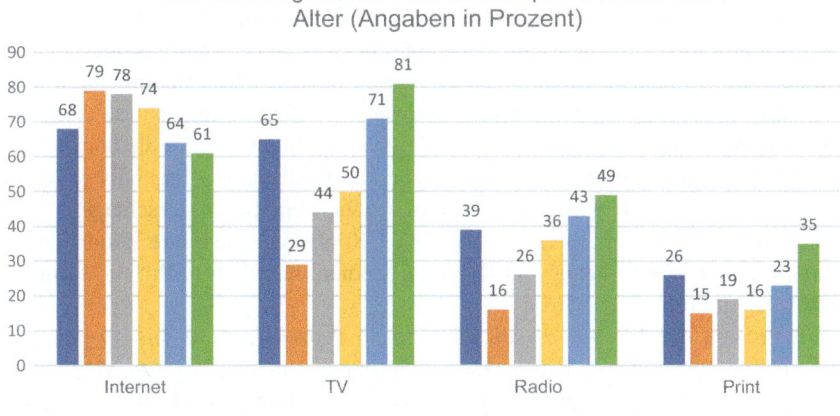

Abb. 18.1 Wöchentlich genutzte Nachrichtenquellen der erwachsenen Internetnutzenden in Deutschland, nach Alter, Angaben in Prozent. (Quelle: Reuters Institute Digital News Report; Hölig, Behre und Schulz (2022, S. 17))

- Nur wenige Nutzende beteiligen sich aktiv an der Nachrichtenberichterstattung in den sozialen Medien. Zwölf Prozent der erwachsenen Internetnutzenden liken regelmäßig Nachrichtenbeiträge, neun Prozent teilen und sieben Prozent kommentieren sie dort. Wer sich am linken oder rechten Teil des politischen Spektrums verortet, ist eher dazu bereit als die politische Mitte.
- Jede*r Dritte hat die Sorge, eventuelle Falschmeldungen nicht von Fakten unterscheiden zu können. (32 Prozent). Am größten ist dies bei den 18- bis 24-Jährigen ausgeprägt (40 Prozent). Spannend wäre die Überprüfung, inwiefern dies mit der stärkeren Social-Media-Nutzung in Verbindung steht.
- Gerade einmal die Hälfte der Befragten sagt, dass man den Nachrichten im Allgemeinen vertrauen könne. Das sind drei Prozentpunkte weniger als 2021 (53 Prozent), aber immerhin fünf mehr als vor Beginn der Corona-Pandemie. Jede*r Fünfte sagt, dass sie Nachrichten grundsätzlich misstrauen, dieser Wert ist seit mehreren Jahren stabil (Hölig et al. 2022, S. 27).
- Jede*r Zehnte versucht oftmals bewusst, Nachrichten zu vermeiden; 65 Prozent gelegentlich. Hier bemerken die Forschenden einen deutlichen Anstieg gegenüber den Vorjahren. Besonders die Berichterstattung über Politik und Corona wird als zu viel empfunden, der permanente Konsum habe negative Auswirkungen auf die Stimmung und führe zu Erschöpfung. Auffällig ist dies besonders bei den 18- bis 24-Jährigen.

Eine ähnliche Erkenntnis machten Kramp und Weichert (2022): Krisen sorgen dafür, dass sich einige Menschen vom Weltgeschehen und den Nachrichten am liebsten ganz abwenden würden. Die Pandemie, der russische Angriffskrieg auf die Ukraine, die Klimakatastrophe – „unsere Gesellschaft befindet sich in einem permanenten Ausnahmezustand, wir taumeln von einer Krise in die nächste", schreiben Kramp und Weichert (2022, S. 35), die eine repräsentative Studie über „digitale Resilienz und Mediennutzung" durchgeführt haben. Ihr Ergebnis: „[Viele Deutsche] fühlen sich vom Nachrichtengeschehen emotional „erschlagen" und wenden sich ab, weil ihre persönliche Coping-Kompetenz, also ihre Widerstandskraft (Resilienz) im Umgang mit digitalen Medien, merklich nachlässt" (Kramp und Weichert 2022, S. 35–36).

72 Prozent der 14- bis 29-jährigen und 56 Prozent der 30- bis 49-jährigen Smartphone-Nutzenden schätzen ihre Smartphone-Nutzung als „zu viel" oder „deutlich zu viel" ein, besonders haben darauf soziale Medien Einfluss (Kramp und Weichert 2022, S. 34). Kramp und Weichert raten dazu, den Dialog zwischen Journalismus und Publikum zu stärken und gleichzeitig die digitale Gesamtstrategie des Mediums zu überdenken. „Ein Instagram-, Tiktok- oder Youtube-Kanal ist nur dann unterstützend, wenn er nicht dazu führt, dass sich die angestammten Nutzer entfremden, sondern originäre Akzente setzt" (Kramp und Weichert 2022, S. 36). Medien sollten ihre Nutzenden auch im Umgang mit der Digitalisierung stärken und ihnen helfen, sicher durch die „digitale Aufmerksamkeitsökonomie" zu gelangen (Kramp und Weichert 2022, S. 36).

18.2 Wandlung der Öffentlichkeit durchs Internet

Der Beruf der Journalist*innen wird gerne mit viel Pathos verteidigt. Sein immenser Wert für die Gesellschaft wird betont, es fallen Wörter wie „unverzichtbar" oder „Säule der Demokratie". Man muss es nicht derart überschwänglich formulieren, zustimmen kann man dem grundsätzlichen Gedanken auf jeden Fall. Journalismus ist wichtig. Und auch wenn er seine „Gatekeeper"-Funktion abgegeben hat, bleibt er wichtig. Der Deutsche Journalisten-Verband glaubt: „Die Anforderungen, die an Journalistinnen und Journalisten gestellt werden, sie nehmen in der digitalen Gesellschaft des 21. Jahrhunderts zu" (DJV 2020).

Denn das Internet hat nicht nur den Journalismus, sondern viel mehr die Öffentlichkeit und damit die Gesellschaft selbst verändert. Weber und Mangold beschreiben diesen Wandel ähnlich wie Neuberger (2018, S. 15, siehe Abschn. 14.1: Definition) in vier Bereichen: in der Sozialdimension, der Angebotsdimension, der Raumdimension und der Zeitdimension. Sozial betrachtet gibt es nun keine

18.2 Wandlung der Öffentlichkeit durchs Internet

exklusive Gatekeeperrolle mehr, sondern viele Sender*innen und Empfänger*innen. Die unmittelbare Kommunikation ermöglicht einerseits eine größere Kontrollinstanz der Gesellschaft und auch des Journalismus, andererseits entstehen deshalb übertriebene Empörungswellen und Shitstorms.

Die Angebotsdimension ist wie beschrieben riesig geworden. Neben der Massenkommunikation einzelner Plattformen besitzt das Internet einen „Long Tail", an dem viele kleine Angebote hängen, die wenige Besucher*innen erreichen (Neuberger und Quandt 2019, S. 73). Dadurch bilden sich Teilöffentlichkeiten, dies hat ebenfalls Vor- und Nachteile. Menschen mit sehr speziellen Interessen („Nerds") finden Gleichgesinnte, das gilt aber auch im negativen Sinne zum Beispiel bei Rechtsextremen.

Durch die veränderte Zeitdimension ist die Beschleunigung der Informationsübermittlung so groß geworden, dass der Journalismus in „moralische Dilemmas" gerät (Evers 2009, S. 163). Sollte eine Nachricht so schnell wie möglich überbracht werden oder so richtig wie möglich, also erst nach einer unabhängigen Überprüfung? Darf eine woanders publizierte Information einfach so übernommen werden? Das Wettrennen um die meisten Klicks verstärkt dieses Problem nur.

Was Sie selbst vielleicht schon einmal gestört hat: Das Internet vergisst nicht. Eine gedruckte Zeitung landete im Altpapier und ihr Inhalt war schnell nicht mehr präsent, selbst wenn er noch in einem Zeitungsarchiv lagerte. Das Internet bietet nun eine ständig abrufbare Datenbank – zum Leidwesen vieler. Evers (2009, S. 165) erzählt das Beispiel eines Niederländers, der als Student der Universitätszeitung ein Interview zum Thema Waffenbesitz gegeben hatte und sich darin als „Messerfetischist" bezeichnete. Jahre später hinderte ihn dies laut eigener Aussage bei der Jobsuche, weil das Interview noch prominent in den Google-Ergebnissen auftauchte. Er bat um die Löschung oder Unkenntlichmachung, die Redaktion und der holländische Presserat kamen ins Grübeln. Sie entschieden sich, den Artikel unverändert zu lassen, da die privaten Interessen dem öffentlichen des „Kollektivgedächtnisses" zurückzustehen hatten. Für die Gesellschaft seien gut funktionierende, möglichst vollständige Archive, aus denen nicht willkürlich Teile entfernt oder geändert werden können, von großer Bedeutung. Journalist*innen seien zudem der Wahrheit verpflichtet, auch rückwirkend (Evers 2009, S. 166).

Darunter leiden auch Journalist*innen selbst: Der „Zeit Online"-Wissensredakteur Jakob Simmank lieferte während der Corona-Pandemie vielen Verschwörungstheorien Nahrung, weil er drei Jahre zuvor einen Dokumentarfilm über die Weltgesundheitsorganisation (WHO) rezensiert hatte. Die Überschrift des Beitrags: „Der heimliche WHO-Chef heißt Bill Gates". Verschwörungstheoretiker*innen griffen den Text bzw. meist seine Schlagzeile auf und verwendeten ihn als „Beweis" ihrer Ansichten, dass der Microsoft-Gründer die WHO lenke (Simmank 2020).

Simmank bedauerte diesen aufgestellten Zusammenhang und haderte, ob Journalist*innen derartige Zuspitzungen wie in seiner 2017 verfassten Überschrift lassen sollten (Simmank 2020). Ein ähnliches Dilemma kann Journalist*innen immer wieder passieren, wenn Überschriften oder einzelne Sätze aus dem Zusammenhang gerissen und verzerrt dargestellt werden. Gegen derartige Fake News hilft wiederum nur Aufklärung und Einordnung, der „Gatekeeper" ist nun schließlich „Gatewatcher". In dieser Rolle wird er*sie nicht alle Perspektiven berücksichtigen können und muss das auch gar nicht. Neuberger und Quandt (2019, S. 74): „An die Stelle harter Selektionsentscheidungen tritt die empfehlende Orientierung und revidierbare Auswahl. Nicht-gewählte Alternativen bleiben im Internet erhalten und sichtbar. In dieser Flexibilität, Offenheit und Revidierbarkeit liegt eine Besonderheit der Internetöffentlichkeit."

Zukunftsfragen stellen sich für Neuberger und Quandt (2019, S. 74–75) hinsichtlich der Sicherung der journalistischen Qualität, des Geschäftsmodells sowie der gesellschaftlichen Leistungen des Journalismus. Mögliche Leistungen könnten die Moderation von Diskursen sowie die Orientierung im Internet, also das Prüfen und Verweisen von Netzangeboten sein (Neuberger und Quandt 2019, S. 75).

Wirtschafts- und Politikwissenschaftler Ayad Al-Ani (2016) zielt in eine ähnliche Richtung:

„Journalisten werden in Zukunft dann verstärkt die Aufgabe haben, ihren Konsumenten die Grundlagen für ihre Entscheidungen zu liefern – und zwar in einer fast schon wissenschaftlichen Art und Weise-, als einen ‚erklärenden Journalismus'. Der Journalist bietet dem Individuum also nicht mehr eine politische Meinung an, sondern hilft, dass dieser eine eigene Entscheidung treffen kann."

Blöbaum (2016, S. 158) erkennt zudem ein großes Potenzial der inneren Differenzierung, das den Journalismus weiterhin gesellschaftlich bedeutsam mache. Redaktionen und Reporter*innen spezialisieren sich, es bilden sich neue Medien, Ressorts und Berufe, mit deren Vielfalt der Journalismus seine gesellschaftliche Funktion aufrechterhalten könne.

18.3 Herausforderungen & Chancen

Der Journalismus steht vor zwei besonderen Herausforderungen: Er möchte relevant bleiben – und er möchte Geld verdienen. Angesichts des angesprochenen Stroms an Nachrichtenquellen sucht der Journalismus seine Position und muss es schaffen, mit Innovationen und buchstäblich herausragender Arbeit aus der Masse hervorzustechen.

18.3 Herausforderungen & Chancen

Der frühere „Handelsblatt"-Chefredakteur Oliver Stock glaubt, dass dies durch „einzigartige Geschichten" funktionieren kann. Stock (2015):

„Die Welt der Medien, davon bin ich fest überzeugt, wird sich teilen. Nicht in digital oder analog. Nicht in Online oder Print, nicht in Radio oder Fernsehen. Nein. Sie teilt sich in allgemein verfügbare Inhalte, die sogar ein Algorithmus erzeugen kann, der mit entsprechenden Daten gefüttert wird. Und in spezielle Angebote, die den Lesern, Zuschauern und Zuhörern mehr Wert bieten, weil die sie faszinieren, weil sie Inhalte liefern, die die Menschen für ihre jeweilige Aufgabe brauchen, oder weil sie den Lesern, Nutzern und Zuschauern ihre eigene Umgebung verständlicher machen."

Stock schlägt zudem auf die Nutzenden konkreter zugeschnittene Geschichten vor und verweist auf den Lokaljournalismus, den das weltweite Web nicht ersetzen kann. Die Schwäbische Zeitung zum Beispiel hat einen Faktencheck via WhatsApp eingeführt, an den Nutzende ihre Fragen schicken können. Chefredakteurin Steffi Dobmeier: „Ich glaube, dass Lokaljournalismus da einen ganz wichtigen Beitrag leisten kann, einfach, weil er vor Ort aufklären kann, was hier passiert, was hier auch richtig und falsch läuft, rein faktenbasiert" (Verschwele 2020).

Journalismus auf Anfrage – eine derartige Spezialisierung sind auch personalisierte Nachrichten. Der „Spiegel" hat mit seinem Relaunch der Website und der App Anfang 2020 einen „Bereich mit Artikelvorschlägen eingeführt, die auf einzelne Nutzer, ihre mutmaßlichen Wünsche und Interessen zugeschnitten sind" (Kornfeld 2020). Registrierte und eingeloggte User*innen, die dieser Funktion zugestimmt haben, können auf diesen persönlichen Teil der Website zugreifen. Ähnlich macht es die „Neue Zürcher Zeitung", die Inhalte auf der Basis von persönlichen Präferenzen, Empfehlungen der Redaktion sowie dem Leseverhalten anderer Nutzenden vorschlägt (Kornfeld 2020). Lokalzeitungen probieren das Feld ebenfalls aus. Die „Badische Zeitung" zeigt seinen Besucher*innen Artikel an, die zu ihrer Lesehistorie passen oder ähnlichen User*innen gefallen haben (Kornfeld 2020).

Bei US-amerikanischen Medien werden solche Funktionen noch stärker genutzt. Dies ist dort auch in größerem Umfang möglich, weil sie weniger strenge Datenschutzrichtlinien haben als Deutschland und deshalb mehr über ihre Nutzenden erfahren können.

Auch die Strategieberaterin Lisa Jäger (2019) empfiehlt einen „stärkeren Kundenfokus", zum Beispiel durch das Zusammenstellen von relevanten Inhalten für bestimmte Nutzendengruppen. Jäger schlägt außerdem ein Bezahlmodell vor, dass sich mit Hilfe von Algorithmen nach dem Nutzungsverhalten und anderer Eigenschaften berechnet. Jede*r Lesende würde dann unterschiedlich viel für die Inhalte bezahlen.

18.4 Finanzierung & Erlösmodelle

Womit wir bei der Finanzierung vom Onlinejournalismus wären. Wie Sie wahrscheinlich wissen, sind Nachrichtenwebsites noch nicht rentabel genug, Onlinejournalismus „klassischer" Marken wird durch die Printerzeugnisse quersubventioniert (Kramp und Weichert 2018, S. 14). Deshalb wird es gedruckte Zeitungen auch vorerst weiterhin geben. Die ehemalige Chefredakteurin der Frankfurter Rundschau, Bascha Mika, sagt:

> *„Wenn wir über Print reden sind es immer noch die gedruckten Zeitungen, die die ‚Cashcow' sind. Und es ist nicht Online. Wir haben da eine alte Kuh, die ist schon ein bisschen in die Jahre gekommen, sie ist auch nicht mehr so ganz fit. Aber sie gibt immer noch Milch und die können wir verkaufen und wir haben da Kohle und zwar auf die Hand. Und dann gibt es da das Kälbchen, das versuchen wir zu päppeln seit mittlerweile Mitte der 90er-Jahre und es will nicht so richtig wachsen und es gibt immer noch keine Milch. Dann kann ich doch nicht hingehen und die alte Kuh abschlachten oder verhungern lassen, bevor nicht das Kälbchen richtig Milch gibt".* (Link 2019)

Geld wird im Wesentlichen über Werbeeinnahmen und den Vertrieb generiert. Entweder zahlen Unternehmen für eine Anzeige, oder Lesende zahlen für die Inhalte. Beide Einnahmequellen brechen aber mehr und mehr weg, weder Unternehmen noch Kund*innen stecken gerne ihr Geld in gedruckten Journalismus. „Man muss sich vorstellen, eine Regionalzeitung wie das ‚Hamburger Abendblatt' hat 80 Prozent ihrer Umsätze im Wesentlichen durch drei Anzeigenarten gemacht", sagt Abendblatt-Chefredakteur Lars Haider, „Nämlich durch Wohnungsanzeigen, Stellenanzeigen und KFZ-Anzeigen" (Link 2019). Die Anzeigen gingen online – der Journalismus ließ sich aber keine neue Einnahmequelle einfallen. Noch 2010 lagen die Umsätze auf dem digitalen deutschen Zeitungsmarkt bei 168 Millionen Euro, im Printbereich bei 8,4 **Milliarden** Euro (PwC 2019). Die Einnahmen aus dem digitalen Vertrieb lagen damals sogar nur bei 13 Mio. Euro. Journalismus im Internet wurde in seiner Anfangszeit umsonst angeboten, Lesende mussten nichts bezahlen.

Zwar steigen seitdem die Umsätze kontinuierlich an, für 2020 wurden sie (vor der Corona-Krise) für den digitalen Zeitungsmarkt auf über 800 Mio. Euro geschätzt, die Verluste des Printgeschäfts (2020 geschätzt nur noch 6,6 Mrd. Euro Umsatz) können damit aber trotzdem nicht aufgefangen werden (PwC 2019).

Gabor Steingart, ehemaliger Chefredakteur des „Handelsblatt": „Es gibt ein wirklich historisches Versagen der Stunde null des Internets, die Chancen nicht gesehen zu haben. Zweites Versagen: dann alles umsonst herausgegeben zu haben. Wenn Becks-Bier das getan hätte oder McDonalds oder Hanuta, wer auch immer, dann gäbe es diese Firmen nicht mehr. Also insofern ist es ein Wunder, dass es uns

18.4 Finanzierung & Erlösmodelle

noch gibt" (Baetz 2014). Steingart plädierte für veränderte Werbeformen, zum Beispiel sollten Unternehmen mehr Sponsoring oder Marketing ermöglicht werden. Wie das aussehen kann, zeigte Steingart sechs Jahre später bei der Eröffnung des neu gegründeten „Media Pioneer"-Schiffes. Das Start-Up in Berlin will ohne das Geld von Unternehmen erfolgreich und „100 % unabhängig" sein, finanzieren sollen es die Abonnent*innen. Aber: Das Schiff wird von RWE kostenlos mit Strom ausgestattet – „Media Pioneer" machte dies aber zunächst nicht transparent, was dem Start-Up und Steingart viel Kritik einbrachte (Knuth 2020).

Alternative Finanzierungsmodelle möchten alle gerne, die Branche probierte deshalb in den vergangenen Jahren viel aus. Mit den sozialen Medien, wo viele potenzielle Nutzende sind, gab es Kooperationen wie „Facebook Instant Articles" oder „Snapchat Discover". 2020 kündigte Google an, erstmals in seiner Geschichte Lizenzverträge mit Medienunternehmen abschließen und den Verlagen Millionen für die Präsentation von journalistischen Inhalten zahlen zu wollen. Die Plattform „News Showcase" startete im Oktober 2020, nach knapp einem Jahr war die Reichweite der Beiträge aber eher überschaubar und die Ergebnisse ernüchternd (Fanta und Dachwitz 2021).

Einiges erhofft hatten sich Medien auch vom „Native Advertising". Dies sind Werbeanzeigen, „bei der werbliche Inhalte im gleichen Stil wie redaktionelle Beiträge des veröffentlichenden Mediums aufbereitet werden" (Gründerszene 2019). Von vielen ohnehin als gefährliche Vermischung von Werbung und Redaktion abgelehnt, hat es „in Deutschland nie so gezündet wie in den USA" (Bouhs 2020). Besonders bei den „jungen Formaten" wurde damit ausprobiert, also bei Ablegern großer Nachrichtenseiten für eine junge Zielgruppe. Die sind mittlerweile aber auch nicht mehr gefragt, „Spiegel"-Tochter „Bento" wurde 2020 eingestellt. Die Zahl der Online-Visits sank von 5,1 Mio. im Januar 2018 auf 4,2 Mio. im Januar 2019 und nur 1,9 Mio. im Januar 2020 (IVW 2020).

Verlage konzentrieren sich lieber auf ihre Kernprodukte – ein langfristiges Finanzierungsmodell kann nur mit Lesenden funktionieren, die dafür zahlen. Mittlerweile setzen immer mehr Zeitungen auf Paid Content, meist sind diese Angebote als „Plus"-Inhalte gekennzeichnet. Der Bundesverband Digitalpublisher und Zeitungsverleger (BDZV) erläutert auf seiner Website die verschiedenen Bezahlmodelle (BDZV 2020):

- Harte Bezahlschranke: Bei diesem Modell können zahlende Abonnent*innen das Online-Angebot der Zeitung nutzen, für alle anderen ist es nicht zugänglich.
  – wird u. a. genutzt von: Handelsblatt
- Freemium: Hier sind solche Inhalte bezahlpflichtig, die aus Sicht des Zeitungshauses so exklusiv beziehungsweise nutzwertig sind, dass Nutzende bereit sind,

für diese zu bezahlen; beispielsweise, weil sie keine andere Möglichkeit haben, kostenlos an diesen aus ihrer Sicht relevanten Content zu kommen.
  – wird von den meisten Zeitungen genutzt, u. a.: BILD, Die Welt, WAZ
- Metered Model: Das „Metered Model" macht den Nutzenden eine bestimmte Anzahl eigentlich kostenpflichtiger Inhalte kostenlos zugänglich. Die Nutzenden können sich so ein Bild von der Qualität der Inhalte genau bei den Themen machen, die sie interessieren. Nach Ausschöpfung des Kontingents wird zumeist zur kostenfreien Registrierung aufgerufen, die ein zusätzliches Freikontingent beinhaltet. Erst wenn die*der Nutzende auch die Anzahl dieser erlaubten Abrufe überschreitet, wird sie*er zum Abonnement aufgefordert.
  – wird u. a. genutzt von: Recklinghäuser Zeitung, Rheinische Post
- Hybrid-Modell: Beim Hybrid-Modell werden die Mechaniken der klassischen Ansätze „Freemium" und „Metered Model" kombiniert.
  – wird u. a. genutzt von: Die Zeit, Süddeutsche Zeitung
- Spenden-Modell/Freiwillige Bezahlung: Bei der freiwilligen Bezahlung entscheiden die Nutzenden selbst, ob und in welcher Höhe sie für die Inhalte bezahlen möchten.
  – wird u. a. genutzt von: taz, Neues Deutschland

Das „Freemium"-Modell ist am meisten verbreitet, denn durch kostenfreie Inhalte werden weiter ausreichend Klicks generiert. Könnten Nutzende eine Seite nur besuchen, wenn sie Geld in die Hand nehmen, nähme die für Werbekund*innen so relevante Reichweite ab. „Spiegel"-Geschäftsführer Stefan Ottlitz glaubt, dass die zwar wichtig ist, um in einer großen Menge an Besucher*innen auch zahlungsbereite Kund*innen zu finden. Es dürfe aber bei einem seriösen Medium nicht ausschließlich um Klickzahlen gehen. Ottlitz: „Eine moderne Traffic-Strategie legt Wert darauf, Leserloyalität zu fördern und nicht einfach Klicks zu sammeln – weil nur loyale Leser einen weiterempfehlen werden und nur überzeugte Nutzer eine Bezahlneigung entwickeln" (Schade 2018).

Beworben wird das Abonnement vom „Spiegel" wie von vielen Medien mit einer Vorschau, was die Lesenden hinter der Bezahlschranke erwartet: Alleinstellungsmerkmale („Besondere Reportagen, Analysen und Hintergründe zu Themen, die unsere Gesellschaft bewegen") und „Vorteile" werden genannt, von Abo-Modellen erwarten Nutzende schließlich immer einen Mehrwert.

„Ein bis zwei Dutzend gut konvertierende Stücke" brauche die Redaktion, um rentabel zu sein. Damit sind Texte gemeint, die hinter einer Paywall stecken und so interessant sind, dass Nutzende ein neues Abonnement für sie abschließen. In Konvertierungen denken viele Redaktionen, sie werden genau im Blick gehalten und in den Konferenzen besprochen. Was funktionierte gut? Welche Texte haben sich schlechter verkauft als erwartet? An welchem Tag und zu welcher Uhrzeit erfolgt der Abo-Kauf? Wie hätte man den Text anders „verkaufen" können? Beim „Spiegel" seien Texte mit Nutzwert („Intervallfasten" oder „So bewahren Paare die Lust auf Sex") und mit Aha-Effekt (außergewöhnliche Geschichten) die erfolgreichsten Beiträge, sagt Ottlitz (Schade 2018).

Die „Bild"-Zeitung verkauft vor allem ihre Exklusivmeldungen hinter der Bezahlschranke. Dies gehört zu ihrem Selbstbild, Nachrichten als Erste zu erfahren und mitzuteilen. Da andere Medien die harten Fakten schnell abschreiben können, hält die Exklusivität nicht lange. Hölig und Hasebrink (2020, S. 59): „Ein Großteil der erwachsenen Internetnutzer (46 %) hat keine Bedenken, bestimmte Nachrichten zu verpassen, wenn sie Quellen, für die man bezahlen muss, nicht verwenden. Das ist ein deutliches Indiz dafür, dass viele Nutzer hinter Bezahlschranken keine Exklusivität bzw. keinen Mehrwert vermuten, sondern dass die gleichen Informationen auch aus Quellen verfügbar sind, für die sie nicht zu bezahlen brauchen." Die Medien müssen sich also andere Alleinstellungsmerkmale schaffen.

Erste kleine Erfolge gibt es: 2018 lag der Umsatz durch den digitalen Vertrieb erstmals über dem digitalen Werbeumsatz (PwC 2019). Wenn sich langfristig die Arbeit durch das Geld der Nutzenden und nicht durch Unternehmen finanziert, wäre das ein großer Erfolg des unabhängigen Journalismus.

14 Prozent der Befragten im „Reuters Institute Digital News Report" gaben im Jahr 2022 an, schon einmal für Online-Nachrichten Geld bezahlt zu haben (Hölig et al. 2022, S. 56). Kein außergewöhnlicher Wert, aber dennoch der höchste seit Beginn der Studienreihe 2013, gleich fünf Prozentpunkte über dem Vorjahr. In allen Altersgruppen gab es Zuwächse, am größten war er unter den 18- bis 24-Jährigen. 23 Prozent von ihnen gehörten 2022 zu den zahlenden Internetnutzenden, 2021 waren es neun Prozent (Hölig et al. 2022, S. 56). Und auch ein Viertel der 25- bis 34-Jährigen gab 2022 Geld für Online-Nachrichten aus. Es scheint, als würden sich vor allem online-affine Menschen daran gewöhnen, dass Journalismus auch im Internet Geld kostet. Das sollte der Branche Hoffnung machen!

Quellen

Al-Ani, A. (2016, 5. Februar). Journalisten warden eine neue Rolle haben. Online: https://www.zeit.de/karriere/beruf/2016-01/journalismus-zukunft-digitalisierung-rolle-journalisten, zuletzt am 1. Mai 2022.

Baetz, B. (2014, 26. Oktober). Wege aus der Zeitungskrise. Online: https://www.deutschlandfunk.de/digitalisierung-wege-aus-der-zeitungskrise.724.de.html?dram:article_id=301418, zuletzt am 1. Mai 2022.

BDZV (2020). Glossar. Online: https://www.bdzv.de/alle-themen/digitales/glossar/, zuletzt am 31. Mai 2022.
Blöbaum, B. (2016). Journalismus als Funktionssystem der Gesellschaft. In Löffelholz & Rothenberger (Hg.). Handbuch Journalismustheorien (151–164). Wiesbaden: Springer VS.
Bouhs, D. (2020, 10. Juli). Keine Zeit für Experimente. Online: https://taz.de/Journalistische-Angebote-fuer-junge-Leute/!5694499/, zuletzt am 1. Mai 2022.
DJV (2020, Juli). DJV-Imagebroschüre. Online: https://www.djv.de/fileadmin/user_upload/Infos_PDFs/Flyer_Broschuren/DJV_INFO_Imagebroschuere_08.2017_08.2019_07.2020.pdf, zuletzt am 1. Mai 2022.
Evers, H. (2009). Online-Journalismus braucht neue moralische Normen. Publizistik (Nr. 54), 163–167.
Fanta, A.; Dachwitz, I. (2021, 30. September). Das Geld nehmen sie trotzdem. Online: https://netzpolitik.org/2021/google-news-showcase-das-geld-nehmen-sie-trotzdem/, zuletzt am 1. Mai 2022.
Gründerszene (2019, 1. Januar). Native Advertising. Online: https://www.gruenderszene.de/lexikon/begriffe/native-advertising, zuletzt am 1. Mai 2022.
Hölig, S.; Hasebrink, U. (2020). Reuters Institute Digital News Report 2020 – Ergebnisse für Deutschland. Hamburg: Verlag Hans-Bredow-Institut (Arbeitspapier des HBI Nr. 50).
Hölig, S.; Behre, J. & Schulz, W. (2022). Reuters Institute Digital News Report 2022 – Ergebnisse für Deutschland. Hamburg: Verlag Hans-Bredow-Institut, Juni 2022 (Arbeitspapiere des Hans-Bredow-Instituts | Projektergebnisse Nr. 63)
Hölig, S.; Hasebrink, U. & Behre, J. (2021). Reuters Institute Digital News Report 2021 – Ergebnisse für Deutschland. Hamburg: Verlag Hans-Bredow-Institut, Juni 2021 (Arbeitspapiere des Hans-Bredow-Instituts | Projektergebnisse Nr. 58).
Hölig, S.; Loosen, W. (2018). Das Publikum des Journalismus. Nachrichtenrezeption, Einstellungen und aktive Beteiligung. In Nuernbergk & Neuberger (Hg.). Journalismus im Internet (209–240). Wiesbaden: Springer VS.
IVW (2020) (Hg.). Quartalsauflagen Print-Angebote, Kategorie Tageszeitung. Online: https://ivw.eu/aw/print/qa?gattung%5B0%5D=tz, zuletzt am 17. Juni 2020.
Jacobsen, N. (2018, 3. Mai). Spiegel Online-Chefin Barbara Hans: „Journalismus macht sich überflüssig, wenn er nur über das berichtet, was dem Nutzer gefällt". Online: https://meedia.de/2018/05/03/spiegel-online-chefin-barbara-hans-journalismus-macht-sich-ueberfluessig-wenn-er-nur-ueber-das-berichtet-was-dem-nutzer-gefaellt/, zuletzt am 1. Mai 2022.
Jäger, L. (2019, 30. April). Digitalisierung ohne Umsatzeffekte: Warum die Medienbranche jetzt einen schärferen Kundenfokus braucht. Online: https://meedia.de/2019/04/30/digitalisierung-ohne-umsatzeffekte-warum-die-medienbranche-jetzt-einen-schaerferen-kundenfokus-braucht/, zuletzt am 1. Mai 2022.
Knuth, H. (2020, 22. Juli). Käpt'n Blaubär. Online: https://www.zeit.de/2020/31/media-pioneer-gabor-steingart-werbung-rwe, zuletzt am 1. Mai 2022.
Kornfeld, H. (2020, 9. Januar). Mit Personalisierung zahlende Leser gewinnen: So machen es „NZZ", „Spiegel" und „Badische Zeitung". Online: https://meedia.de/2020/01/09/mit-personalisierung-zahlende-leser-gewinnen-so-machen-es-nzz-spiegel-und-badische-zeitung/, zuletzt am 1. Mai 2022.
Kramp, L. & Weichert, S. (2018). Digitaler Journalismus. In Krone & Pellegrini (Hg.). Handbuch Medienökonomie. Wiesbaden: Springer Fachmedien.

Kramp, L. & Weichert, S. (2022). Wie wir mit dem permanenten Ausnahmezustand umgehen. Journalist, Jahrgang 72 (Nr. 5), 32–36.

Link, R. (2019, 7. Mai). Mit Strategie gegen die Zeitungskrise. Online: https://www.deutschlandfunkkultur.de/printmedien-und-digitalisierung-mit-strategie-gegen-die.976.de.html?dram:article_id=448109, zuletzt am 1. Mai 2022.

Neuberger, C. (2018). Journalismus in der Netzwerköffentlichkeit. Zum Verhältnis zwischen Profession, Partizipation und Technik. In Nuernbergk & Neuberger (Hg.). Journalismus im Internet (11–80). Wiesbaden: Springer VS.

Neuberger, C. & Quandt, T. (2019). Internet-Journalismus. In Schweiger & Beck (Hg.). Handbuch Online-Kommunikation (59–80). Wiesbaden: Springer VS.

PwC (2019). German Entertainment & Media Outlook 2019-2023. Online: https://www.pwc.de/de/technologie-medien-und-telekommunikation/german-entertainment-and-media-outlook-2019-2023.html, zuletzt am 1. Mai 2022.

Schade, M. (2018, 28. Mai). „Beim Spiegel geht es nicht darum, cool zu sein": Produktchef Stefan Plöchinger über die neue Paid-Content-Strategie. Online: https://meedia.de/2018/05/28/beim-spiegel-geht-es-nicht-darum-cool-zu-sein-produktchef-stefan-ploechinger-ueber-die-neue-paid-content-strategie/, zuletzt am 1. Mai 2022.

Simmank, J. (2020, 8. Juni). Bill Gates, die Weltverschwörung und ich. Online: https://www.zeit.de/wissen/gesundheit/2020-05/verschwoerungstheorie-bill-gates-who-gates-stiftung-coronavirus, zuletzt am 1. Mai 2022.

Stock, O. (2015, 28. Januar). Warum wir uns auf Schreibroboter freuen. Online: https://www.handelsblatt.com/unternehmen/it-medien/journalismus-der-zukunft-es-zaehlt-die-einzigartige-geschichte/11292964-2.html?ticket=ST-10281590-PWe0Y1hMURCk7SpNMXo1-ap5, zuletzt am 1. Mai 2022.

Verschwele, L. (2020, 5. Juni). Turbodigitalisierung im Lokaljournalismus? Online: https://www.br.de/radio/br24/sendungen/medienmagazin/medien-turbodigitalisierung-im-lokaljournalismus-100.html, zuletzt am 1. Mai 2022.

Theiner, J. (2020, 23. Mai). Vertrauensbonus für klassische Medien. Online: https://www.weser-kurier.de/deutschland-welt/deutschland-welt-politik_artikel,-vertrauensbonus-fuer-klassische-medien-_arid,1914735.html, zuletzt am 1. Mai 2022.

The manufacturer's authorised representative in the EU is Springer Nature Customer Service Centre GmbH, Europaplatz 3, 69115 Heidelberg, Germany. If you have any concerns regarding our products, please contact ProductSafety@springernature.com

Printed and bound by CPI Group (UK) Ltd, Croydon, CR0 4YY

25/03/2026

02078173-0005